未来教育空间站研究丛书

全国教育科学"十三五"规划2018年度国家一般课题 "乡村振兴战略背景下以教育信息化促进农村教育生态建设研究"(项目编号:BCA180092)成果

以信息化促进农村教育生态建设研究

雷励华 著

Research on Promoting Rural Education
Ecological Construction through Informatization

华中科技大学出版社
http://press.hust.edu.cn
中国·武汉

内容简介

本书首先对教育信息化2.0时代城乡教育均衡发展路径进行反思,提出农村教育生态系统内涵、结构与特征,分析影响农村教育发展生态因素与信息化支持农村教育生态建设原则。然后以此为基础,从教育信息化建设协同创新机制、适切性视频案例资源建设策略、同步互动课堂建设与应用模式以及农村教育数字支撑体系等方面,探讨以信息化促进农村教育生态环境优化措施,从农村校长信息化领导力提升、同步互动课堂主讲教师教学胜任力提升、农村学生同步互动课堂临场感提升、农村师资供给侧结构性改革的技术治理逻辑、人工智能赋能高质量农村教师队伍建设等方面分析以信息化促进农村教育生态主体内生式成长的路径。最后基于优质均衡视角对信息化促进农村教育生态建设进行评估。

图书在版编目（CIP）数据

以信息化促进农村教育生态建设研究/雷励华著. —武汉：华中科技大学出版社，2024.4
（未来教育空间站研究丛书）
ISBN 978-7-5772-0765-0

Ⅰ. ①以… Ⅱ. ①雷… Ⅲ. ①乡村教育-信息化-研究-中国 Ⅳ. ①G725-39

中国国家版本馆CIP数据核字（2024）第081767号

以信息化促进农村教育生态建设研究　　　　　　　　　　　　　　　　雷励华　著
Yi Xinxihua Cujin Nongcun Jiaoyu Shengtai Jianshe Yanjiu

策划编辑：周晓方　宋　焱
责任编辑：陈　孜
封面设计：原色设计
责任监印：周治超

出版发行：华中科技大学出版社（中国·武汉）　　电话：(027) 81321913
　　　　　武汉市东湖新技术开发区华工科技园　　邮编：430223
录　　排：华中科技大学出版社美编室
印　　刷：武汉市洪林印务有限公司
开　　本：710mm×1000mm　1/16
印　　张：13.75
字　　数：266千字
版　　次：2024年4月第1版第1次印刷
定　　价：79.90元

本书若有印装质量问题，请向出版社营销中心调换
全国免费服务热线：400-6679-118　　竭诚为您服务
版权所有　侵权必究

未来教育空间站研究丛书
编委会

顾　问
汤　庸　谢幼如　邓文新　孟月萍

主　任
金义富

副主任
张子石

委　员（排名不分先后）
周立群　曾茂林　杨俊杰　吴　涛　王林发

孔艺权　郭春才　王伟东　张立敏　黄光芳

曾昭庚　吴　东　李　婷　卢利琼　袁　旭

作者简介

雷励华 男,1976年生,福建省福安人,博士。现为温州大学教育学院教育技术学专业专任教师,副教授,硕士研究生导师。为本科生主讲"数据库原理与应用""数据结构与算法""现代教育技术"等课程,承担研究生"信息化教育理论与实践""现代教育技术发展与应用""高级程序设计"等课程教学。主要研究方向:信息化与教育公平、信息化与教育均衡以及信息化与教师专业发展等。近年来主持国家社会科学基金项目1项、省级课题1项、市厅级课题3项、校级课题多项,出版专著3部,主编教材1部。在《电化教育研究》《中国电化教育》等核心期刊上发表学术论文20余篇。

目录

第一章　绪论 | 1
第一节　研究背景　/ 1
第二节　研究现状　/ 6
第三节　理论基础　/ 22

第二章　教育信息化2.0时代城乡教育均衡发展路径反思 | 36
第一节　城乡教育均衡发展实践与迈向2.0时代的教育信息化　/ 36
第二节　教育信息化1.0时代城乡教育"内卷化"均衡发展困境　/ 37
第三节　教育均衡2.0：信息化2.0时代城乡教育均衡发展新样态　/ 42
第四节　生态重构：城乡教育均衡从1.0向2.0转段升级的路径　/ 45

第三章　走向生态：信息化环境下农村教育发展的应然追求 | 48
第一节　生态观的内涵与特征　/ 48
第二节　农村教育的生态观视角解析　/ 52
第三节　农村教育生态系统　/ 55
第四节　影响农村教育发展的生态因素　/ 62
第五节　信息化支持农村教育生态建设的原则　/ 67

第四章　以信息化促进农村教育生态环境优化 | 71

第一节　优化农村教育生态环境的基本思路　　　　　　　／ 71
第二节　面向区域农村教育信息化建设的协同创新机制
　　　　构建　　　　　　　　　　　　　　　　　　　／ 73
第三节　面向农村教师发展的适切性视频案例资源建设
　　　　策略构建　　　　　　　　　　　　　　　　　／ 83
第四节　面向农村学校的同步互动课堂建设与应用模式
　　　　构建　　　　　　　　　　　　　　　　　　　／ 93
第五节　面向高质量发展的农村教育数字支撑体系构建　／ 118

第五章　以信息化促进农村教育生态主体内生式成长 | 131

第一节　信息化与生态主体内生式成长　　　　　　　　／ 131
第二节　2.0时代农村校长信息化领导力内涵演变与提升
　　　　模式　　　　　　　　　　　　　　　　　　　／ 138
第三节　同步互动课堂主讲教师教学胜任力模型及提升
　　　　对策　　　　　　　　　　　　　　　　　　　／ 149
第四节　农村学生同步互动课堂临场感及其提升路径　　／ 157
第五节　农村师资供给侧结构性改革的社会学审视与
　　　　技术治理逻辑　　　　　　　　　　　　　　　／ 170
第六节　人工智能赋能高质量农村教师队伍建设框架与
　　　　路径　　　　　　　　　　　　　　　　　　　／ 182

第六章　优质均衡视角下教育信息化促进农村教育生态建设评估 | 192

第一节　信息技术支持的教育优质均衡督导评估　　　　／ 192
第二节　大数据与教育优质均衡督导评估体系变革　　　／ 193
第三节　数据驱动下教育优质均衡智慧督导模型设计　　／ 197
第四节　基于试点学校的智慧督导平台设计与应用实践　／ 201
第五节　保障智慧督导可持续的生态化治理策略构建　　／ 205

参考文献 | 208

后记 | 211

第一章 绪 论

第一节 研究背景

一、乡村振兴战略是我国解决"三农"问题的重大决策部署

实施乡村振兴战略是中共十九大党中央着眼于"两个一百年"奋斗目标导向和农业农村短腿短板的问题导向作出的战略安排,是决胜全面建成小康社会、全面建设社会主义现代化国家的重大历史任务,是新时代"三农"工作的总抓手。农业农村农民问题是关系国计民生的根本性问题,必须始终把解决好"三农"(农业、农村、农民)问题作为全党工作的重中之重,实施乡村振兴战略。中共十九大以后,中共中央、国务院发布一系列文件对实施乡村振兴战略进行部署安排。2018年发布的中央一号文件《中共中央 国务院关于实施乡村振兴战略的意见》,对实施乡村振兴战略进行全面部署,提出实施乡村振兴战略的目标任务,要求到2020年,乡村振兴取得重要进展,制度框架和政策体系基本形成;到2035年,乡村振兴取得决定性进展,农业农村现代化基本实现;到2050年,乡村全面振兴,农业强、农村美、农民富全面实现。2018年9月,中共中央、国务院印发《乡村振兴战略规划(2018—2022年)》,按照产业兴旺、生态宜居、乡风文明、治理有效、生活富裕的总要求,对实施乡村振兴战略作出阶段性谋划,并要求各地区各部门结合实际认真贯彻落实。2021年发布的中央一号文件《中共中央 国务院关于全面推进乡村振兴加快农业农村现代化的意见》指出,民族要复兴,乡村必振兴。要坚持把解决好"三农"问题作为全党工作重中之重,把全面推进乡村振兴作为实现中华民族伟大复兴的一项重大任务,举全党全社会之力加快农业农村现代化,让广大农民过上更加美好的生活。2022年发布的中央一号文件《中共中央 国务院关于做好

2022年全面推进乡村振兴重点工作的意见》，指出要牢牢守住保障国家粮食安全和不发生规模性返贫两条底线，突出年度性任务、针对性举措、实效性导向，充分发挥农村基层党组织领导作用，扎实有序做好乡村发展、乡村建设、乡村治理重点工作，推动乡村振兴取得新进展、农业农村现代化迈出新步伐。2022年5月，中共中央办公厅、国务院办公厅印发《乡村建设行动实施方案》，并要求各地区各部门结合实际认真贯彻落实；该文件指出，乡村建设是实施乡村振兴战略的重要任务，也是国家现代化建设的重要内容；该文件明确了乡村建设行动路线图，确保到2025年乡村建设取得实质性进展，农村人居环境持续改善，农村公共基础设施往村覆盖、往户延伸取得积极进展，农村基本公共服务水平稳步提升，农村精神文明建设显著加强。党的二十大报告指出，全面建设社会主义现代化国家，最艰巨最繁重的任务仍然在农村，要坚持农业农村优先发展，坚持城乡融合发展，畅通城乡要素流动，全面推动乡村振兴，加快构建新发展格局，着力推动高质量发展。

二、优先振兴农村教育事业是实施乡村振兴战略的必然要求

教育在社会经济发展中起着基础性、先导性的作用。具体到农村经济社会的发展，农村发展最终要依靠人才，而农村教育的繁荣能够为乡村振兴提供人才支撑。因此，乡村教育是乡村振兴战略的基础性工程，实施乡村振兴战略的关键在于振兴乡村教育。习近平总书记深刻指出，"实施乡村振兴战略是关系全面建设社会主义现代化国家的全局性、历史性任务。教育在乡村振兴中发挥着基础性、先导性作用，实现巩固拓展教育脱贫攻坚成果同乡村振兴有效衔接，以振兴乡村教育赋能乡村振兴，是教育的职责和使命"。但由于城镇化发展过程中对农村教育规划不到位，目前农村学校规模不断缩减的情况比较严重，学生流失、教师缺乏、教育质量不高，这与实施乡村振兴战略显然是不相符的。为此，中共中央、国务院印发一系列文件以强调优先振兴农村教育事业对实施乡村振兴战略的重要意义。2018年2月发布的《中共中央 国务院关于实施乡村振兴战略的意见》提出要高度重视发展农村义务教育，推动建立以城带乡、整体推进、城乡一体、均衡发展的义务教育发展机制。2018年9月印发的《乡村振兴战略规划（2018—2022年）》在"增加农村公共服务供给"一章中将"优先发展农村教育事业"作为第一节列出，提出要科学推进义务教育公办学校标准化建设，全面改善贫困地区义务教育薄弱学校基本办学条件，加强寄宿制学校建设，提升乡村教育质量，实现县域校际资源均衡配置。这充分说明了发展农村教育事业实际上就是乡村振兴战略的一个重要组成部分，而

且农村教育事业具有优先发展的重要地位。2022年5月印发的《乡村建设行动实施方案》将"实施农村基本公共服务提升行动"作为乡村建设行动的重点任务,提出要优先规划、持续改善农村义务教育学校基本办学条件,支持建设城乡学校共同体。多渠道增加农村普惠性学前教育资源供给。巩固提升高中阶段教育普及水平,发展涉农职业教育,建设一批产教融合基地,新建、改扩建一批中等职业学校。2022年11月印发的《乡村振兴责任制实施办法》将"组织实施乡村建设行动,结合农民群众实际需要,统筹乡村基础设施和公共服务布局"以及"持续改善农村人居环境,提高农村教育、医疗、养老、文化、社会保障等服务水平,加快义务教育优质均衡发展和城乡一体化"作为地方党委和政府乡村振兴的责任。2023年2月发布的《中共中央 国务院关于做好二〇二三年全面推进乡村振兴重点工作的意见》提出要"推进县域内义务教育优质均衡发展,提升农村学校办学水平。落实乡村教师生活补助政策",以提升农村基本公共服务能力,扎实有效推进宜居宜业和美乡村建设。

三、城乡教育均衡发展问题受到各级教育管理部门高度重视

从1986年公布实施《中华人民共和国义务教育法》,开始执行九年义务教育制度,截至2011年,我国所有省份均通过了国家"普九"验收,我国用25年时间全面普及了城乡义务教育,从根本上解决了适龄儿童"有学上"的问题,为提高全体国民素质奠定了坚实基础。但是我国教育在区域之间、城乡之间、学校之间办学条件与水平还存在明显差距,人民群众不断增长的高质量教育需求与供给不足的矛盾依然突出。深入推进义务教育均衡发展,着力提升农村学校和薄弱学校办学水平,全面提高义务教育质量,保障所有适龄儿童接受公平而有质量的教育,对于促进教育公平、构建社会主义和谐社会,进一步提升国民素质、建设人力资源强国,具有重大的现实意义和深远的历史意义。近年来国家非常重视义务教育优质均衡发展和城乡一体化工作,并出台了一系列政策文件进行专项部署。2010年7月,中共中央、国务院印发《国家中长期教育改革和发展规划纲要(2010—2020年)》,把均衡发展作为义务教育的战略性任务,提出要建立健全义务教育均衡发展保障机制,推进义务教育学校标准化建设,均衡配置教师、设备、图书与校舍等资源。2012年9月,国务院印发《关于深入推进义务教育均衡发展的意见》,进一步明确地方各级政府责任,并提出推进义务教育均衡发展的基本目标:每一所学校符合国家办学标准,办学经费得到保障;教育资源满足学校教育教学需要,开齐国家规定课程;教师配置更加合理,提高教师整体素质。2013年12月,教育部、国家发

展改革委与财政部联合发布《关于全面改善贫困地区义务教育薄弱学校基本办学条件的意见》，提出全面改善薄弱学校基本办学条件，深入推进义务教育学校标准化建设，整体提升义务教育发展水平。2016年7月印发的《国务院关于统筹推进县域内城乡义务教育一体化改革发展的若干意见》，提出要加快推进县域内城乡义务教育学校建设标准统一、教师编制标准统一、生均公用经费基准定额统一、基本装备配置标准统一和"两免一补"政策实现城乡全覆盖。

2017年4月，教育部印发《县域义务教育优质均衡发展督导评估办法》，决定建立县域义务教育优质均衡发展督导评估制度，开展义务教育优质均衡发展县（市、区）督导评估认定工作，以巩固义务教育基本均衡发展成果，进一步缩小义务教育城乡、校际差距，整体提高义务教育标准化建设水平和教育质量。2017年9月，中共中央办公厅、国务院办公厅印发《关于深化教育体制机制改革的意见》，提出要完善义务教育均衡优质发展的体制机制，要着力解决义务教育城乡发展不协调问题。2019年2月，中共中央、国务院印发《中国教育现代化2035》，把"实现基本公共教育服务均等化"作为面向教育现代化的十大战略任务之一，提出要提升义务教育均等化水平，建立学校标准化建设长效机制，推进城乡义务教育均衡发展。党的十九大报告指出，建设教育强国是中华民族伟大复兴的基础工程，必须把教育事业放在优先位置，深化教育改革，加快教育现代化，办好人民满意的教育。要推动城乡义务教育一体化发展，高度重视农村义务教育，推进教育公平，努力让每个孩子都能享有公平而有质量的教育。党的二十大报告明确将"办好人民满意的教育"作为实施科教兴国战略，强化现代化建设人才支撑的具体要求，提出要"坚持以人民为中心发展教育，加快建设高质量教育体系，发展素质教育，促进教育公平""加快义务教育优质均衡发展和城乡一体化，优化区域教育资源配置"。

四、教育信息化对于城乡教育均衡发展的价值得到广泛认可

教育公平的关键是机会公平，基本要求是保障公民依法享有受教育的权利，重点是促进义务教育均衡发展和扶持困难群体，根本措施是合理配置教育资源，向农村地区、边远贫困地区和民族地区倾斜，加快缩小教育差距。信息技术相对于传统技术而言，具备传播速度快、覆盖面广与资源共享等方面的优势与特征，信息技术在教育中深入应用，使得教育的时空得到拓展与延伸，同时也为促进城乡教育均衡发展提供技术支持。信息技术对于教育均衡发展的重要价值得到广泛关注。2010年7月，中共中央、国务院印发的《国家中长期教育改革和发展规划纲要（2010—2020年）》高度肯定了信息技术教育的应

用价值，认为"信息技术对教育发展具有革命性影响，必须予以高度重视"，提出要把教育信息化纳入国家信息化发展整体战略，从加快教育信息基础设施建设、加强优质教育资源开发与应用、构建国家教育管理信息系统等方面对教育信息化进行总体部署。2012年3月，为推进落实《国家中长期教育改革和发展规划纲要（2010—2020年）》关于教育信息化的总体部署，教育部印发《教育信息化十年发展规划（2011—2020年）》，把"缩小基础教育数字鸿沟，促进优质教育资源共享"作为教育信息化发展任务，提出教育信息化要以促进义务教育均衡发展为重点，以建设、应用和共享优质数字教育资源为手段，促进每一所学校享有优质数字教育资源，提高教育教学质量。2014年11月，教育部等五部门联合发布《构建利用信息化手段扩大优质教育资源覆盖面有效机制的实施方案》，提出通过构建利用信息化手段扩大教育资源覆盖面的有效机制，加快推进教育信息化"三通两平台"建设与应用，实现各级各类学校宽带网络的全覆盖，优质数字教育资源的共建共享，信息技术与教育教学的全面深度融合，逐步缩小区域、城乡、校际之间的差距，促进教育公平，提高教育质量，支撑学习型社会建设，形成与国家教育现代化发展目标相适应的教育信息化体系。

应用信息化促进城乡教育均衡发展的一些项目或工程在全国相继启动。2003年9月，国务院专门召开全国农村教育工作会议，颁布《国务院关于进一步加强农村教育工作的决定》，决定实施农村中小学现代远程教育工程，要求在试点工作的基础上，争取用五年左右时间，使农村初中基本具备计算机教室，农村小学基本具备卫星教学收视点，农村小学教学点具备教学光盘播放设备和成套教学光盘。2012年11月，教育部、财政部启动"教学点数字教育资源全覆盖"项目，旨在通过IP卫星、互联网等多种方式将优质数字教育资源传输到全国各地的教学点，帮助农村边远地区开齐、开好国家规定课程，满足适龄儿童就近接受良好教育的基本要求。2018年4月，教育部印发的《教育信息化2.0行动计划》将"网络扶智工程攻坚行动"作为新时代教育信息化八大行动之一，提出要大力支持以"三区三州"为重点的深度贫困地区教育信息化发展，促进教育公平和均衡发展，有效提升教育质量，推进网络条件下的精准扶智。

五、城乡教育均衡发展亟须从外延式均衡向内涵式均衡转变

城乡二元经济结构背景下形成的教育资源配置不均，被认为是导致城乡教育发展不均衡的主要因素。因此当前无论是在政策层面还是在理论研究层面，

或者是在均衡发展的实践建构层面，各种努力的一个基本特征是，将包括物质设施资源和教育人力资源等在内的各类教育资源的均衡，作为促进城乡教育均衡发展的基本指导思想。在这种思想指导下，一种以教育资源均衡配置为目标的外延式城乡教育均衡发展模式逐步形成。不可否定教育资源均衡对于城乡教育均衡的重要性，没有充足教育资源的保障，自然就难有教育质量的提升。因此增加教育投入与改善办学条件是城乡教育均衡发展的必然要求，但这并不意味着教育资源均衡与教育质量呈无限的正比关系。实践证明，办学条件达到一定程度后，教育资源的继续增加，并不必然带来教育质量的提升。因此有必要从以教育资源均衡为目标的外延式均衡向以教育质量提升为目标的内涵式均衡发展方式转变。2017年4月，教育部印发《县域义务教育优质均衡发展督导评估办法》，决定建立县域义务教育优质均衡发展督导评估制度，开展义务教育优质均衡发展县（市、区）督导评估认定工作，旨在巩固义务教育基本均衡发展成果，引导各地将义务教育均衡发展向着更高水平推进，全面提高义务教育质量。2021年共94个县正式通过义务教育基本均衡发展国家督导评估认定，至此，全国31个省（市、区）和新疆生产建设兵团的2895个县级行政单位都实现了县域义务教育基本均衡发展。这是我国义务教育发展史上的又一重要里程碑，标志着我国义务教育进入了新的发展阶段。2023年6月，中共中央办公厅、国务院办公厅印发《关于构建优质均衡的基本公共教育服务体系的意见》，提出要通过促进区域协调发展、推动城乡整体发展、加快校际均衡发展、保障群体公平发展、加快民族地区教育发展、提高财政保障水平等措施，以全力全面保障义务教育优质均衡发展；提出到2027年，优质均衡的基本公共教育服务体系初步建立，供给总量进一步扩大，供给结构进一步优化，均等化水平明显提高。到2035年，义务教育学校办学条件、师资队伍、经费投入、治理体系适应教育强国需要，市（地、州、盟）域义务教育均衡发展水平显著提升，绝大多数县（市、区、旗）域义务教育实现优质均衡，适龄学生享有公平优质的基本公共教育服务，总体水平步入世界前列。

第二节 研究现状

一、农村教育发展与乡村振兴战略的实施

乡村振兴离不开农村产业、人才、文化、生态和组织的振兴，而农村基础教育作为最基本的公共服务，在乡村振兴和农业农村现代化中的地位不言而

喻。国内研究者主要从"农村教育服务乡村振兴战略"与"乡村振兴战略实施进程中农村教育发展"两个方面进行相关研究。其中，前者涉及的研究主题有农村教育服务乡村振兴战略的价值意蕴与内在逻辑、目标指向与路径选择等方面；后者涉及的研究主题有乡村振兴战略给农村教育发展带来机遇与挑战、乡村振兴战略中我国农村教育发展的路径与走向等方面。

（一）有关"农村教育服务乡村振兴战略"的研究

1. 农村教育服务乡村振兴战略的价值意蕴与内在逻辑

振兴乡村必先振兴农村教育，那么农村教育何以促进乡村振兴呢？农村教育服务乡村振兴战略的内在逻辑引起部分研究者关注。杜育红等基于人力资本积累视角分析，认为农村教育的建设发展是乡村振兴的应有内容与要求，是乡村振兴的重要战略支撑，其内在逻辑就在于教育作用于人而厚植乡村人力资本，通过良好的教育公共资源与服务，通过促成文化的繁荣与价值观念进步，通过实现劳动者知识更新与技能形成，来调动人的积极性、主动性和创造性，进而推动乡村经济社会的全面振兴。① 袁利平等也从人力资本积累视角分析教育服务乡村振兴战略的逻辑前提，认为教育通过人力资本的开发实现以人力资本为主导的乡村振兴，即通过学历教育、职业技能培训和实践锻炼等多种途径，提升乡村人力资本的数量与质量。袁利平等还提出农村教育的文化传承价值，认为教育通过传承乡村记忆与乡村文化，践行服务乡村建设使命。② 张辉蓉等基于系统、结构与要素的三重考量，构建一个"三阶段、六测度"的教育赋能乡村振兴的逻辑框架。其中，"三阶段"分别是资源配置、实施运行和效果评价阶段。资源配置阶段主要阐述教育赋能乡村振兴拟选择的实践内容；实施运行阶段主要表现教育赋能乡村振兴拟采取的实践方式；效果评价阶段主要体现教育赋能乡村振兴拟评价的目标维度。"六测度"分别对应：资源配置阶段反映决策机制的专业度和适配度，实施运行阶段反映运行机制的共育度和创新度，效果评价阶段反映评价机制的反思度和拓展度。③ 秦玉友等分析了教育扶贫对接教育促进乡村振兴的着力点：一是要提升农村教育的质量竞争力；二是密切关注贫困持续与再发生高风险人群的接受教育情况；三是要重塑教育促

---

① 杜育红，杨小敏. 乡村振兴：作为战略支撑的乡村教育及其发展路径 [J]. 华南师范大学学报（社会科学版），2018（2）：76-81，192.

② 袁利平，姜嘉伟. 关于教育服务乡村振兴战略的思考 [J]. 武汉大学学报（哲学社会科学版），2021（1）：159-169.

③ 张辉蓉，毋靖雨，宋宇轩. 教育赋能乡村振兴的逻辑框架与实践路向——基于晏阳初乡村改造理论的启示 [J]. 西南大学学报（社会科学版），2022（6）：165-175.

进农村发展的意识。① 但是由于农村教育基础薄弱，农村教育服务乡村振兴战略受到多方面行动挑战。张辉蓉等基于以下三点作出分析：其一，乡村教育机械移植城市资源，导致教育在促进乡村建设中严重脱离农村的生产和生活实际，致使培养出的人不能为发展农村经济和改善农村生活服务；其二，学校教育、家庭教育和社会教育三大教育方式的融合发展出现割裂，难以表征教育赋能乡村振兴的共育度；其三，教育赋能乡村振兴效果目标达成的"反思度"不足，相关教育改革力度不强，相应的改革行动无助于破解教育资源配置的不良问题、无助于化解城乡教育资源统筹中存在的矛盾。

2. 农村教育服务乡村振兴战略的目标指向与路径选择

乡村振兴战略的实施必须立足于乡村经济社会实际、着眼乡村精神文化需要，针对乡村薄弱问题，重新思考和谋划新时代乡村建设发展的系统化理论体系。站在新的历史节点上，教育作为社会大系统中的重要子系统，理应对此战略部署予以积极响应，教育服务乡村振兴战略是必然之举。袁利平等提出教育服务乡村振兴战略的实践路径：一是重塑良好的文化发展环境，激发农民群众建设现代乡村的热情；二是建立以体制机制创新为核心的制度保障体系和以资源有效供给为依托的物质保障体系；三是要优化人才支撑体系，扩大乡村人才供给渠道。② 张辉蓉等基于晏阳初乡村改造理论提出赋能乡村振兴的实践路向：一是将职业教育、思想教育、美育和与体育四大教育作为破解乡村建设难题的重要途径，建构共生性的城乡教育资源输入机制；二是有机整合学校教育、社会教育和家庭教育，激活各大教育主体的内生动力，发挥各类教育活动的整体优势；三是推进契合乡村振兴目标的教育改革，建成长效性的教育改革输出机制。③ 秦玉友等从教育目标转型、教育体系完善与教育资源支持三个方面提出教育扶贫对接教育促进乡村振兴的路径选择：一是在教育目标转型上要分维度发展农村教育，助力农村人口分流发展；二是在教育体系完善上要建立农村普通教育、职业教育与成人教育"三教"融通式教育，提升农村人口素质竞争力；三是在教育资源支持上要提供方便而有质量的教育服务，增加农村社会吸引力。④ 朱永新等从世界银行消除"学习贫困"项目中获得启发，对我国

---

① 秦玉友，张宗倩，裴珊珊. 教育在促进农村发展中如何发力——2020年后教育扶贫对接教育促进乡村振兴的着力点与路径选择[J]. 东北师大学报（哲学社会科学版），2021（4）：68-75.

② 袁利平，姜嘉伟. 关于教育服务乡村振兴战略的思考[J]. 武汉大学学报（哲学社会科学版），2021（1）：159-169.

③ 张辉蓉，毋靖雨，宋宇轩. 教育赋能乡村振兴的逻辑框架与实践路向——基于晏阳初乡村改造理论的启示[J]. 西南大学学报（社会科学版），2022（6）：165-175.

④ 秦玉友，张宗倩，裴珊珊. 教育在促进农村发展中如何发力——2020年后教育扶贫对接教育促进乡村振兴的着力点与路径选择[J]. 东北师大学报（哲学社会科学版），2021（4）：68-75.

后扶贫时代如何应用教育助力乡村振兴进行探讨，认为教育从服务"脱贫"到助力"振兴"，必须向更高质量转向、向深耕式精准扶贫转向、向多主体协同扶贫转向。① 马一先等认为以实现在美丽乡村大地上书写乡村教育的中国故事，在乡村教育土壤上振兴乡村文化，在乡土乡情的课堂上发挥乡土教育价值为乡村教育助力乡村振兴的目标指向。因此，教育助力乡村振兴应采取以乡村教育现代化建设与乡村教育本土化彰显的双轨道行进，以乡土文化传承与民族传统文化价值观彰显的双引领映照，以乡村教育革新与乡村教育优势彰显的双理路推进的实践路径。② 葛新斌研究指出，在乡村振兴战略的背景下，可以通过树立城乡融合发展的乡村振兴观、正视相对有限的教育作用论和坚守"为农而教"的价值本体性等方式，寻求农村教育变革，为振兴乡村积蓄力量。③

（二）有关"乡村振兴战略实施进程中农村教育发展"的研究

1. 乡村振兴战略给农村教育发展带来机遇与挑战

全面乡村振兴是我国进一步推进社会主义现代化建设的一项重大举措，全面乡村振兴离不开乡村基础教育的振兴，乡村基础教育亦在全面乡村振兴战略下迎来新的机遇。

第一，政府颁布了一系列乡村振兴战略的政策文件，乡村振兴战略的实施扫清了乡村教育发展的障碍，并在整体规划、难题解决与人才保障等方面给乡村教育提供政策引领。

第二，乡村振兴所采取的一系列针对性的措施，包括精准扶贫、易地扶贫搬迁、产业扶贫等具体措施，建立了完备的教育资助体系，完善了公共教育基础设施建设，提供了教育合作发展平台，从根本上保障人人有学上，为新时期乡村教育的发展创设了基本条件。

第三，实施乡村振兴战略的过程中积累了大量行动经验，从思想、行动和整体规划上为接下来乡村教育发展奠定了实践基础。

农村教育在乡村振兴战略实施过程中面临诸多挑战。杜尚荣等研究指出，教育发展理念上要求乡村教育要树立"利用乡土资源、服务乡村发展"新理念；教育发展目标上要培养有乡村情怀、能为乡村振兴作出贡献的高素质人才；教育治理理念要从"精准短期治理"转向"创新长效治理"，治理方式要

---

① 朱永新，罗晶. 教育助力乡村振兴——世界银行消除"学习贫困"项目及对中国的启示[J]. 华东师范大学学报（教育科学版），2021（4）：96-103.

② 马一先，邓旭. 乡村教育助力乡村振兴的价值意蕴、目标指向与实践路径[J]. 现代教育管理，2022（10）：50-57.

③ 葛新斌. 乡村振兴战略：农村教育究竟能做些什么？[J]. 华南师范大学学报（社会科学版），2018（2）：82-87，192.

从"政府管理为主"转向"多元主体共治";教育发展模式要从通过调动多方资源直接补齐乡村教育短板的"外部输血式"转向激发乡村教育内生发展动力的"内部造血式"。① 陈文胜等研究发现,乡村学校在大多数村庄中空位、教育资源在城乡教育中偏位、乡土元素在乡村教育中缺位成为全面推进乡村振兴中农民群众普遍关注的热点问题。② 陈鹏等分析了全面乡村振兴视域下我国乡村基础教育面临的现实挑战:一是乡村学校凋敝致使全面乡村振兴的文化根基被迫削弱;二是乡村教师流失致使全面乡村振兴的内生动力严重不足;三是乡村学生流失致使全面乡村振兴的人力资本面临风险。③

2. 乡村振兴战略中我国农村教育发展的路径与走向

推进乡村教育振兴,应以城乡二元结构中的乡村与乡村教育现实问题为立足点,以乡村教育的新发展阶段、新发展目标、新发展理念、新发展格局为导向,结合乡村振兴战略的基本要求,来研判推进乡村教育振兴、实现乡村振兴的路径选择。杜尚荣等提出乡村振兴战略下乡村教育的发展逻辑:一是要坚持乡土中国历史传统价值取向;二是要树立乡村教育发展的道路自信、理论自信、制度自信和文化自信;三是要构建乡村特色化现代乡村教育体系。其对应的乡村教育发展路径:通过重新确立乡村教育目标,帮助乡村儿童树立文化自信和生存自信,培养"爱农村、懂农业、爱农民"的乡村建设人才;利用各方力量重振家庭教育,整合学校教育、家庭教育和社会教育;利用教育信息技术建构本土开放化乡村教育;关注乡村资源,大力开发乡土课程和乡土教材等路径来实现乡村教育的全面发展。④ 全晓洁等认为,乡村振兴战略中的乡村教育建设,需要保存乡村教育独特的文化内涵,强调在育人理念、课程设置、教学方式、师资建设、评价模式等方面回归"乡土性"。⑤ 陈文胜等提出推进乡村教育振兴、实现乡村振兴的路径选择。一是要以城乡融合发展为取向认识乡村教育的新发展阶段;二是要以农业农村现代化为使命强化乡村教育的新发展目标;三是要以新时代高质量发展为主题贯彻乡村教育的新发展理念;四是要以

---

① 杜尚荣,朱艳,游春蓉.从脱贫攻坚到乡村振兴:新时代乡村教育发展的机遇与挑战[J].现代教育管理,2021(5):1-8.

② 陈文胜,李珺.全面推进乡村振兴中的乡村教育研究[J].湘潭大学学报(哲学社会科学版),2021(5):74-79.

③ 陈鹏,李莹.全面乡村振兴视域下乡村基础教育的新认识与新定位[J].陕西师范大学学报(哲学社会科学版),2021(5):126-136.

④ 杜尚荣,刘芳.乡村振兴战略下的乡村教育:内涵、逻辑与路径[J].现代教育管理,2019(9):57-62.

⑤ 全晓洁,蔡其勇,谢霁月.回归与回应:乡村振兴战略中我国乡村教育建设的未来走向[J].华东师范大学学报(教育科学版),2022(12):63-72.

农业农村优先发展为要求构建乡村教育的新发展格局。①陈鹏等从以下几个方面提出全面乡村振兴战略下我国乡村基础教育发展的路径选择：一是要补齐乡村小规模学校和乡镇寄宿制学校两类基础教育学校高质量发展短板；二是要理顺区域城乡基础教育一体化管理体制；三是要强化乡村教师作为国家特殊公职人员的法律地位。②杜育红等认为，瞄准乡村振兴的战略目标任务，应对新的挑战，乡村教育发展的基本路径在于紧紧围绕农业强、农村美、农民富的乡村建设要求，结合农村三次产业融合发展体系建构对于人综合素质全面提升的要求，以职业技术教育为关键抓手，强化基本公共教育服务优质、高效供给，厚植乡村人力资本，为乡村振兴战略提供坚实的人才保障和智力支撑。③吴银银等探讨乡村振兴背景下乡村教育特色化发展，认为乡村教育特色化发展与乡村振兴是相辅相成的关系，乡村振兴建设基于乡村特色化发展，为乡村教育特色化发展提供了重要契机；乡村教育特色化发展是乡村振兴的题中之义，是特色化乡村振兴之路的重要基石。实践中要通过重释"乡村教育"概念、重建乡村教师信念、扎根乡土文化、充分利用信息技术等措施，全面助推乡村教育实现特色化、高质量发展。④

秦玉友审视乡村振兴视域下农村教育现代化自信危机与重建，认为乡村振兴对接脱贫攻坚背景下要加强价值自信、实践自信与理论自信。从价值定位上，农村教育现代化需要从其目标群体规模、服务对象功能以及自身人类学意义方面，加强农村教育现代化价值重要性挖掘，确立价值自信。从实践改进上，农村教育现代化需要反思输血式现代化，优化在地化现代化，探索共生型现代化，推进农村教育实践思维方式反思，提升实践自信。从理论探索上，农村教育现代化在其方法论上，需要推进逻辑思辨、经验行动、实证实验的农村教育现代化理论建设，强化农村教育现代化理论规范自觉，增强理论自信。⑤肖正德提出要构建城乡一体化的、多类型（基础教育、成人教育和职业教育）

---

① 陈文胜，李珺. 全面推进乡村振兴中的乡村教育研究[J]. 湘潭大学学报（哲学社会科学版），2021（5）：74-79.
② 陈鹏，李莹. 全面乡村振兴视域下乡村基础教育的新认识与新定位[J]. 陕西师范大学学报（哲学社会科学版），2021（5）：126-136.
③ 杜育红，杨小敏. 乡村振兴：作为战略支撑的乡村教育及其发展路径[J]. 华南师范大学学报（社会科学版），2018（2）：76-81，192.
④ 吴银银，洪松舟. 乡村振兴背景下乡村教育特色化发展的理论阐释[J]. 天津师范大学学报（基础教育版），2022（2）：17-21.
⑤ 秦玉友. 乡村振兴视域下农村教育现代化自信危机与重建[J]. 教育研究，2021（6）：138-148.

的、多层次（农村初中等教育、农村高等教育）的大农村教育体系。① 金志峰等提出统筹推进城乡学校布局、助力乡村振兴的路径思考：一是要把握乡村振兴战略和新型城镇化建设的关系，树立城乡义务教育一体化发展观；二是要研究制定科学标准，让义务教育学校布局有章可循，有规可依；三是要立足服务乡村振兴战略，统筹城乡义务教育学校布局；四是要促进乡村小规模学校建设和内涵式发展，助力乡村教育、人才和文化振兴。② 吉祥佩等基于卢曼社会系统理论提出突破乡村学校教育发展路径：一是要落实乡村学校教育实现"小班化""数字化""乡土化""个性化"变革；二是构建"理想信念、角色认同、专业发展"的乡村教师服务体系；三是要抓住优质乡村学生生源、增强乡村学生学习动机和能力。③ 纪德奎提出城乡义务教育一体化发展方略：制定政策消解二元结构，促进城乡学校文化建设一体化；构建城乡师生学习共同体，通过共享校本课程推动城乡学校课程一体化；采用订单式培养乡村全科教师，开展新型双师课堂来实现城乡师资一体化发展；建立综合性智能平台，利用大数据为城乡义务教育一体化发展提供精准服务。④ 郝文武提出乡村振兴战略中农村教育现代化的本质和目标，认为乡村振兴战略中农村教育现代化的现实目标和理想追求就是形成以立德树人全面发展为根本，教育层次结构合理，教育教学内容、手段、方式优质高效和有明显特色，教育治理结构、方式、能力公平公正，充满持续发展活力的现代化。⑤

二、教育信息化与农村教育发展

教育信息化以其突破时空限制、促进资源共享、快速复制传播的属性，正日益成为缩小教育差距、促进教育公平、提高教育质量的有效途径和促进乡村教育发展、消除贫困落后、实现乡村振兴的重要举措。农村教育信息化的发展以及如何应用教育信息化手段促进农村教育发展既是教育政策制定者关注的热点问题，又是教育界众多学者探讨的核心问题。

---

① 肖正德. 乡村振兴所需人才培养与大农村教育体系构建 [J]. 杭州师范大学学报（社会科学版），2021（2）：108-113.
② 金志峰，庞丽娟，杨小敏. 乡村振兴战略背景下城乡义务教育学校布局——现实问题与路径思考 [J]. 北京师范大学学报（社会科学版），2019（5）：5-12.
③ 吉祥佩，胡金平. 乡村振兴战略下乡村学校教育发展的境遇与突破——基于卢曼社会系统理论的视角 [J]. 当代教育科学，2023（2）：63-72.
④ 纪德奎. 乡村振兴战略与城乡义务教育一体化发展 [J]. 教育研究，2018（7）：79-82.
⑤ 郝文武. 乡村振兴战略中农村教育现代化的本质和目标 [J]. 南京师大学报（社会科学版），2021（4）：31-39.

(一) 有关"农村教育信息化"的研究

教育信息化是一项系统性、长期性、只有进行时没有完成时的工程。部分研究者基于不同视角分析了当前我国农村教育信息化建设存在的不足。王志军等基于教育信息化2.0时代农村教育信息化发展的系统、长远路径考察,认为农村教育信息化存在以下问题有待解决:其一,在宏观层面上信息化教育管理与治理政策落实不到位;其二,在理念层面上教师信息化意识不足,信息化素养有待提高;其三,在培训层面上信息化教学培训的成果难以落实在具体的教学实践中;其四,在资源层面上统一开发的供给驱动的教学资源建设模式难以满足实际教学需求;其五,在经费层面上现有的经费投入与使用机制难以满足教育信息化的"深耕细作"。① 钱佳等基于湖北省农村教学点的调研信息发现,当前农村教学点在教育信息化政策实施方面存在以下困境:一是在财政资源支持系统方面,专项经费支出"重建设、轻维护",信息化设施设备分配不均,教学点难以负担信息化运行维护成本;二是在信息化教学资源方面,资源供给数量短缺,供给结构有待改善;三是在教师信息化教学队伍建设方面,教师能力与动力有待提高;四是在学生信息素养培养方面,学生信息素养普遍偏低。② 潘新民等研究发现乡村学校信息化优质教学资源供给面临的现实困境:一是多元供给主体参与程度不齐,各主体间协同合作性弱;二是供给内容缺乏多样性和乡土性,无法适应乡村教学需要;三是本地化资源库缺乏,网络学习空间与同步直播课堂普及度低;四是资源供给与教师使用存在较为突出的供用矛盾。③ 李晓静基于知沟理论视角剖析中国农村小学在教育信息化硬件接入、技术使用及其对知识获取的影响等三个方面的现状,研究发现教育技术硬件设备和接入并非当前农村教育信息化的短板,而使用过少、不愿使用、不会或不懂使用则成为最大问题。④

也有部分研究者探索农村教育信息化发展的路径及政策建议。王志军等提出教育信息化2.0阶段农村教育信息化七个方面的发展着力点:一是树立坚定的互联网变革教育信念,在实际问题解决中更新理念;二是用开放的政策引导

---

① 王志军,余新宇,齐梦梦."互联网+"背景下我国农村教育信息化发展着力点分析[J].中国电化教育,2021 (10):91-97.
② 钱佳,郭秀旗,韦妙.农村教学点教育信息化政策实施困境与路径选择[J].教育研究与实验,2018 (6):12-16.
③ 潘新民,金慧颖.乡村学校信息化优质教学资源供给困境与出路[J].课程·教材·教法,2022 (7):84-89,146.
④ 李晓静.知沟视域中农村基础教育信息化的现状与建议——基于河南修武中国完小的质化研究[J].中国电化教育,2017 (12):53-58,74.

和鼓励创新，促进多元主体间的有效协同；三是拓宽经费来源，鼓励社会资本参与城乡合作；四是引进专业的信息化人才，整体推动和规划学校的信息化建设；五是引入竞争和长效机制，以用促建，按需建设信息化基础设施；六是创新资源供给方式，引入市场力量推动建设与使用同步的资源供给；七是倡导陪伴式培训，在实战中提升教师信息化教学能力与管理水平。① 卢春等通过调查发现农村学校与城市学校在信息化应用水平发展上存在明显的城乡差异。据此卢春等提出相应的解决对策：一是要加强农村学校信息化网络环境建设，重点提升农村学校互联网接入率；二是要全面提升农村中小学教师信息化教学能力和信息技术应用水平；三是要加强农村学校信息技术教师队伍建设。② 庄科君等对美国面向未来框架和《成功指南：农村学校个性化学习实施策略》的内容进行了梳理归纳，以管窥美国农村教育信息化发展框架与实施策略，从政策制定、软硬件资源建设与实践应用三个层面提出对我国农村教育信息化发展的启示。其中，在政策制定层面，进一步强化农村教育信息化进程中育人为本的基本原则，明确技术服务于教育的价值定位；在软硬件资源建设方面，进一步加强和完善农村教育信息化进程中的教育协同创新机制；在实践应用层面，农村地区应扬长避短，因地制宜，发挥农村特色，构建农村教育信息生态系统。③ 钱佳等认为信息化与教学点发展并非简单的直线关系，利用信息化手段促进教学点发展需要从财政经费投入、信息化资源供给、师资队伍建设和学生信息素养培养等方面构建政策支持系统，才能达到较好的政策效果。具体有如下几点：一是要明晰财政经费来源，优化投入结构；二是要优化信息化资源供给，提高教学效果；三是要培养教师信息素养，激发内在动力；四是要创新组织管理模式，拓展信息化空间。④ 基于信息化的优质教学资源供给是提升乡村学校教育教学质量的重要手段。潘新民等人提出了强化乡村学校信息化优质教学资源供给的建议：其一，坚持政府在资源供给中的主导地位，鼓励各方组织协同参与；其二，注重以乡村教学需求为导向设计开发适切新资源；其三，提高资源供给方式效能，加强在地化教学资源库建设；其四，开展教

---

① 王志军，余新宇，齐梦梦．"互联网＋"背景下我国农村教育信息化发展着力点分析［J］．中国电化教育，2021（10）：91-97.

② 卢春，邢单霞，吴砥．城市和农村学校信息化应用水平发展差异及影响因素分析［J］．现代远距离教育，2018（6）：13-20.

③ 庄科君，张文兰，刘盼盼，等．美国农村教育信息化发展框架与策略管窥及启示——基于对《成功指南：农村学校个性化学习实施策略》的解读［J］．电化教育研究，2019（10）：102-108.

④ 钱佳，郭秀旗，韦妙．农村教学点教育信息化政策实施困境与路径选择［J］．教育研究与实验，2018（6）：12-16.

师培训，提高乡村学校教师信息理念和实践能力。① 李晓静提出建议：未来农村的教育信息化须在教学终端的移动化/智能化、教学内容的交互化/主题化、培育师生对教育技术的使用动机/使用兴趣/使用素养、利用大数据建立教育信息化的精准绩效评估与动态追踪机制以及建设教育信息化的整体社会文化情境等层面加强努力。②

（二）有关"以教育信息化促进农村教育发展"的研究

促进教育均衡，实现教育公平，既是时代赋予我们的历史使命，又是实现乡村振兴与构建和谐社会的基本要求，更是农村教育改革与发展始终不懈的追求目标。以教育信息化促进农村教育发展的研究主要基于"教育均衡"的经济学视角与"教育公平"的政治学视角。

1. 基于"教育均衡"的经济学研究视角

教育均衡发展是在教育公平的原则下，通过对教育资源的合理配置，为广大受教育者提供相对均等的教育资源条件，以实现教育可持续发展的过程。如何充分使信息技术与教育教学深度融合、充分发挥教育信息化的作用以进一步推动教育均衡发展是教育信息化研究的重点。当前国内在该领域的研究主要集中在城乡教育信息化均衡本体以及应用信息技术促进城乡教育均衡发展的机制、路径等方面。

在城乡教育信息化均衡本体方面，刘荣等系统地总结了城乡教育信息化均衡发展的"扬州模式"：一是政府推动以实现教育信息化建设的环境均衡；二是系统整合以实现教育信息化软硬件的共享均衡；三是市场化运作以实现教育信息化资金的投入均衡；四是紧贴教学以实现教育信息化资源的开发均衡；五是强化运用以实现教育均衡化。③ 李葆萍建议应当建立教育信息化均衡监测体系，加强教育信息化建设财政政策的科学性和针对性，同时通过调整学校规模和布局、加快廉价信息技术教育产品开发等途径降低教育信息化建设成本。④ 陈纯槿等实证考察我国基础教育信息化均衡发展状况及其变化趋势，研究发现，我国中小学信息基础设施与数字资源的城乡差距不断缩小，城乡中小学校

---

① 潘新民，金慧颖．乡村学校信息化优质教学资源供给困境与出路［J］．课程·教材·教法，2022（7）：84-89，46．

② 李晓静．知沟视域中农村基础教育信息化的现状与建议——基于河南修武申国完小的质化研究［J］．中国电化教育，2017（12）：53-58，74．

③ 刘荣，吴必昌．促进城乡教育信息化均衡发展的"扬州模式"［J］．中国电化教育，2008（1）：29-31．

④ 李葆萍．我国义务教育信息化建设均衡性研究——基于2001—2010年中国教育统计年鉴数据分析［J］．中国电化教育，2012（3）：37-42．

互联网接入率渐趋均衡化;义务教育学校信息化配置条件的区域、省际差距总体呈缩小态势,但普通高中教育信息资源配置区域、省际差距明显;中部地区基础教育信息化发展水平和均衡水平呈"双低"状态,初中阶段信息技术教师资源配置的城乡差距突出。据此陈纯槿等提出全面推进基础教育信息化的关键措施:一是要加大对乡村和边远贫困地区政策倾斜,不断缩小区域、城乡数字鸿沟;二是要以深化教育供给侧结构性改革为突破口,扩大优质数字教育资源供给;三是要探索教师主动适应信息化的新机制,全面提高教师信息素养;四是要以提高教育质量为重点,建立基础教育信息化质量标准并纳入义务教育优质均衡发展、标准化学校建设总体布局。① 万昆等提出集群发展视角下县域基础教育信息化优质均衡提升路径:一是要构建县域基础教育信息化优质均衡集群发展的体制机制;二是要构建优质教育资源共建共享机制;三是构建师资共享机制;四是构建教育信息化设施共享机制;五是构建"五螺旋"创新集群发展策略;六是构建县域基础教育信息化集群发展新生态。②

在应用信息技术促进城乡教育均衡发展的机制方面,徐君认为信息化有助于共享优质教育资源、均等教育机会以及全面提升教育质量与效率,因此教育信息化是实现优质教育的有效手段,是新时期优质教育的应有之举。③ 高铁刚的研究指出,信息技术可以在宏观、中观、微观层面发挥提升教育均衡发展水平的作用,但是作用的机制和方法不同。宏观层面主要是发挥信息技术的宣传、报道、舆论监督作用;中观层面主要是发挥信息化教学资源的替代性补偿作用;微观层面则更为复杂,需要教育系统的持续性创新。④ 刘雍潜在"信息技术促进区域教育均衡发展的实证研究"课题的基础上,提出义务教育均衡发展主要体现在教育环境均衡、教育资源配置均衡、教育机会均等和教育质量均衡四个要素上。⑤ 汪基德等从教育物化资源、人力资源以及教育过程与结果均衡三个方面分析信息化促进教育均衡发展的机理。其一,教育信息化能够实现优质教育资源共享,促进物化资源均衡;其二,教育信息化能够实现师资数量的增加和质量的提升,促进人力资源均衡;其

---

① 陈纯槿,郅庭瑾.我国基础教育信息化均衡发展态势与走向[J].教育研究,2018(8):129-140.

② 万昆,饶爱京.基于集群发展的县域基础教育信息化优质均衡提升路径研究[J].现代远距离教育,2020(2):62-67.

③ 徐君.均衡发展内涵发展信息化发展——新时期优质教育的应有之举[J].电化教育研究,2009(8):26-29.

④ 高铁刚.信息技术提升教育均衡发展的机制与方法研究[J].中国电化教育,2014(1):22-28.

⑤ 刘雍潜.信息技术对义务教育区域均衡发展影响的研究[J].中国电化教育,2014(4):43-47.

三，教育信息化能实现精准教学与精准助学，促进教育过程和教育结果的均衡。① 林晓凡等从纵向追踪角度探讨信息化赋能义务教育优质均衡发展规律，发现随着信息化投入时间增长，信息化教学应用和信息化师资水平的提升有利于促进义务教育优质均衡发展，但是只关注到信息化基础设施投入对义务教育优质均衡有负面作用。②

在应用信息技术促进城乡教育均衡发展的路径方面，何克抗认为，教育信息化的基本内涵和特性，使它在提升教育质量、实现义务教育均衡发展方面具有很大的潜在优越性，但要有信息化教学创新理论才能使这种优越性真正发挥出来。③ 刘雍潜等认为，海量教育数据的汇聚为区域教育均衡发展提供了新的思路。在大数据时代背景下，区域教育均衡发展应该以数据为基础，准确把握区域教育发展动态，利用大数据技术，从教育环境均衡、教育资源均衡、教育机会均等和教育质量均衡四个方面提供科学依据。④ 张伟平等基于全国8省20县（区）的调查结果，提出三种可行的教育信息化实践模式——共同体模式、"双师"模式和数字资源模式，并提出三点政策建议——积极推广三种模式、建立资源共建共享体系、构建多方协同的教育信息化驱动机制。⑤ 王继新等针对不同区域教育发展的现实状况与深层根源，提出了四种信息化促进县域教育均衡发展的实践模式——双轨制数字学校模式、城乡互助的"双师"模式、有组织的 MOOC 模式和适切性数字资源全覆盖模式，并就四种模式的可持续发展提出了相应的政策建议：一是要建立多元经费投入机制，保证县域信息化建设顺利推进；二是要积极推广四种模式，不断扩大优质教育资源覆盖面；三是要探索数字资源服务供给模式，有效提升县域内数字资源服务水平。⑥ 林晓凡等基于信息化赋能义务教育优质均衡发展规律提出政策建议：一是要优化信息化师资和应用，保证义务教育优质均衡的效益；二是基于资源最大化适配信息化教学应用，强化义务教育优质均衡的品质标准；三是均量保障信息化投入，

---

① 汪基德，刘革. 教育信息化促进基础教育均衡发展 [J]. 教育研究，2017（3）：110-112.
② 林晓凡，胡钦太，周玮，等. 信息化何以促进义务教育优质均衡发展——纵向追踪数据下基于广东省的大样本实证研究 [J]. 电化教育研究，2022（7）：41-47.
③ 何克抗. 教育信息化是实现义务教育优质、均衡发展的必由之路 [J]. 现代远程教育研究，2011（4）：16-21.
④ 刘雍潜，杨现民. 大数据时代区域教育均衡发展新思路 [J]. 电化教育研究，2014（5）：11-14.
⑤ 张伟平，王继新. 信息化助力农村地区义务教育均衡发展：问题、模式及建议——基于全国8省20县（区）的调查 [J]. 开放教育研究，2018（1）：103-111.
⑥ 王继新，张伟平. 信息化助力县域内教育优质均衡发展研究 [J]. 中国电化教育，2018（2）：1-7.

促进义务教育优质均衡的持续增量；四是平衡城乡信息化师资水平，建设义务教育优质均衡的精准帮扶体系。①

2. 基于"教育公平"的政治学研究视角

社会公平是人类社会的共同理想，教育公平是实现社会公平的基础和必要条件。以互联网为核心的现代信息技术的普及为教育公平的推进创造了条件。借助现代信息技术的发展，推进教育公平，不断从观念层面走向实践层面，已上升为我国教育发展的国家战略。信息技术促进教育公平的挑战、机制与路径方面也得到了大批学者的高度关注。

在挑战方面，徐玉特对1441名城乡初中教师进行调查发现，信息技术对起点均等具有积极促进作用，但在过程均等与结果均等方面具有"层级分化"的消极影响。②俞明雅等研究发现，互联网成为促进教育公平新助力的同时，也给中国的教育公平带来了新的挑战：一方面，教育信息化基本配置水平的差异导致不同学校所能享受的"互联网＋"红利不均衡；另一方面，传统教学思维对互联网思维的掣肘、对"互联网＋"认识的模糊性、师生信息技术素养的滞后性也影响着"互联网＋"在促进教育公平过程中的效能。③吕建强等认为，底层数字基础设施缺乏整合，迎接5G的数字素养准备不足，新技术可能引发马太效应，数字技术未有效融入学习过程是5G赋能教育公平面临的新挑战。④

在机制方面，吕建强等分析了5G的兴起带来的数字时代教育公平的新机遇：5G通过催生教育理念革新、引发教育实践重构和改善教育外部保障，助推教育公平并提升教育质量。⑤周春良从教育内部公平和外部公平两个层面分析信息化对教育公平的促进作用。在内部公平方面，教育信息化实现管理模式的多维变革，促进了师生间的平等对话，加强生生之间的互动互助。在外部公平方面，信息化加强教育与其他部门或行业之间的合作与沟通，加强城乡之间、学校之间的交流与合作。⑥郭绍青等基于生态立场分析了教育数字化转型通过赋能服务供给生态以促进城乡教育公平的作用机制：其一，教育服务供给

---

① 林晓凡，胡钦太，周玮，等．信息化何以促进义务教育优质均衡发展——纵向追踪数据下基于广东省的大样本实证研究［J］．电化教育研究，2022（7）：41-47．
② 徐玉特．"层级分化"：教育技术应用对城乡基础教育公平的潜在危机——基于1441名城乡初中教师的调查［J］．当代教育科学，2022（3）：66-73．
③ 俞明雅，叶波．"互联网＋"能促进教育公平吗？——兼论"互联网＋"教育公平的挑战与应对［J］．教育科学研究，2017（4）：15-18，23．
④ 吕建强，许艳丽．5G赋能数字时代的教育公平刍议［J］．中国电化教育，2021（5）：18-26．
⑤ 吕建强，许艳丽．5G赋能数字时代的教育公平刍议［J］．中国电化教育，2021（5）：18-26．
⑥ 周春良．教育公平视角下的区域教育信息化发展与创新［J］．中国电化教育，2012（3）：43-46．

生态支撑自主、协作、个性化学习，以聚焦机会公平；其二，教育服务供给生态补给资源、智力、数据型服务，以完善起点公平；其三，教育服务供给生态创设精准、智能、交互式环境，以重视过程公平。[1]

在路径方面，徐继存提出"互联网＋"时代教育公平的推进路径：一是建立政府主导的建设开发机制，确保硬件到位和优质资源供给；二是构建学校间的协作伙伴关系，缩小区域内的校际差距；三是形成优势互补的教研共同体，促进校内教育过程公平；四是关注师生的数字化生存境遇，应对新的数字鸿沟。[2] 吕建强等提出5G赋能数字时代教育公平的应对策略：一是要依托"新基建"建设高性能数字基础设施；二是要多元并举提升社会整体数字素养；三是要强化数字应用，着力缩小新数字鸿沟；四是要以人为本创设智慧化学习空间。[3] 郝祥军等提出促进教育公平的课程创新路向：一是以数字化课程推动教育资源的均衡覆盖；二是以个性化课程关注学习者个体特征差异；三是以跨学科课程推进复合创新型人才培养；四是以弹性课程实现多元化需求的兼容并包。[4] 郭绍青等提出教育数字化转型助推城乡教育公平的实施路径：一是要供给学习服务，推动乡村学生学习方式转变；二是要供给智力服务，提供不分畛域高端智力指导；三是要供给资源服务，保障乡村地区优质资源获取；四是要供给环境服务，赋予乡村学生场馆学习体验；五是要供给场景服务，实现乡村学校智能精准施教。[5] 李玉顺等提出数字教育促进教育公平实践的政策建议：一是要推进教育数字化转型，构建数字教育能力架构体系；二是完善国家教育公共服务体系，提高多主体协同发展；三是要建构教育云服务全周期治理体系，包容新型教育信息化发展模式；四是推进多层次数字教育机制创新，提升全场景教育业务融入新动力；五是要加速群智共享"互联网＋教研"，消弭课堂教学实践数字鸿沟；六是要服务群体差异化数字教育需求，探索数字教育共享合作路径；七是要完善人才培养体系，加快高层次数字教育专业人才队伍建设。[6] 韩世梅从政策演进视角对教育信息化促进教育公平的实践成效进行回溯，并对我国教育信息化促进教育公平的政策提出建议：一是要进一步推进教

---

[1] 郭绍青，华晓雨．教育数字化转型助推城乡教育公平的路径研究［J］．国家教育行政学院学报，2023（4）：37-46，95．

[2] 徐继存．"互联网＋"时代教育公平的推进［J］．教育研究，2016（6）：10-12．

[3] 吕建强，许艳丽．5G赋能数字时代的教育公平刍议［J］．中国电化教育，2021（5）：18-26．

[4] 郝祥军，顾小清．技术促进课程创新：如何走向教育公平［J］．中国电化教育，2022（6）：71-79．

[5] 郭绍青，华晓雨．教育数字化转型助推城乡教育公平的路径研究［J］．国家教育行政学院学报，2023（4）：37-46，95．

[6] 李玉顺，安欣，代帅，等．数字教育促进教育公平实践的反思［J］．开放教育研究，2023（3）：69-78．

育信息化发展,通过发展消除不均衡问题;二是要进一步深化整体改革,避免对教育信息化的单向过度依赖;三是要多措并举,大力推进教育信息化融合创新发展;四是要超越工具理性,从价值层面为教育信息化找到精神家园。① 徐欢云等提出教育信息化2.0时代背景下基础教育公平走向的建议:学科交叉和研究视角融合,创新信息化促进基础教育公平的理论体系;聚焦重难点,实现信息化促进基础教育公平研究的新突破;以政策为引领、技术为支撑、理念与方法为核心,推动多维联动的协同发展;关注多样性,注重特色发展,丰富信息化促进基础教育公平的应用模式。② 魏非等基于美、日、印三国的政策和行动分析,提出我国信息化促进教育公平的行动实践建议:一是持续更新与发展信息化环境及相关标准;二是坚持系统化的项目设计与推进理念;三是构建基于数据和证据的成效监管机制;四是多方举措加快发展学生信息素养的进程;五是推动技术支持的学习评价改革与创新。③ 柳立言等基于可持续发展视角提出信息化促进教育公平的进阶之路需要融入可持续发展理念和转变保障机制,需要弥补信息化人才队伍建设结构性短缺和专业发展的短板,更需要建立科学的评估指标来促进动态监测与调整。④

三、教育生态视角下的农村教育发展研究

农村教育不仅与其内部子系统密切联系,而且与农村社会、经济、政治、文化等外部环境密切相关。随着农村社会的变迁,农村教育与其他各因素联系的相关性也在发生变化。农村教育系统内部结构与功能的发展,不仅对农村教育自身有制约或推动作用,而且与周围环境有直接或间接的相互影响。教育生态是以教育为中心发展起来的多元环境系统,强调人与自然和社会尤其是教育主体与环境之间的相互联系、协同进化、持续发展。教育生态学为分析农村教育系统提供了理论视角。国内部分研究者基于该视角探讨农村教育发展问题。

陈丹提出生态化教育改革是农村教育的出路。农村生态化教育改革要注重更新人们的教育观念,加强顶层设计,提高师资水平,重视乡土课程资源开

---

① 韩世梅.我国教育信息化促进教育公平的政策演进、问题分析和发展建议[J].中国远程教育,2021(12):10-20,76.

② 徐欢云,胡小勇.信息化促进基础教育公平:图景、焦点与走向[J].现代远距离教育,2019(6):29-34.

③ 魏非,樊红岩,宋雪莲,等.信息化促进基础教育公平的国际研究——基于美、日、印三国的政策和行动分析[J].电化教育研究,2020(7):114-121.

④ 柳立言,秦雁坤,闫寒冰.信息化促进教育公平典型案例分析:基于可持续发展的视角[J].电化教育研究,2021(5):32-39.

发,探索新的教育模式。① 王红等分析了国外乡村教育生态转型的在地化实践,认为在地化教育理念辩证地融合了生态正义理论、实用主义教育哲学以及批判教育学的理论内涵,通过为"地方"赋权,将培养公民意识、增进社区福祉以及提升学校效能紧密联系起来,学校教育转向"教人存在"的生态思维,以"自下而上"的变革方式为主导,以学习和教学方式变革为手段,以主题课程为载体,以社区资源、知识、文化的教育价值为中介,提高了学生的学业成就,助力社区民主和生态治理,体现了其可持续的本质。② 兰慧君等基于教育生态视角考察"小城镇"推动西部乡村教育振兴的价值逻辑,并提出"小城镇"推动乡村教育振兴行动路径:一是要坚持发展"小城镇"的内生理念,开辟可持续发展空间;二是要积极完善"小城镇"的教育体系,挖掘高质量发展资源;三是要努力提升"小城镇"的人文服务,优化全方位发展结构;四是要加快构建"小城镇"的经济实体,创新人才引培用机制。③ 朱旭东等基于教育生态学理论,构建促进儿童全面发展的乡村教育生态系统框架,系统梳理了当前乡村教育生态困境,批判性借鉴历史经验和发展前沿,并从乡村教育自然系统、社会系统、规范系统、网络系统、学校系统以及系统间合作和系统内部平衡的支持性等方面提出促进儿童全面发展的新时代乡村教育生态系统构建路径。④ 胡钦太等提出"互联网+"教育新生态的内涵,并在分析"互联网+"教育新生态推动乡村基础教育高质量发展核心机理的基础上,通过体系化的理论探索和十多年的广东"爱种子"项目教改实践,构建了基于"组织新生态-课堂新生态-质量新生态"的"互联网+"教育新生态,有效促进了基础教育生态系统发展和要素优化,使乡村基础教育发生了学校、学生、教师、课堂、校长和教研"六个不一样"的变化,推动了乡村基础教育的高质量发展。⑤ 赵雪梅等基于生态视域对"三个课堂"助力乡村教育振兴的价值意蕴、运行机理进行分析,并依据教育生态学理论,遵循教育生态多元化的发展理念,提出"三个课堂"助力乡村教育振兴的生态发展路径:一是明确各生态要素的生态位,发挥不同角色乡村教育生态价值;二是打破"花盆效应",激发乡村教育生态系统的生命活力;三是重视生态边缘效应,维持乡村教育生态系统的稳

---

① 陈丹.关于农村生态化教育改革的思考[J].教育探索,2016(11):128-130.
② 王红,邬志辉.国外乡村教育生态转型的在地化实践[J].比较教育研究,2019(9):98-105.
③ 兰慧君,司晓宏,周丽敏."小城镇"推动西部乡村教育振兴的价值逻辑——基于教育生态视角[J].当代教育论坛,2022(4):11-22.
④ 朱旭东,赵瞳瞳.论促进儿童全面发展的乡村教育生态系统建构——基于"新"教育生态学的理论视角[J].清华大学教育研究,2022(3):42-50,60.
⑤ 胡钦太,杨伟杰,凌小兰.构建"互联网+"教育新生态,推动乡村基础教育高质量发展——广东"爱种子"项目的探索与实践[J].中国电化教育,2022(6):15-21.

定；四是摆脱限定因子束缚，调整乡村教育生态系统的结构；五是依据耐度定律，提升乡村教育生态系统的资源利用率。①

第三节　理论基础

一、均衡与教育均衡理论

义务教育是提高民族素质、实现民族复兴的伟大奠基工程。推动义务教育改革与发展惠及千家万户，关系到国家前途和民族未来。义务教育已经在我国全面普及，当前正在进入巩固普及成果、着力提高质量、实现内涵发展的新阶段。面对全面建成小康社会和加快推进社会主义现代化建设的新任务，面对从人力资源大国向人力资源强国转变的新形势，面对人民群众接受更加均衡、更加优质教育的新期待，持续加大义务教育改革、全面推进义务教育均衡发展既是我国教育事业在新时期、新阶段的重大战略选择，也是贯彻落实高质量发展理念的重要举措，更是新时代加快建设教育强国、办好人民满意的教育的现实需要。

（一）教育均衡发展的概念

"均衡"原意是指某种事物在某一时间区域内所表现出的一种发展状态，其基本含义为均等与平衡，"均等"描述量的平均，"均衡"意味着质的和谐。物理学中的均衡是指一种物体同时受到方向相反的两种外力作用，当这两种外力恰好相等时该物体由于受力相等就处于静止的状态。近代英国经济学家马歇尔首次将均衡概念引入经济学，用来描述经济中各种对立的、变动着的因素处于一种力量相当、相对稳定、不再变动的状态。经济学所说的均衡是指，在包括供需在内的诸多力量驱使下，经济体系达到了由一系列配置和价格构成的理想均衡状态。而教育均衡是经济均衡的发展和移植，它是由人类教育资源的稀缺和有限，以及现有教育资源配置不均衡、不合理而引发的。从某种意义上讲，教育均衡是人们因目前现实存在的教育需求与供给不均衡而提出来的一种教育发展的美好理想。

---

① 赵雪梅，钟绍春. 生态视域下"三个课堂"助力乡村教育振兴：价值意蕴、运行机理、发展路径［J］. 电化教育研究，2022（7）：48-55.

教育复杂性与教育改革发展的综合性特征,决定了教育均衡发展是一个内涵极其丰富的专业用语。国内已有学者对其进行界定。例如,翟博认为教育均衡是在教育公平思想和教育平等原则的支配下,教育机构、受教育者在教育活动中有平等待遇的理想和确保其实际操作的教育政策和法律制度。[①] 于建福则认为,教育均衡是通过法律法规确保给公民或未来公民以同等的受教育的权利和义务,通过政策制定、调整及资源调配以提供相对均等的教育机会和条件,以客观公正的态度和科学有效的方法实现教育效果和成功机会的相对均衡。[②] 教育均衡是针对现实中教育供需不均衡而提出的,因此它首先意味着教育资源的均衡分配。另外,教育均衡不仅与教育资源均衡配置相关,还涉及国家层面相关政策法规的制定以及学生个体层面教育机会均等与理想教育效果保障等方面。从这个意义上来看,我们可以把教育均衡理解成社会公平思想与平等原则在教育领域的具体化。具体来讲,其是指在教育公平思想和教育平等原则的支配下,政府通过经济、政治、法制、行政及评估等手段在不同教育机构和教育群体之间平等地分配教育资源,逐步弱化和缩小区域之间、城乡之间、学校之间的差距,确保公民享受相对公平的受教育权利与义务、相对平等的受教育机会与条件,进而获得相对均等的教育效果与成功机会的动态过程。教育均衡的基本要求是要在区域间、城乡间、学校间以及群体间均衡配置包括办学经费、硬件设施与师资等在内的各种教育资源,达到教育需求与供给相对均衡。最终目标是要合理配置教育资源,促进各级各类教育协调、可持续发展,办好每一所学校,培养好每一个学生。

教育均衡发展包含相互联系的三层含义:一是确保每位学生都有平等受教育的权利和义务。这是制度层面的均衡,也是教育起点均衡,需要国家通过法律法规的形式加以确认和保障。二是使每所学校的学生享有平等受教育的机会,尽量平等地分享教育资源和教育条件。这是物质层面的均衡,也是教育过程均衡,需要通过政策制定、调整以及资源调配加以保障。三是教育成功机会和教育效果的相对均等。这是价值层面的均衡,也是教育结果均衡。要求每个学生接受教育后都应达到一个最基本的标准,都能获得学业上的成功,并且在德、智、体、美等方面实现全面发展。教育均衡发展的三个层面相互依存、相互关联并逐层递进,共同构成一个整体。制度层面的受教育权利和义务的平等是最基本的要求,是受教育机会均等、条件均衡、教育成功机会和教育效果相对均衡的前提;受教育的机会均等和条件均衡是进一步的要求,又是教育效果相对均衡的前提和条件;教育效果的相对均衡是最

---

① 翟博. 教育均衡发展:现代教育发展的新境界 [J]. 教育研究,2002 (2):8-10.
② 于建福. 教育均衡发展:一种有待普遍确立的教育理念 [J]. 教育研究,2002 (2):10-13.

高的要求。教育均衡发展所追求的最终目标不在于教育的"输入"平等，而是在于教育要有平等的"成果"。

（二）教育均衡发展的内涵

1. 教育均衡发展是政府的责任

教育是一种以培养人为主旨的社会公益事业。教育因此不仅是个体发展的基础，同时也是社会发展、国家强盛和民族复兴的基础。教育发展水平影响着全体国民的基础素质，影响着国家的人力资源状况，进而影响着国家的综合国力。教育的公共性、公益性与基础性决定了它不可能像商品一样完全通过市场来提供，而必须通过市场以外的资源配置机制来提供。这就导致在现代国家中政府所提供的教育越来越具有举足轻重的意义。因此，国家有义务通过制度性的安排，创造条件平等地满足不同地区、家庭、民族和性别的每一个适龄儿童的基本学习需要。政府应是教育的办学主体，发展教育应该是各级政府义不容辞的基本职责。促进教育资源均衡配置，实现教育均衡发展的责任应该由政府予以保证。

2. 教育均衡发展是一个历史范畴

随着社会的发展、时代的进步，人们对教育的需求也会有所不同。教育均衡的内涵也会相应地发生变化。以义务教育的均衡发展为例，当世界上大多数国家为实现义务教育目标而努力的时候，义务教育均衡发展的主要含义是为更多的人提供更多的受教育机会。在世界上大多数国家基本普及了义务教育后，义务教育均衡发展的价值取向是为所有的人提供公平的、基本的教育；而在社会的政治、经济、文化达到一定的水平后，义务教育均衡发展的具体目标就相应地转变成为尽可能多的人提供尽可能好的基本教育。

3. 教育均衡发展是一种教育发展过程

教育均衡发展是一种教育发展目标，但更是一种促进教育发展的途径。均衡发展本身不是教育发展的目的，其本质的目标是追求一种理想、公平、高效、优质的教育状态。教育均衡发展由此可以认为是一种发展模式，是以均衡为目标的教育发展模式，是以实现教育公平为目的的发展模式。这种发展不是一种单纯的增长、扩展或进步、改善，而是体现均衡本质、充分兼顾到了平衡、协调意蕴的发展，是更全面、健康、和谐、可持续的发展。

4. 教育均衡发展是一个动态的发展过程

教育均衡发展的过程是整体办学条件和水平提升的过程。我们不能简单地把教育均衡发展理解成是均等发展、静态均衡或绝对均衡。它更加强调的是全面、协调、动态、可持续的科学发展。因此教育均衡发展是一个"从不均衡到均衡，又从均衡到不均衡，再到新的均衡"的持续的螺旋式上升的动态发展过程，是使均衡不断接近终极目标的过程。推动教育均衡应该顺应社会经济的发展，满足人们的需求，不断确立更高、更新的目标，实现阶梯式发展、螺旋式上升。

5. 教育均衡发展是一个相对的概念

任何事物都是在矛盾运动中寻求暂时的、相对的均衡发展。教育均衡发展作为社会进步的重要标志，强调的是要满足所有人最基本的学习需要，要给每一个人所应得到的或应给予的教育资源。教育均衡发展因此也是相对的、具体的、发展的，绝对的教育均衡是不可能的，也是不现实的。教育均衡发展特别关注受教育群体之间，主要是弱势群体与优势群体之间平等地分配教育份额，包括享有同等入学机会，同等受教育条件，同等发展可能，等等。在一定意义上说，教育均衡发展就是要相对公平地将教育权利和义务分配给各社会阶层及其所属的社会成员，尤其应满足弱势群体接受教育的基本需要，保障其实际占有和支配教育资源及其份额，并在此基础上，给予每个人更好的教育，实现应有的教育效果。

6. 教育均衡问题是社会优质教育资源不足的反映

中华人民共和国成立以来，特别是改革开放以来，我国的教育事业得到了突飞猛进的发展，但随着社会的发展、人民生活水平的提高、知识经济的来临，人民群众对知识和教育的需求越来越高。因此，目前还存在着教育需求增长与教育供给不足的矛盾，存在着人民群众渴望接受优质教育与优质教育资源不足的矛盾。

7. 社会经济均衡发展是教育均衡发展的重要基础

教育均衡发展是一个相对的均衡，同时也是一个动态的行为。每一个时期由于社会经济发展等多方面因素的影响有着不同的表现。教育均衡发展是由相应的经济关系所决定的。它是社会经济发展到一定阶段的必然结果。

8. 教育资源均衡配置是实现教育均衡的前提条件

实现教育均衡发展，提高义务教育阶段的整体水平，就是要为所有就学儿童提供平等而高质量的教育条件。教育均衡的实质是政府作为控制社会运行的中枢与公共资源分配的主体，应该对全区域内的教育资源进行合理配置，以确保受教育群体和个体的权利平等。在义务教育阶段，受教育机会均等应体现为公民就学平等和受教育条件的平等。政府应办好每一所学校，为每位学生提供相对平等的教育条件。

9. 实现教育均衡发展的重点在于发展农村教育

实现城乡义务教育均衡发展是一个漫长、复杂、艰巨的过程。由于历史上城乡二元分离的发展模式以及政策的"重城"发展取向，农村义务教育与城市义务教育相比一直处于弱势地位。随着我国城乡统筹与城乡一体化建设方针的提出，"城市反哺农村、工业反哺农业"成为近阶段国家发展的战略取向，这些政策体现在教育发展中，意味着在统筹城乡义务教育发展的关系上，农村仍然是重点，这是义务教育均衡发展的总体战略。其一，与城市相比，农村人口基数大。其二，与城市相比，农村基本办学条件、师资力量等更为薄弱，这些因素制约着农村义务教育的发展。其三，与城市相比，农村的政策传播更加不畅。其四，与城市相比，农村的政策落实更容易产生教育卸责。农村义务教育所表现出来的问题进一步突显了在统筹城乡关系过程中优先发展农村义务教育的必要性。在处理城乡义务教育均衡发展问题时，国家应该加大对农村义务教育的政策倾斜、资金投入与制度建设力度。

10. 教育均衡发展体现的是公平理念

推进教育均衡发展不仅关系我国教育事业长远发展的重大战略问题，也是深入贯彻落实社会公平公正理念、保障公民享有平等的受教育权利、体现教育公平的重要标志。教育均衡发展需要遵循公平原则与理念。公平理念要求不同区域、不同学校为学生提供平等受教育的机会。受教育的机会平等是指公民受教育权利平等的基础上保证社会成员有平等的参与机会，要求社会提供的生存、发展和享受的机会对于每一个社会成员都始终均等。在这个过程中，社会要毫不偏袒地为所有人提供同样的机会。一是参与起点要机会均等；二是在参与的各个阶段，每个社会成员能力大小不同，利益实现程度也会有所区别，但社会对每一个社会成员的尊重和关怀及提供的帮助应该是同等的。公平理念是我国推进教育均衡发展最基本的政策指向。

（三）教育均衡发展的类型

1. 基于与受教育者密切程度不同：宏观均衡、中观均衡、微观均衡

根据与受教育者之间的密切程度与交互频率的不同，可以把教育均衡分为宏观均衡、中观均衡与微观均衡三个不同层次。从宏观层次分析，教育均衡是教育供给与需求的均衡，具体指国家、各级政府与教育管理部门在制定有关教育法律、法规、政策上都要体现教育均衡发展的基本理念和思想，各级政府和教育管理部门在推动教育改革和发展的过程中要以教育均衡发展思想指导教育工作，把教育均衡发展的思想作为教育事业发展的长期指导思想。宏观层次的教育均衡主要体现在：教育权利公平、教育机会均等以及教育规模均衡、结构

均衡与制度均衡。从中观层次分析，教育均衡包括区域均衡、城乡均衡、校际均衡、群体均衡。中观层次的教育均衡是内在的、实质的教育均衡，它在整个教育均衡体系中体现了经济学的特点，反映的是教育资源配置的均衡。在中观层次上，各级政府要确保教育资源在区域之间、城乡之间、学校之间、受教育群体之间合理、有效的均衡配置。中观层次的教育均衡主要体现在：学校公用经费、生均经费等投入，校舍、教学实验仪器设备、图书资料等硬件资源的均衡，以及学校教师队伍的学历与素质，学校内部管理，学校教育教学理念等软件资源的均衡。从微观层次分析，教育均衡包括课程、教学和教育评价的均衡，是教育均衡的具体化，是实质性的、内在的、更深层次的教育均衡。它在整个教育均衡体系中体现了教育学的特点，反映的是实质的、内在的教育质量和教育效果。微观层次的教育均衡主要体现在：生源均衡、质量均衡、结果均衡与评价均衡。

2. 基于历时态的时间进程：教育机会、教育资源、教育质量、教育结果

从历时态的时间进程来看，教育均衡发展包括受教育机会的均等、教育资源配置的均衡、教育质量的均衡、教育结果的均衡。教育机会是指人人在教育活动过程中都享有同等的受教育机会，这是实现教育均衡发展的基础。其具体表现为学生入学率、城乡学生入学率差异和城乡男女入学率差异等方面。教育资源配置的均衡是实现教育均衡的前提。这里的教育资源既包括硬件资源，诸如校舍、教学实验仪器设备、图书资料等，又包括软件资源，诸如学校教师队伍的学历与素质，以及学校内部管理等。教育资源配置可以用公共教育经费、生均教育经费、生均预算内教育经费投入以及学校校舍面积、图书资料数量和教师合格率等测量维度。教育质量的均衡发展包括课程设置、教学水平和效果的均衡等。从教育的目标看，教育结果的均衡是指学生在德智体美劳等方面均衡发展、全面发展。从教育的功能看，教育结果的均衡是指教育所培养的劳动力在总量和结构上与经济、社会的发展需求达到相对的均衡。从教育均衡的结果看，教育结果的均衡可以用学生毕业率、辍学率、巩固率以及教育普及率等测量维度来体现。

3. 基于共时态的空间结构：区域之间、城乡之间、群体之间、学段之间、学科之间

从共时态的空间结构来看，教育均衡可以分为区域间教育均衡、城乡间教育均衡、群体间教育均衡、学段间教育均衡以及学科间教育均衡等不同类型。区域间教育均衡按照行政范围不同又可以分为省域间、市域间、县域间、乡域间等几种，用以表征不同区域之间由于社会经济发展水平不同、对教育发展重视程度不同而导致的区域间教育投入力度差异，由此带来不同区域之间在教育发展条件与水平上存在差异。城乡间教育均衡是指城乡学校在经费投入、基础设施配置、教师队伍配备、教育教学质量等方面存在差异。导致城乡教育不均衡的主要原因在于我国长期实行的城乡二元经济结构，以及近几年来快速发展的城镇化进程。城乡间教育均衡问题由此也成为当前最突出、最典型的城乡教育发展问题。群体间教育均衡分为以班级为单位的教育均衡和以家庭背景为单位的教育均衡两种。以班级为单位的群体间教育均衡是指同学校内不同班级之间在师资、生源与管理等方面的不同而导致教育质量的差异，以家庭背景为单位的群体间教育均衡是指不同家庭背景的学生因为家庭经济条件的差异、家庭成员对教育重视程度不同，从而导致不同学生所受到的教育对待不同。学段间教育均衡是指不同类别、不同级别教育实现均衡发展，这里包括基础教育的均衡发展、中等职业教育的均衡发展以及高等教育的均衡发展。学科间的教育均衡主要是指同一学校内部不同学科间在教育资源配置上的差异，例如，语文、数学与英语是学校的主科，这些学科受到学校校长与学生家长重视，在学校里往往师资队伍较为强大，而诸如音乐、美术、体育、信息技术等学科则成为学校薄弱学科。

（四）教育均衡发展的阶段性特征

教育均衡是由相应的经济关系所决定的，是社会经济发展到一定阶段的结果。这是我们认识教育均衡的前提。推进教育均衡必须客观分析和充分认识经济社会和教育发展的阶段。

1. 低水平均衡、初级均衡、高级均衡、高水平均衡

低水平均衡阶段也就是普及教育阶段。该阶段主要以追求教育机会的均等为目的，让每位适龄儿童都能享有受教育的权利和均等的受教育机会。初级均衡阶段主要是要推进教育体制改革创新，追求教育过程和教育条件的均等。这个阶段主要以追求教育资源合理配置为目的，确保教育资源在区域间、城乡间、学校间、群体间的优化配置，以确保受教育群体和个体的权利平等、机会均等，具体体现为公民就学平等和受教育条件的均等。高级均衡阶段主要是深化学校教育改革，加强学校教育内部建设，追求教育质量的均等。这个阶段主要以追求学校教育发展均衡为目的，即以人的培养和发展为目标。充分尊重学生的差异和个性，让每个学生充分发挥自己的特长和学习潜能。高水平均衡阶段是教育均衡的理想阶段，其重要标志是国家经济社会高速发展，已经进入了现代化的理想阶段，人民生活水平大大提高，教育资源丰富，区域之间、城乡之间、学校之间、群体之间的差别极大缩小，教育资源在社会和学校之间得到

合理优化的配置，每位学生都能接受相对均等教育，最大限度地发挥自己的特长与潜能。

2. 教育普及、教育资源均衡、教育质量均衡

教育普及意味着基本上实现公民人人享有受教育的权利的目标，使公民获得了均等的受教育机会。由于各地学校资源条件存在差异，有的已处于"双高"（高水平、高质量）普及阶段，有的还处于基本普及阶段。在教育资源均衡配置阶段，主要以追求教育资源合理配置为目的，确保教育资源在区域间、城乡间、学校间、群体间的优化配置，以确保受教育群体和个体的权利平等、机会均等，具体体现为公民就学平等和受教育条件的均等。教育质量均衡则是要达到高级均衡阶段。

从我国当前教育的发展现状来看，这三个阶段都不同程度地存在着。我国东部有些经济发达的地区基本普及了高中阶段教育，进入了教育发展初级均衡阶段，有的正努力向高级均衡阶段迈进；而广大中西部地区已经或正在进行"两基"攻坚，尚处于教育普及阶段，还需要国家加大扶持力度，这就需要相关部门采取恰当的政策和措施来促进教育的均衡发展。

3. 基础条件均衡、高位均衡

基础条件均衡是指主要依靠外力，以有形物质投入、标准化建设及外在条件弥补的方式，推进城乡、区域及校际教学场所的硬件设施、师资水平等有形教育资源配置的基本均衡，追求有形方面的均等化、规模化和标准化。高位均衡是指根据各自基础、优势和特色，主要通过深化内部改革、加强文化建设、创新体制机制及推动特色发展等方式，将外在条件弥补与内生引领相结合，促进区域、城乡、校际教育互动交流、优势互补、资源共享，实现自主创新、多元特色以及峥嵘并进、可持续协调发展。基础条件均衡是实现高位均衡的前提和基础，高位均衡是基础条件均衡的价值追求和奋斗目标。

（五）教育均衡发展原则

1. 教育均衡发展不是限制发展，而是共同发展

发展是教育事业永恒的主题，真正意义上的教育均衡是在发展中实现的，没有发展就谈不上教育均衡。落后地区、薄弱学校需要发展，发达地区、基础好的学校同样需要发展。教育均衡发展因此不是"削峰填谷"，而是"造峰扬谷"式发展，不是把好学校的办学质量拉下来而是要千方百计把薄弱学校扶上去。均衡发展就是要在积极发展中相互促进，在互帮互促中不断实现高位平衡。均衡发展不是限制或削弱发达地区、优质学校和优势群体的发展，而是要在均衡发展思想指导下，以更有力的措施扶持基础薄弱地区、薄弱学校、弱势群体和农村学校加快发展，进而把基础教育办成高水平、高质量的教育，不断实现高位均衡。

2. 教育均衡发展不是平均发展，而是分类发展

教育均衡发展绝不是指教育的平均主义，不是把高水平的拉下来，而是要根据不同区域的实际情况分区规划、分步实施、分类发展。要尽可能缩小区域之间、城乡之间、学校之间的发展差距；尽快用各种方法把教育水平相对低的地区、学校"扶"上去；尽量减少甚至消除低水平的学校，让优质教育资源得到迅速发展，从而实现教育的高层次均衡发展。

3. 教育均衡发展不是划一发展，而是特色发展

均衡发展不是一种模式，也不是"一刀切"，搞千校一面，而是要在缩小差距的同时鼓励学校办出各自的特色。鼓励不同区域、不同学校、不同类型的教育根据实际情况创造性地探索有自己特色的发展道路，最终实现优势互补、特色发展、整体提升，促进各级各类教育协调发展。实现教育个性化、办学特色化，不仅是当前国际教育发展的大趋势，同时也是实现更高层次均衡发展、深化教育改革、全面推进素质教育的迫切需要。

4. 教育均衡发展不是短期发展，而是持续发展

教育发展不均衡有着长期、深刻的历史原因。这个问题的解决是一个长期的过程，短期内无法解决。另外，教育的均衡发展就是一个由不均衡到均衡，再到新的不均衡的不断发展的螺旋式上升过程。这也决定了教育均衡问题的解决需要持之以恒、常抓不懈。

5. 教育均衡发展不是单一发展，而是整体发展

农村教育是当前我国教育改革发展的薄弱点。当前最需要关注和最需要解决的关键问题就是城乡发展不均衡问题。只有把农村教育作为教育整体的一个组成部分，才能获得真正的城乡教育均衡和有效发展。针对公共教育资源配置的公平、公正性而言，政府在教育指导思想上要逐步缩小以致消除日益扩大的教育差异，促进教育整体发展。

6. 教育均衡发展不是孤立发展，而是协调发展

在推进教育均衡发展进程中，我们要统筹区域教育、城乡教育、学校教育的协调发展。一是要坚持农村教育重中之重的地位不动摇；二是要促进城乡教育发展和城镇化进程协调，把城市和农村教育的发展规划、学校建设、教师配置统筹起来；三是要切实保障进城农民工子女受教育权，同时有效落实农村留守儿童教育问题。

二、公平与教育公平理论

公平正义是人类社会的永恒理想追求。社会公平是公平正义的价值理念在现实社会生活中的体现。进入现代社会以后,社会公平不仅是一种美好的价值理想,更是现代社会政治、经济、文化、法律和日常生活秩序得以建立的价值基石,是保障现代社会健康、和谐、有序和可持续发展的基本条件之一。鉴于教育在整个现代社会发展中具有基础性、全局性、先导性的地位,教育公平是一种重要的社会公平,在整个社会公平体系中具有基础性地位。

(一) 教育公平的概念

追求教育公平是当前我国教育发展的重要目标。明确教育公平的概念与内涵,对于促进教育公平、推进教育公平政策完善和实施均具有重要意义。

"公平"一词通常指处理事情合情合理,不偏袒任一方面。其意指人们在处理与利益相关事宜时,要符合常理,不能随意扬此抑彼,也不能随意扬彼抑此。它要求人们在处理事情时不仅要考虑到自己的利益,也要考虑到他人的利益;不但要考虑某一个客体的利益诉求,而且还要同时考虑到与之相关的所有客体的利益诉求。显然,这里的公平概念所表达的是一种价值取向,是一种处理利益分配的行为要求。什么是教育公平?目前我国学者大多用"公平"或与公平相关的"公正""平等""合理"等范畴来解释或界定。例如,教育公平是"社会公平价值在教育领域的延伸和体现,包括教育权利平等和教育机会均等这样两个基本方面"[1]。教育公平是指"教育活动中对待每个教育对象的公平和对教育对象评价的公平",或教育公平是指"教育对待对象和评价对象的合情合理"[2]。这些概念从某种程度上揭示了教育公平的内涵。结合国内已有的相关研究结果,本研究从宏观与微观两个层次分析教育公平的概念内涵。宏观上的教育公平是指适龄儿童、青少年享有同等的受教育权利和机会,享有同等的公共教育资源服务;微观上的教育公平是指每个社会成员在享受公共教育资源时受到公正和平等的对待。

宏观层次上的教育公平,依照教育公平的重要程度和实现过程,依次可分为起点公平、过程公平和结果公平。其中,教育起点公平包括教育权利平等和教育机会均等两部分内容,体现的是"有教无类"的思想。教育过程公平是指个体受到平等的教育过程的对待,重点在于公共教育资源配置公平,它是教育公平中的核心因素。教育结果公平是教育质量的公平。起点公平是教育公平的

---

[1] 杨东平. 对我国教育公平问题的认识和思考 [J]. 教育发展研究, 2000 (8): 5-8.
[2] 郭元祥. 对教育公平问题的理论思考 [J]. 教育研究, 2000 (3): 21-24, 47.

前提，过程公平是教育公平的条件和保证，结果公平是教育公平的目标。起点公平和过程公平作为教育公平的核心组成部分，一直是我国政策和理论领域的主要关注点。教育起点公平被写入了宪法，在《中华人民共和国义务教育法》中也有明确的规定。随着对教育起点公平和过程公平的重视，我国在这两方面的公平建设上都取得了长足的进步，这也是我国当前主要强调的。教育公平政策中教育结果公平可以作为一种客观的政策评价和监控的工具；同时，教育结果公平也将为我国教育公平的未来发展提供新的思路和启示。

（二）教育公平的内涵

1. 人人享有平等的受教育权利

作为现代公民的基本政治权利，教育公平意味着在一个主权国家内部，凡具有同等公民资格的人包括青少年学生，不因为他们的性别、种族、地域、健康状况或家庭背景等因素的不同而在教育上受到不同对待，反对形形色色的教育排斥或教育歧视。这项权利已经明确地写入现代国家法律，成为一项受到法律确认和保护的公民基本权利。一个显而易见的道理是，在现代社会中，如果人人不能享有平等的受教育权利，那么他们彼此间就不能享受同等生存权、发展权以及其他各项基本人权。在此意义上说，教育不公平损害的不仅是人人平等的受教育权利，而且是人人平等的人权，不仅是部分人的人权，而且是整个人类的人权体系。

2. 人人平等地享有公共教育资源

人人享受同等受教育的权利在公共政策领域主要表现为人人平等地享有公共教育资源。从性质上来说，公共教育资源是指由政府通过财政拨款的方式所支持和提供的教育资源，具有鲜明的公共性、共享性和开放性，不同于私人或个别团体所提供旨在满足个别人或某一团体所需求的教育资源；从类型上说，公共教育资源包括由政府所提供的入学机会、生均公共经费、课程资源、师资条件、教学设备、信息技术支持等。这些资源是公共教育事业发展和青少年素质形成的重要社会条件，是公民或儿童教育权利实现所指向的实际内容。因此，依法平等享受教育权利就意味着凡中华人民共和国公民都能够依照法律或政策规定，平等地享有各种类型公共教育资源，不会因为公民性别、民族、种族、家庭财产状况、宗教信仰等的不同而受到不公的对待。在此意义上，教育公平是现代教育制度与政策活动所应遵循的基本价值原则，旨在倡导、维护和实现人人享受平等的公共教育资源。

3. 公共教育资源的配置向社会弱势群体倾斜

无论是在中国还是在外国，无论是在发达国家还是在发展中国家，由于地理、历史与经济社会和家庭等原因,在事实层面上并非人人享有的公共教育资源在数量和质量两个方面都是平等的。公共教育资源的供给或配置呈现出明显的地域、城乡、性别乃至种族的不平等性,不同学校、不同性别、不同家庭背景和不同身体健康状况的儿童青少年也往往受到不平等的对待。因此,教育公平所要求的人人享有平等受教育的权利、人人平等享有公共教育资源要想真正地得到实现,就不能简单地停留在法律或政策文本中,必须采取切实有力的措施矫正历史形成的教育不均衡,减小不同地域、城乡、性别、种族及学校类型等之间的教育差距,促进整个教育特别是基础教育更加均衡和协调的发展。从这个意义上说,教育公平不仅要求平等地分配公共教育资源,还要求公共教育资源的分配适当地向各种社会处境不利的弱势群体倾斜。从政治哲学的角度上说,前者体现了分配正义的要求,后者体现了矫正正义的要求。矫正正义是对分配正义的补充和完善,建立在矫正正义理念基础上的弱势补偿使得真正的社会公平包括教育公平得以有实现的可能。

4. 反对各种形式的教育特权

教育公平的实现要求反对各种形式的教育特权。形形色色的教育特权是威胁与破坏教育公平并引发社会舆论公平性抱怨的现实因素。特权是崇尚身份差别和阶级不平等的传统社会的产物。特权的实质就是要求社会不平等、崇尚特殊待遇。教育特权的实质是要求公共教育资源的分配违背公平正义的原则,按照权力大小、财富多少或关系远近来分配,以满足个别人或少数强势利益集团的特殊教育需求。我国是一个有着漫长封建专制统治历史的国家,社会文化心理层面特权思想比较顽固。尽管进入现代社会以来,政治领域、文化领域和教育领域都开展了持续的反对特权的斗争,并且取得了显著的成绩,极大地提高了社会平等的意识,消除了特权赖以存在的社会制度基础。但毋庸讳言的是,直到今天,在广泛的社会生活领域,反对特权的斗争还很难说取得了最后的胜利。在公共教育领域,个别人或少数强势利益集团热衷于利用自己手中的权力、财富或各种社会关系,试图影响或牺牲公共教育资源的公平合理分配,以实现自身教育利益的最大化。因此,从思想上、制度上、社会舆论上加快教育民主化进程,旗帜鲜明地反对和有效地遏制教育特权、预防教育腐败成为维护和实现教育公平的必然要求。

(三)教育公平的原则

在教育上追求结果相同、平等是不现实的,差异、差距将永远存在。教育公平承认并允许合理差异、合理差距的存在。教育公平是教育资源配置方面的平等原则、差异原则、补偿原则的统一。追求平等、尊重差异、补偿差距，都是教育公平的体现。

1. 教育公平的平等性原则

教育公平包括权利平等和机会平等，即受教育权平等和教育机会平等两个方面。受教育权平等是社会公平和正义的内在要求。不承认凌驾于法律之上的或者是超然于法律之外的任何特权，一切权利主体享有相同或相等的权利。权利平等废除了基于性别、身份、出身、地位、职业、财产、民族等附加条件的限制，体现社会对所有成员的"不偏袒性"和"非歧视性"。机会平等是在权利平等的基础上所设立的制度要保证社会成员有平等的参与机遇，它要求社会提供的生存、发展、享受机会对于每一个社会成员都始终均等。机会平等实际上是一种过程的平等。利益的实现是一个不断追求的过程，在这个过程中，社会要毫不偏袒地为所有人提供同样的机会，一方面是参与起点要机会均等，另一方面是在参与的各个阶段，每一个社会成员能力大小不同，利益实现的程度也会有区别，但社会对每个成员的尊重和关怀应是同等的。

2. 教育公平的差异性原则

教育公平的差异性原则是指根据受教育者个体的具体情况区别对待，表现为教育资源配置时的差异性，它反映的是"不同情况不同对待"的原则，即不是平均或平等分配教育资源的份额。要求平等分配教育资源时，教育资源相对于受教育者而言是外在的，不涉及受教育者个人的素质本身。但是教育者的先天禀赋或缺陷以及他们的需求，也是在进行资源分配时必须考虑的前提。不同主体具有不同的需求，这是理论研究和政策制定时必须正视的现实。所以要尊重学生的选择，要提供多样化的教育资源让学生自主选择。提供多样化的教育资源意味着差异和不同，但是也意味着公平。因此，让每个学生的个性和禀赋得到充分发展是最公平的。

教育公平要正视个体的差异性，并放弃对教育同质性的追求。既要主张人人都受教育的平等性原则，又要主张人人都受适切教育的差异性原则。教育公平的差异性原则要求提供多样性的教育，包括多种类型的学校、多种类型的课程甚至多种类型的课外活动。教育的多样性是教育中差异性的表现和教育对于差异性的尊重和适应，是个人完善发展所必需的。对教育多样性的肯定为追求教育公平开辟了广阔的空间。

3. 教育公平的补偿性原则

与差异性原则所关注的是受教育者个体的差异不同，补偿性原则是要关注受教育者的社会经济地位的差距，并对社会经济地位处境不利的受教育者在教育资源配置上予以补偿。这样配置教育资源是不平等的，但却是公平的。亚里士多德提出,平等地对待平等的,不平等地对待不平等的。这句话所体现的就是补偿性原则。该原则与罗尔斯的差别补偿原则是一致的,他认为,只允许那种能给最少受惠者带来补偿利益的不平等分配,任何不平等的利益分配都要符合最少受惠者的最大利益。农村义务教育中的"两免一补"政策对城市义务教育学生和农村义务教育学生作出了不平等的对待,但没有人认为它不公平。这个政策主要体现了补偿性原则。教育公平的补偿性原则对于我国推进教育均衡发展具有重要价值。根据补偿性原则,教育资源要向弱势地区、弱势学校和弱势群体倾斜。

(四) 教育公平的特征

1. 教育公平的历史性特征

所谓教育公平的历史性,是指在不同的历史时期,人们所追求的教育公平的侧重点是各不相同的。原始社会以教育的社会公平为主,其范围涉及所有成员。但是这种教育社会公平是一种低水平的公平。在奴隶社会和封建社会,仍以教育的社会公平为重点。但是,此时的教育社会公平仅针对一小部分人,广大人民群众的子女极少有受正规教育的权利。因此,从整个社会上看,教育是不公平的。但从统治阶级内部看,又有一定的教育社会公平。封建社会结束以后的教育公平,则以教育的市场公平为主、社会公平为辅。而且对教育市场公平的追求,本身又包括了两个阶段:从追求教育的起点公平阶段发展到追求教育的过程公平阶段。进入20世纪80年代以后,人们不仅要求起点公平、过程公平,而且越来越注重结果公平,而这里的结果公平本身又有一个从量的公平向质的公平转化的过程。

2. 教育公平的阶段性特征

一方面由于社会对教育需要的扩展,另一方面由于国家财力的相对有限,因此,世界各国在教育上普遍存在一个特点:在义务教育阶段,以教育社会公平为主;在非义务教育阶段,则以教育市场公平为主,兼顾教育的社会公平。比如义务教育的义务性、免费性、强迫性以及我国实施的"希望工程""春蕾计划"等都较好地体现了义务教育的社会公平。非义务教育阶段的各种入学考试、毕业考试,各种各样的重点学校、重点班的存在,在一定程度上体现了教育的市场公平;而对处境不利学生的倾斜政策,例如降低边远地区、少数民族地区考生大学入学的录取分数线等,则体现了教育的社会公平。与此同时,还存在着教育社会公平的扩张和教育市场公平的收缩的趋势,如义务教育年限的不断延长等。

第二章
教育信息化 2.0 时代城乡教育均衡发展路径反思

第一节 城乡教育均衡发展实践与迈向 2.0 时代的教育信息化

城乡教育非均衡化发展一直以来都是困扰我国教育改革与发展的重大问题。信息技术能够突破时空对教育的限制,使得优质教育资源能够在城乡学校之间共享。应用信息化手段促进城乡教育均衡发展由此成为人们关注的热点。在国家层面上,一系列试点工程在全国范围内相继启动。例如,2003 年实施的"农村中小学现代远程教育工程"项目,试图通过使用卫星教学收视点、教学光盘播放点以及计算机教室等手段把城市学校的优质教育资源向农村学校共享;2012 年实施的"教学点数字教育资源全覆盖"项目,提出要通过 IP 卫星、互联网等多种方式将优质学校的教育资源传输到全国各地的教学点;2012 年提出大力推进"三通两平台"建设,将"优质资源班班通"作为重要方面,提出要通过专递课堂、名师课堂与名校网络课堂等方式推进优质教育资源的共享。在区域层面上,各地教育管理部门联合高校积极探索应用实践,总结出了很多非常有借鉴意义的模式。国内学术界分别从作用机理分析、实施策略探索以及实践案例总结等方面对该领域展开深入研究与探索。从总体情况来看,上述有关应用教育信息化促进城乡教育均衡发展的研究与实践,极大地改善了我国城乡教育非均衡化发展现状。已有研究表明,近几年来我国城乡教育均衡发展成效显著,具体表现为:教育保障机制不断健全、教育投入机制不断完善、学校办学条件大幅改善、均衡配备师资逐步实现。① 但是我们必须看到，城乡教育不均衡依然是困扰我国教育改革与发展的难题。② 特别是在我国社会主义建设进入新的发展阶段以来，随着社会主要矛盾的转移，我国城乡教育均衡发展也出现新的特点，面临新的需求。

当前我国教育信息化建设已经从1.0时代迈向2.0时代。教育部于2018年发布的《教育信息化2.0行动计划》将"网络扶智工程攻坚行动"作为2.0时代我国教育信息化建设的八大行动计划之一，并指出要"大力支持以'三区三州'为重点的深度贫困地区教育信息化发展，促进教育公平和均衡发展，有效提升教育质量"。教育信息化2.0时代概念的提出，不仅是对前期教育信息化建设成果的总结，更是对新时代教育信息化发展要求的回应，在发展理念、建设方式与应用模式等方面都是新的跃升。③ 而《教育信息化2.0行动计划》作为教育信息化2.0时代的先导性文件，对于教育信息化支持下的城乡教育均衡发展实践有着重要的指导意义。在教育信息化2.0时代，如何结合城乡教育均衡发展最新需求、教育信息化发展特征以及《教育信息化2.0行动计划》的总体安排，深度推动城乡教育均衡发展，是一个值得探讨的议题。

第二节 教育信息化1.0时代城乡教育"内卷化"均衡发展困境

一、"内卷化"与城乡教育"内卷化"均衡发展困境

尽管信息技术对于城乡教育均衡发展的价值日益得到认可，各级教育部门也在不断加大投入力度，但是农村学校还依然面临着师生流失不断加剧、办学规模持续缩小等问题。城乡教育失衡状况改进在我国还没有取得突破性进展。作为一种学术上的用语，"内卷化"（involution）概念最早由美国人类学家格尔茨在其著作《农业内卷化》中提出。格尔茨借助"内卷化"概念刻画印度尼

---

① 朱德全，李鹏，宋乃庆. 中国义务教育均衡发展报告——基于《教育规划纲要》第三方评估的证据 [J]. 华东师范大学学报（教育科学版），2017（1）：63-77.
② 高铁刚. 信息技术提升义务教育均衡发展水平的现状、问题与对策 [J]. 中国电化教育，2015（2）：1-6.
③ 任友群. 走进新时代的中国教育信息化——《教育信息化2.0行动计划》解读之一 [J]. 电化教育研究，2018（6）：27-28.

西亚爪哇岛水稻生产过程中所出现的"由于农业无法向外延扩展,致使劳动力不断填充到有限的水稻生产"的现象,并提出经济学意义的"农业内卷化"概念,用来描述事物由于内部细节过于精细化而体现出来的"停滞不前、原地不动或未曾发展"的刚性形态。在当前,"内卷化"概念所要表达的含义在于:因为人力、物力与财力等外在力量的严重不足或者缺失,从而导致事物外部扩张条件受到限制,或者因为外在支持力量太过强大而使其向事物内部进行割据和渗透,事物在发展过程中形成了一种相对稳固与严格的约束机制和内部发展模式,从而导致事物内部不断精细化和复杂化,并产生自我路径的锁定与依赖,最终形成"有增长无发展"的发展形态。[①] 在社会学领域,"内卷化"概念通常被用作一种解释性框架来形容事物发展中出现的"有增长无发展"态势,具体表现为事物在发展到某种形态后,出现停滞不前、无法取得实质性进步或无法转化到另一种更高级模式。从"内卷化"的视角来看,当前我国城乡教育均衡发展实践也面临着"有增长无发展"的"内卷化"困境,具体表现为:农村教育投入逐年持续增长,农村学校及教育却没有获得实质性发展。

二、我国城乡教育"内卷化"均衡发展困境具体表现

(一)农村教育投入力度持续加大

城乡学校办学条件悬殊是城乡教育发展不均衡的集中体现。因此,我国各级教育管理部门都把改善农村学校办学条件作为均衡发展城乡教育的战略性任务,并为此投入了大量的人力、财力与物力。据统计,2014—2017年,我国城乡教育在教育经费、师资队伍与信息化基础设施等方面的差异持续减小。在教育经费方面,农村小学与初中的生均一般公共预算教育事业费与生均一般公共预算公用经费都实现不同程度增长。其中,农村小学生均一般公共预算教育事业费增幅依次为15.84%、7.80%、5.07%,2017年达到9768.57元;生均一般公共预算公用经费增幅依次为6.81%、6.99%、3.90%,2017年达到2495.84元。农村初中生均一般公共预算教育事业费增幅依次为16.86%、9.94%、7.77%,2017年达到13447.08元;生均一般公共预算公用经费增幅依次为6.12%、5.28%、4.59%,2017年达到3406.72元。[②] 在师资队伍方面,2014年全国农村小学教师人均培训次数3.5次,全国农村初中教师人均

---

① 郭继强. "内卷化"概念新理解[J]. 社会学研究, 2007 (3): 194-208.
② 教育部. 教育经费执行公告[EB/OL]. [2023-10-23]. http://m.moe.gov.cn/jyb_sjzl/sjzl_jfzxgg/.

年培训次数 3.6 次。① 近年来农村学校高一级学历与职称的教师比例持续提升，而且提升的幅度均高于城市学校。2017 年，农村小学专科及以上学历的教师比例为 93.8%，城乡差距比上年缩小 1.6 个百分点。农村初中本科及以上学历的教师比例为 81.1%，城乡差距比上年缩小 1.3 个百分点。农村小学中级及以上职称的教师比例为 49.6%，城乡差距从上年的 2.5 个百分点缩小到 1.8 个百分点。农村初中中级及以上职称的教师比例为 59.7%，城乡差距从上年的 5.2 个百分点缩小到 4.2 个百分点。在信息化基础设施方面，全国小学每百名学生拥有教学电脑数量从 2016 年的 9.5 台提高到 2017 年的 10.5 台，初中也由 2016 年的 13.9 台提高到 2017 年的 14.8 台。义务教育学校联网的比例持续增加，农村学校成绩突出。2017 年，全国共有 96.3% 的小学接入互联网，其中城市的小学占 98.1%，农村的小学占 95.5%，城乡小学差距较往年变小；全国共有 98.6% 的初中接入互联网，其中城市的初中占 98.3%，农村的初中占 98.7%，农村初中与城市初中之间的差距已不再明显。②

（二）农村学校办学规模日益缩小

经过近几年来各级教育管理部门的大力投入，我国农村学校落后的办学条件整体上得到极大改善，农村教育事业迎来了历史上最好的发展局面，但我们也不能回避农村教育发展过程中出现的新问题。其中最受关注的是，农村学校办学条件的改善并没有扭转农村学龄人口不断向城市学校聚集的趋势。这导致农村学校因生源流失而学生规模逐年变小、办学规模逐年萎缩，甚至被迫关闭，而城市学校却出现"大班大校"现象。邬志辉教授团队对中国农村教育发展调研所得的数据验证了这一问题。2009—2014 年，义务教育城镇化率从 51.04% 大幅提升到 72.55%，义务教育阶段进城务工人员子女随迁率从 2009 年的 30.95% 增长到 2014 年的 38.42%；2015 年我国义务教育城镇化率持续提高。其中，小学阶段城镇化率为 70%，初中阶段则为 83.71%。2015 年进城务工人员随迁子女数量约为 1367.1 万，比 2011 年增加 8.42%；2016 年，义务教育学龄人口持续向城镇集中，义务教育城镇化率的增速明显放缓，仅比 2015 年增长 1.21 个百分点，占比为 75.01%，乡村学校数量在这一年内持续减少，而城市学校数量在这一年内则缓慢增加；2017 年，义务教育城镇化率比 2016 年多 1.47 个百分点，占比为 76.48%，城区与镇区义务教

---

① 朱德全，李鹏，宋乃庆. 中国义务教育均衡发展报告——基于《教育规划纲要》第三方评估的证据［J］. 华东师范大学学报（教育科学版），2017（1）：63-77.
② 教育部. 中国教育概况——2017 年全国教育事业发展情况［EB/OL］.［2023-08-19］. http://www.moe.gov.cn/jyb_sjzl/s5990/201810/t20181018_352057.html.

育学校在校学生人数在这一年内持续增加,而农村义务教育学校在校学生人数在这一年内则持续减少。其中,城区义务教育学校在校学生人数比 2016 年增加 272.83 万人,增幅为 5.74%。镇区义务教育学校在校学生人数比 2016 年增加 160.56 万人,增幅为 2.71%。而农村义务教育学校在校学生人数比 2016 年减少 140 万人,减幅为 3.93%。城镇义务教育学校数量与农村义务教育学校数量在这一年内也出现了相应的变化。其中,城区义务教育学校比 2016 年增加 1092 所,增幅为 2.72%。镇区义务教育学校比 2016 年增加 362 所,增幅为 0.46%。而农村义务教育学校比 2016 年减少 3.70%。

三、我国城乡教育"内卷化"均衡发展困境致因分析

导致我国农村教育学龄人口持续流失、办学规模不断缩小的原因是多方面的。例如,农村相对落后的办学条件、我国快速发展的城镇化进程以及近年来实施的"撤点并校"工程等。党的十九大报告指出,中国特色社会主义进入新时代,我国社会的主要矛盾已经转化为人民日益增长的美好生活需要和不平衡不充分的发展之间的矛盾。新时代社会主要矛盾在教育领域的具体表现是人民日益增长的对高质量教育的需求和当前我国教育发展不平衡不充分之间的矛盾。从这个视角来看,农村居民对优质教育资源的强烈诉求与当前农村教育质量落后局面之间的差距,是导致城乡教育"内卷化"均衡发展困境的根本原因。

(一)人们对教育的追求已由"有学上"向"上好学"转变

城乡教育均衡发展是一个逐渐深入的变化过程。依据均衡发展程度的不同,我们可以把它分为两个阶段,分别是以"教育机会均等与教育资源均衡配置"为核心的基本均衡阶段,以及以"教育质量均衡与教育成就均衡"为核心的优质均衡发展阶段。实施改革开放以来的一段时期内,我国社会发展水平不高,农村学校基础设施不完善,城乡学校教育资源配置极其不均。在这种社会条件下,农村学龄儿童就学难、入学率低。实现城乡教育机会均等与教育资源均衡配置,满足城乡适龄儿童"有学上"成为教育改革与发展的核心任务。进入 21 世纪以来,随着社会经济的发展,我国各级教育管理部门非常重视城乡教育均衡发展问题,持续加大对农村教育发展的支持力度,在全社会推广普及九年义务教育。当前,我国基础教育体系结构已经相对健全,人们的受教育权也得到了最基本保障,基础教育的普及率与巩固率指标在多数地区基本得到落实。从某种意义上说,"有学上"的问题在我国已经基本得到解决。但是从另

一方面来看,社会经济的高速发展不断提高了人们的生活水平与受教育程度,人们对教育的要求不再仅仅是"有学上"的层次,而是要求更高层次的"上好学"。邬志辉教授团队的调研显示,有将近八成的农村学生家长认为,如果农村学校教育质量像城市学校那样优质,他们将会考虑让子女留在农村学校上学。由此可见,我国基础教育已经进入"后普九时代",人们对教育的需求已经从"有学上"到"上好学"的历史性转变。因此,在基本实现教育机会均衡与教育资源均衡配置后,我们必须把教育质量均衡作为城乡教育均衡发展的价值追求,以迎合农村地区或偏远地区人民群众对高质量教育持续高涨的新追求。

(二)教育质量的提升与教育资源的增加不完全呈现线性关系

教育改革与发展总是要以一定的教育资源作为支撑。我们不能否定在城乡学校之间均衡配置教育资源,对于城乡教育均衡实现的价值与意义。可以认为,如果农村学校没有足够的教育资源作为保障,那么就不可能有城乡教育均衡的出现,所谓的"提高农村教育质量"更是不可能的事。因此,加强农村教育投入力度、改善农村学校办学条件是促进城乡教育均衡发展、提高农村教育质量的必然要求。但是对于"教育资源"与"教育质量"之间的关系,我们必须理性、辩证地看待。通常情况下,教育资源的增加是提高教育质量的必要条件,但不是充分条件。也就是说,教育资源的增加可以带来教育质量的提升,但是教育质量的提升不一定是教育资源增加的结果,我们不能简单地把教育资源的增加与教育质量的提升看成无限的正向比例关系。在城乡教育均衡发展初期,城乡学校教育资源分配不均,农村学校办学条件极其落后。在这种条件下,教育资源的丰富程度成为教育质量能否提高的决定性因素,因此我们通过加大农村教育的投入力度,改善农村学校的办学条件,应该能取得显著效果。近些年来我们在城乡教育均衡发展探索实践中所取得的成效就证明了这一点。但是,这种以资源均衡配置为目标的城乡教育均衡发展方式是一种外延均衡。当教育资源的均衡达到一定程度以后,教育资源在提升教育质量上的作用与地位将会发生变化,即由原先的"决定性因素"转变为"重要条件"。这个时候,教育资源投入不断加大,未必能够实质性地改变农村教育质量。在农村学校办学条件达到某种程度后,城乡教育均衡发展方式要转变,由外在的教育资源补充转向内在的教育质量提升,及时回应新时代农村人民群众对优质教育的全新追求。

第三节　教育均衡2.0：信息化2.0时代城乡教育均衡发展新样态

一、教育信息化2.0及其对城乡教育均衡发展深入推进的意义

依据路径特征不同，我们可以把我国教育信息化分成1.0和2.0两个阶段。1.0阶段的教育信息化侧重于基础设施建设与应用探索，时间跨度为改革开放以来至党的十九大召开。2.0阶段的教育信息化侧重于将信息技术与教育深度融合，推动教育系统性变革，是今后一段时间我国教育信息化发展的新使命。从本质上来看，教育信息化2.0是对教育信息化1.0的内涵扩展与转段升级。相对于1.0阶段来说，2.0阶段的教育信息化更加秉持智能引领、应用驱动、深度融合与教育治理等理念。教育信息化2.0的这些特征对于当前城乡教育均衡发展的纵深推进具有十分重要的意义，具体包括以下两个方面。

（一）为农村教育的科学治理提供技术手段

建立完善的教育治理体系，形成良好的教育治理能力，全面实现教育治理现代化，是教育信息化2.0时代我们在教育管理上的价值追求。为了实现这一目标，我们必须在教育中深度融合以大数据技术和人工智能技术为代表的新一代信息技术。推动大数据技术与人工智能技术在教育中的深入应用，由此也成为教育信息化2.0时代的核心任务。农村教育治理是教育改革与发展的重大问题。要推动农村教育跨越式发展，必须改变传统的农村教育治理理念。在教育信息化2.0时代，我们可以充分利用大数据技术与人工智能技术在教育治理方面的优势，以实现农村教育治理科学化，提升农村教育治理水平。具体来讲就是要实时收集农村教育发展过程中的各种动态数据，并使用相关技术对数据进行深入分析，挖掘隐藏于数据背后的农村教育发展现状、需求与趋势，实现农村教育管理从经验管理走向科学管理、从粗放管理走向精细管理；实现农村教育决策机制由现有的主观式、经验式或命令式决策向以大数据技术、人工智能技术为支撑的理性决策转变。

(二) 为农村教育的系统变革提供内生变量

促进信息技术与教育深度融合，实现教育系统性变革，是近年来我国教育信息化建设的目标导向。但是在教育信息化1.0时代，由于教育变革的条件还不具备，信息技术被看成促进教育发展的辅助性工具，主要立足于"促进"或"推动"教育发展与变革。在这种情况下，信息技术还只是推动教育变革的外生变量，信息技术对于教育变革的促进作用还没有真正体现出来。进入2.0时代以后，随着信息技术与教育教学融合的逐步深入，信息技术成为变革教育系统的内生性变量，信息技术开始引领教育教学的创新发展，"创新""变革"成为这一阶段教育信息化发展的关键特征。对于农村教育而言，随着2.0时代的教育信息化与教育教学的不断融合，信息技术势必会成为变革农村教育系统的内生性变量，对农村教育系统中的各个核心要素产生深远的影响，进而有效提升农村教育系统效率，变革农村教育的组织方式。因此，我们必须推动教育信息化2.0时代农村教育改革发展的理论创新与实践创新，构建适应教育信息化2.0时代、智能时代人才培养要求的农村教育新生态。

二、城乡教育均衡2.0的内涵与特征

从以"资源均衡"为重心向以"质量均衡"为重心的转变，标志着我国城乡教育均衡发展也相应地从1.0时代迈向了2.0时代。城乡教育均衡2.0是在《教育信息化2.0行动计划》的理念指引下，重新审视与反思城乡教育均衡发展思维的系统化跃升，是城乡教育均衡由量变到质变的过程。相对于1.0时代而言，2.0时代的城乡教育均衡发展要借助于教育信息化2.0时代的技术支持，将农村教育质量提升作为核心任务，主动调整发展的方式、机制与方向，实现城乡教育内涵式、内生性与特色化发展。

(一) 发展方式：从外延式向内涵式转变

依据发展方式的不同，我们可以将城乡教育均衡发展分为外延式与内涵式两种，这两种发展方式对应的是城乡教育均衡的两个不同阶段或层次。其中，外延式均衡以教育资源均衡配置为核心，强调要不断扩大农村学校教育规模、改善农村学校教学环境与办学条件。内涵式均衡则是以教育质量均衡发展为核心，强调要对农村学校内部的办学体制、管理制度与教育教学进行深化改革，以提升农村学校的"软实力"，激发农村学校的办学活力，进而提高农村学校的教育教学水平。过去一段时间以来，我国城乡教育均衡发展主要是以均衡配置教育资源为主，这是与一定时期内我国社会经济发展水平相适应的。但是进

入新时期以来,我国主要社会矛盾与教育发展矛盾都发生了变化,《教育信息化2.0行动计划》的提出也为城乡教育均衡发展提供了新思路与技术,但如果还是单纯地追求规模扩张的低水平层面,那将是片面的,也是不科学的。在基本办学条件得到全面改善的情况下,我们有必要将城乡教育均衡发展的方式从外部的资源扩张转向内部的质量提升,走内涵发展之路。

(二)发展机制:从依附性向内生性转变

唯物辩证法认为,事物的发展是内因和外因共同作用的结果。但两者在事物发展中的作用是不一样的。内因是事物发展的根本原因,决定事物发展的基本趋势。外因是事物发展的外部条件,对事物的发展起到加速或延缓的作用。同样的道理,城乡教育均衡发展也存在外在与内在的两种不同力量。外在力量是指教育管理部门通过向农村学校追加外部教育资源投入而形成的一种依附性推动力量。内在力量是指农村学校自我发展能力得到发展以后形成的一种内生性推动力量。根据内外因的辩证关系,尽管这种注重政府对教育资源投入的外推式发展方式在某种程度上对于农村学校的建设与发展是十分重要的,但是起决定作用的还是农村学校自我发展意识的确立与自我发展能力的提高。当优质教育资源增加到某种程度以后,如果无法培养农村学校内生性的发展力量,那么城乡教育均衡发展也终将是不可持续的。来自经济发展领域的教训也说明了这一点。例如,改革开放政策实施以后,我国在某些领域引入了大量的资金、设备与技术,这些要素的引入使得我国经济获得了快速发展。但是我们也要看到这繁荣发展背后所隐藏的企业内生创新能力不强、企业市场竞争能力不足等问题。我国当前这种依附性教育均衡发展机制也是沿袭了这种经济发展思维。因此。我们要摆脱这种单纯的经济思维,在注重优质教育资源引入的同时,更要培育农村学校本土内生力量。

(三)发展方向:从同质化向特色化转变

从本质上来看,城乡教育优质均衡发展并不是城乡学校"千篇一律、千校一面"的同质化发展。相反地,而是农村学校在教育资源基本均等的情况下实现的一种多样化、多元化与特色化发展。因此,在实现城乡学校教育资源配置相对均衡的前提下,我们必须充分利用教育信息化2.0时代的技术优势,积极鼓励与引导农村学校根据自身所具有的历史底蕴、内外部条件以及在教育资源的类型与数量等方面的差异,有针对性地探索既契合自身实际,又独具自身特色的发展手段、方式与模式,进而提高农村学校的吸引力,实现城乡学校优势互补、协同发展。其中,外部环境包括学校所在区域的社会环境与自然环境,内部环境则包括学校的精神文化、课程体系与人才培养模式等方面。农村教育从同质化向特色化方向发展，是指城乡教育均衡从低水平、低层次向高水平、高层次发展的跃进。具体来说，农村学校在形成自己发展特色的过程中，要结合自身实际情况，树立特色鲜明的办学理念、办学目标与发展愿景，修建具有农村特色的校园文化设施，构建多样化和选择性的地方特色课程体系，实施具有独特性的人才培养模式，创建适应不同学生成长的学校环境，以最大限度地满足农村学生个性化的教育需求，使每个农村学生都能够最大限度地施展自己的特长与潜能。

第四节　生态重构：城乡教育均衡从 1.0 向 2.0 转段升级的路径

农村教育发展受到农村社会经济、文化、观念等因素影响。城乡教育均衡从 1.0 时代的资源均衡到 2.0 时代的质量均衡，需要我们创新发展理念、突破路径依赖的束缚。其中最为关键的有两点：一是要营造良好的农村教育发展环境；二是要在教育信息化 2.0 时代的技术支持下实现发展的重心下移，即从关注宏观层面的教育资源均衡配置、城乡教育整体布局转移到关注微观层面每所农村学校、每位农村学生与教师的成长。依据美国学者布朗芬布伦纳的人类发展生态学理论，社会成员的成长并不是孤立地进行的，而是要与其所生存的外部环境发生复杂的作用与联系，社会成员的成长正是这种相互作用与联系的结果。从该理论来看，我们可以把农村学生与教师与其所处的外部环境看成一个生态系统。应用教育信息化 2.0 时代的技术促进城乡教育均衡发展，本质上是应用信息化优化农村教育生态环境，促进农村教育生态主体内生性成长，构建智能时代农村教育发展的新生态。

一、以"城乡帮扶网校建设"为载体创设良好学校环境

学校环境中对学习者发展影响较大的因素主要有学校的课程资源、课堂教学效果与师资资源等。城乡帮扶网校是遵循"基于网络、实体运作、两级管理"建设思路而组建的一所独立建制的虚实结合学校。其本质上是把区域内所有单独建制的中小学校分成城区中心学校与农村学校两组，并依据地理位置的远近关系，指定一所城区中心学校与一至三所农村学校组成帮扶联盟，由联盟

中的城区中心学校以网络为手段对其他农村学校实施教学帮扶工作。城乡帮扶网校建设对于改善农村学校课程资源不足、课堂教学效果不佳以及师资队伍薄弱等问题是非常有益的。在课程资源建设方面，通过城乡帮扶网校，既可以让城区中心学校的优质教育信息资源能够向农村学校共享，也可以组织农村教师、城区教师与教育教学研究人员设计与开发能够适合农村学校教育的校本课程资源；在课堂教学改革方面，通过使用网络课堂、同步互动混合课堂以及专递课堂等多种形式，把城区学校优质课堂向农村学校延伸，实现城乡学校学生同上一堂课，帮助农村学校开齐、开好国家所规定的课程；在师资队伍建设方面，帮扶联盟内部的教师可以形成网络研修共同体，通过使用线上与线下相结合的方式开展各类教研活动，积极引导城乡教师形成结对帮扶，有效促进农村教师专业成长。

二、以"家庭教育精准扶贫"为手段营造良好家庭环境

借助于国家实施的教育精准扶贫政策，以家庭为基本单位，有针对性地对农村家庭成员开展以"扶志、扶智、扶教"为核心的教育精准扶贫行动，做到扶志、扶智与扶教三者的有机结合，以营造良好的家庭育人环境。扶志的目的是借助于教育信息化手段让农村家长改变传统的思想观念，建立坚定的脱贫信心，激发强大的脱贫致富驱动力。比如，制作或收集有关成功实现脱贫致富的视频案例，定期向农村家长推送，利用网络向农村家长讲解国家有关教育扶贫的政策。扶智的目的是利用教育信息化手段对农村家长开展职业技能培训，增强其脱贫致富的本领，提高其短时间内改变经济收入低下状况的能力。扶智可以从两个方面进行：一方面是定期向农村家长推送职业技能培训的相关视频资源，另一方面是定期向农村家长推送相关就业信息。扶教的目的在于利用教育信息化手段提高农村家庭成员的知识文化水平。这可以从家长和学生两个方面进行。对于家长而言，可以组织相关服务人员对学生及家长开展信息技术使用能力的培训，提高学生及家长的信息素养；定时向家长推送有关教育与文化方面的信息，重塑家长对待教育的观念与态度，提高家长对教育的重视程度，在家庭范围内营造尊师重教的良好氛围。对于学生而言，可以利用互联网技术在农村学生、城市学生与高等师范院校师范生之间建立常态化联系，定时对农村学生进行有针对性的课后作业辅导。

三、以"数字乡村社区建设"为依托构建良好社会环境

从信息化基础设施建设、数字化学习服务平台搭建、信息化学习资源设计与制作等方面加强数字乡村建设，构建面向农村社会的信息化服务体系，以提

升农村人口科学文化素养,促进农村社会经济发展,构建有利于农村教育发展为发展目标的外部社会环境。其中,在农村信息化基础设施建设方面,要持续加大农村地区通信基础设施建设投入力度,提高农村家庭计算机与移动设备终端的普及率,建设农村数字化学习体验中心、电子图书阅览室等学习活动场所。在数字化学习服务平台搭建方面,要面向农村居民提供幸福养老、课程中心与技能培训等内容模块,把城市优质信息资源共享到农村,在农村地区创设"人人皆学、时时能学、处处可学"的良好学习氛围。在信息化学习资源设计与制作方面,要根据农村居民文化程度普遍较低、学习时间连续性无法保障等特点,突出学习资源的针对性、实用性与适应性,进而满足农村居民的理解水平与学习特点。在内容方面要有侧重,适应农村居民生产、生活中多样化需求。例如,学习资源可以是以现代农业生产技术、职业技能培训、医疗保健为主,以法律基础知识、文化素养与教育思想等为辅;在表达方面要通俗易懂,要尽可能多地应用视频、图片与音频等多种手段来呈现,要体现"跨终端、跨平台"特征,能够在多种终端上使用。

第三章
走向生态：信息化环境下农村教育发展的应然追求

第一节 生态观的内涵与特征

一、理解生态的三重视角

对于生态概念的理解，不同学者从不同角度给出了不同的表述。有学者基于自然生态本体视角给出生态的定义，认为生态是由生物及其环境所构成的结构，是由这种结构所表现出来的功能关系。也有学者基于分析方法的视角解读生态的内涵，认为生态是指生活在某一地区的所有动植物之间以及动植物与其环境之间的关系，它包含系统性、整体性、联系性和平衡性的意义。还有学者从哲学的视角对生态进行了界定，认为生态是主体生命中各种基本要素有机联系、良性互动形成的生命状态。一些学者认为，有机体与环境之间存在的各种因素及其相互作用的关系是生态。生态哲学是从生态系统的角度和方法来研究人类社会与自然环境的相互关系及其普遍规律的学科，它将人类社会与自然世界相互作用的社会哲学研究整合起来。生态哲学为我们分析和解决问题提供了一种新的思维方式，它使我们能够从生态的角度来研究现实事物，观察现实世界，建立一个完整的生态系统观。

（一）作为实体描述的生态

尽管在人们生活的很长一段时间里并没有明确的生态概念，但是生活环境对自身的影响与制约作用早就被人们意识到。"生态学"因此最初来源于

"住所""栖息地"之意。随着社会的发展,人们对自身"住所"和"栖息地"的选择越来越多,对自身受到周边环境因素的影响作用的认识逐渐深入,这引发了人们对有机体与自然环境相互联系和相互影响的考察与研究。生态的概念于是从生物学研究中被明确提出来并逐渐被人们认可。类似于其他学科,生态学也逐渐走上了不断更新与发展的过程,由生物个体生态学向生物群体与群落生态学、生态系统生态学、人类生态学、人文生态学延伸发展。在这个过程中,生态学的研究也从最初的"动物与无机界之间的关系"扩展为"人与自然环境乃至社会环境之间的关系",研究对象与内容得到扩展与丰富。从本体论视角来看,生态学的概念与最初的时候相比在内涵上丰富了很多,认为生态是构成某种生物的个体种群或某个群落的各种生态因子的总和及其相互关系。

(二) 作为分析方法的生态

方法是人们认识和把握对象所必须借助的手段,是人类生存不可回避的路径,是关于认识世界和改造世界的目的方向、途径、策略手段、工具及其操作程序的选择系统。从狭义的角度,方法是指研究视角、手段、工具、程序、规则等方面的内容。当把生态作为一种分析方法来使用时,其实就是生态所蕴含的丰富的生态思维、生态意识和生态视角的分析。生态学之所以能够在20世纪中期以后迅速扩展或者与众多其他学科相嫁接,主要在于生态学所天然蕴含的生态思维方式。生态思维开启了一种新的整体论思维方式。科学的生态学思维,是用生态学思考、认识和解决问题,全面和辩证地把握所研究的对象。它也是在现代科学技术革命及其后果严重性的影响下,形成的特殊的辩证思维,特别是生态学向人类生态学发展,它从自然科学发展为综合性科学,自然科学和社会科学全部新思潮都在这里得到体现和现实化。

(三) 作为价值观念的生态

价值属于关系范畴,从认识论上来讲是指客体能够满足主体需要的利益关系。它也是一个哲学范畴,表达了客体的属性和功能与主体需要之间的效用、利益或效果关系。生态价值是生态哲学的基本概念,随着当代生态哲学作为一种普遍的思维方式在不同学科中的应用,生态的定义及其价值解说将更加丰富多彩。生态价值是一般价值在哲学中的特殊体现,是在满足生态环境客体需要和发展过程中的经济判断,以及人与生态环境主体和客体关系中的伦理判断。自然生态系统独立于人,独立于系统功能判断。对生态价值概念的理解值得我们特别关注。其一,生态价值是一种自然价值,即自然物之间以及自然物对自然系统整体所具有的系统功能。这个自然系统功能可以看作一个广义值。为了人类的生存，它是人类生存的环境价值。其二，生态价值不同于我们通常所说的自然物的资源价值或经济价值。今天，生态价值已经成为一种独特的生态概念的释义和理解范式，主要体现在自然的三个过程，即：运动过程，表现在自然系统的整体关联与相互作用；发展过程，表现在自然系统的动态变化与蓬勃发展；共生过程，表现在自然系统的内在互动与和谐共生。

二、生态视域蕴含的内在特征

生态观是随着生态学的发展以及其他学科的发展而确立起来的把人与自然、生命与环境作为相互依赖、相互作用的有机整体来加以认识的科学思维。这种思想从人与自然普遍的相互作用问题发展成为一种科学的、哲学的生态观，并迅速渗透到社会生活的各个领域，表现出强大的生命力，透射出深邃的生存智慧。生态观的形成不仅是对全球生态危机的直接反映，还是一种思维方式的革命。传统认识论哲学二元对立的思维方式，机械论的世界观和还原论的方法论，割裂了事物之间的有机联系，使人与自然、社会分离，让人的认知发展与生命多样性发展割裂开来，造成了当今社会的多重危机。而生态观所展示的正是生态文明时代多元价值观念下科学研究理念发展的一种趋势，它所展示的有机整体观念实现了对认识论哲学的反思、批判和超越。作为全新世界观，生态观显露出与传统的科学世界观完全不同的理论特征。

（一）从局部到整体

生态观认为，世界是一个复杂而又有机的网络，它由各个组成部分之间的相互关联、相互作用而构成。每一个环节本质上都是一个整体，同时又是一个更大整体中的一部分，整体的性质并非在于各个部分的简单相加，而是各个部分相互作用的产物。一旦整体被分解成各个孤立的部分，整体的特性就不复存在了。因此，生态观推崇一种整体论的方法，整个世界的各个组成部分，不能被孤立地加以理解，只能通过相互关联来加以定义。它不再像还原论方法那样只看重实体，而是注重关系；不再立足于部分来看待整体，而是从整体的角度来分析各个组成部分，分析整体与部分之间，以及各个部分之间的相互影响及作用。现代物理学已经证实，整体性观念不仅是科学的，而且是与最先进的物理学的实在理论相一致的。

（二）从实体到关系

黑格尔说过，自然界必须看作一种由各个阶段组成的体系，其中一个阶段是从另一阶段必然产生的，较前的阶段一方面通过进化得到了扬弃，另一方面却作为背景继续存在。美国学者科莫涅尔也认为"一切事物与一切事物有关"是生态学最重要的规律,生态学研究一切事物与其他事物的关系。因此,生态观是从联系、系统的角度去考察人类与自然、环境之间相互依存、相互作用的关系以及在功能上的一致性。在生态系统中,没有单个独立存在的事物,它们之间是一种共生的关系,即"确认一切事物和现象之间有一种基本的相互联系和相互依赖的关系"。生态系统的关联性可以从时间和空间两个方面来理解,具体来讲是指空间结构上所具有的整体关联性和时间发展上所具有的历史性。

(三) 从封闭到开放

开放性是生态系统的显著特征,也是生态系统保持稳定和自我净化的内在动力。生态系统是一种开放性系统,即使生态系统的概貌和基本功能可以长时间保持不变,但是其物质输入和输出是连续不断的,即为了维系自身稳定,生态系统需要不断输入能量和输出能量,实现生态的流动,否则会有崩溃的可能。以自然生态系统为例,在自然生态系统内,生物有机体需要阳光、水分以及其他营养物质,但系统内部并不能提供这些能量,故生物系统需要与外界进行能量循环、物质交换以及信息传递,这就要求系统必须保持开放性。封闭的系统无法与外界保持能量循环、物质交换以及信息传递,因此生态系统必须是开放的系统。

(四) 从单一到多样

物种多样性是生态系统的根本特征,是保持系统生命力、稳定性和有序性的重要基础。生态系统的结构越复杂,物种数目和种类越多,自我调节能力也会越强。在生态系统中,越是具有多样性要素的生态系统,越能够促成生态系统的稳定,有着较大的生态承载力和生产力。如果生态系统的生态要素和结构出现单一的情况,那么生态系统缺乏稳定,生态系统就会出现结构失衡、质量失调等问题。以教育生态为例,在教育生态中,课程、平台与支持体系等生态要素的多样化都有利于教育的可持续发展,让整个生态系统保持平衡和稳定。

(五) 从静态到动态

在生态观看来,世界是一个有内在生命力的有机整体。这种整体不是一成不变的静态存在物,而是处于不断生成、不断变化、不可回复的进化过程中的将成之物。它不再相信机械世界观所认为的,在大自然背后存在着永恒不变的物质基底,而认为生命体是在内在作用力的推动下不断生长和发展变化的过程。每一事物都存在对立和矛盾,正是它们促进了事物的生成和变化。从这个意义上讲,所谓稳定、平衡、静止、均衡、适应,等等,都只是一种幻觉。即便是世界公认的科学定律,如电子的质量,也会随着条件的变化而缓慢地发生变化。因此不论在何种整体中,"变化"才是最基本、最常规的事实,稳定只是暂时的平衡。就其本质而言,如果说传统的机械世界观是一种以结构为导向的静态构成论的世界观,那么生态观就是一种以过程为导向的动态生成论的世界观。总而言之,生态的有序平衡是生态系统得以维持的前提,是生态可持续发展的重要保证。由于生态系统的开放性和复杂性,导致系统内部的生态因子总是处于无序与有序、平衡与非平衡的相互转化的运动变化中,因此生态系统的这种平衡是一种动态的平衡。生态系统在实际发展过程中呈现出"平衡—不平衡—平衡"的动态性,这也是内外系统和因素之间互相调适、协同进步的必然状态。生态观认为要以动态的发展观点来看待事物运动,并以矛盾的思维来审视事物运动的变化,从而认为每个生态系统都是动态发展的,并且通过自身的调控机制达到内部稳定状态,寻求新一轮的生态平衡。

第二节 农村教育的生态观视角解析

一、农村教育的生态属性

以生态观来研究农村教育,其客观前提是农村教育本身也是具有生态属性的。与自然生态系统一样,农村教育作为一种有机整体的社会生态系统,有自身要素和结构、过程和功能。因而,农村教育的生态性就是自身系统内部诸要素与其环境间的有机关联与良性互动中形成的农村教育的生命状态。这种生态性从农村教育的生命特性和结构功能原理中得以体现。

(一)农村教育系统最本质的特征是其生命性

生命是农村教育之根本,没有生命,农村教育便无从谈起。首先,农村教育的构成要素都是生命有机体。不仅教师和学生是作为有生命力的人而存在,而且连教学自身也是一种有机的生命形式。农村教学活动也是通过教师和学生的生命来维系的,正因为人的生命存在,农村教学才能有组织、有计划地进行。其次,农村教育本身也具有内在的生命性。农村教育过程是充满生机、活力的动态过程,具有生命有机体变化的、系统的、辩证的、政治的、精神的、反思的、灵性的和富有想象力的品质。正是在这一动态过程中,教师通过展示自己的知识才能、人格魅力来提升自身的生命价值,学生通过学习相关知识技能、培养情感态度价值观,提高自身的生命质量。农村教育不仅以人的生命本性为依据,而且具体落实在农村教育对师生生命发展的独特作用上,追求人的生命发展是农村教育的终极目标。最后,农村教育的生命力还源自它与参与者生活的结合,以及它对于参与者生活而言的必要性和相关性,从而构成了人们日常生活的一种需求。农村教育正是在与生活的关联和互动中,获得不竭发展的动力。总之,生命是农村教学的基点,也是农村教育追求的终极目标。正是农村教育自身存在的生命性促进了农村教育朝向生态化发展的可能。

（二）农村教育的真谛是其自身具有的整体关联性

农村教育的有机关联性主要体现在农村教育系统内部诸要素之间,以及农村教育与外部环境之间的契合上。从系统内部要素来说,农村教育是由教师、学生、课程、教学、评价等因素构成的一个不可分割的整体过程。在农村教学过程中,这些因素有着不同的地位和作用,但都不可或缺,农村教育的整体发展正是这些要素共同作用的结果。以生态的整体关联性来审视农村教育,那种学科之间彼此隔离、目标单一的传统农村教育不能构成完整的生态系统,不能产生新质,也无法形成良好的教学生态效益。只有各要素结构合理,实现动态的平衡,农村教育整体系统才会获得可持续性的发展。农村教育发展涉及国家政策、农村社会经济发展水平、农村社会文化等因素。从与外部环境关联的角度来看,农村教育通过系统内部与外部环境之间的物质、能量、信息的交换,促使各系统要素协调发展。在生态观的概念下构建和完善农村教育体系,是让农村教育突破狭隘的学校教育范畴,是让有形的学校教育与无形的农村社会、家庭等要素之间形成动态的平衡发展。关注农村教育生态发展,就是要把农村教育作为人类社会生活的一部分,既要使农村教育内部机制良性循环,又要优化农村教育的外部环境。

二、农村教育生态的基本概念

（一）农村教育生态

教育生态学是一门由教育学、生态学、心理学、社会学等学科相互交叉渗透而形成的边缘学科,它是依据生态学的原理,特别是整体、联系和平衡等原理与机制,考察系统内部诸结构与周围环境的相互关系、相互作用和相互适应,研究各种教育现象及其成因,探讨教育生态的特征和功能及其演化和发展基本规律,如教育生态系统、教育生态平衡、教育生态位等,探寻实现最佳教育生态结构的途径和方法。农村教育生态是教育生态学理论在农村教育领域的具体化,具体是指借助于自然生态的基本原理来研究农村教育主体与教育环境之间的关系，是一切对农村教育发展产生影响的内外部因素之间的关系及结构的总和。其核心在于应用生态学的基本原理与方法来分析农村教育发展过程中各种要素自身的合理性以及各要素之间的整体关联性。

（二）农村教育生态平衡

农村教育生态平衡是指农村教育系统的综合平衡、运行高效、功能优异及其与农村社会环境的良好协同。维持教育生态平衡是农村教育发展的基本规律。农村教育生态平衡的重要参数包括农村学校教育政策制定与实施，教育经费投入与开支，不同层次教育的学生数量，学校内部的师资队伍结构、师生比，校内人数与绿化面积、运动场地面积之比，教学设备和办学条件等。农村教育系统中任何一个因子的改变和演化、过于突出或明显不足，都会影响到整个教育生态系统的平衡。如果教育生态结构上出现了不同教育层次的数量与规模比例失调，就会改变教育生态结构的形态，使教育自身的功能失调；如果校与校之间、城乡之间教育严重失衡，势必加剧择校现象，加速教育的不均衡；如果教育资金供应不足，教育生态系统环境物质与能量交换就会滞后，并影响教育生态系统的生存与发展；如果教育系统信息流不顺畅，教育观念就难以更新，教学方式方法就难以变革；如果教育发展的规模与速度、质量和数量不均衡，教育生态系统自身结构与功能就会失去平衡；如果教育的发展滞后于社会的发展，教育就跟不上社会的变化与进步，使教育系统与社会之间产生冲突和矛盾。

（三）农村教育生态位

教育生态位是关于教育生态系统在整个社会大系统中的地位及其与其他系统的关系。生态位理论对于指导农村教育系统的定位与发展具有普适性意义。根据生态位分化的原理，农村教育生态与不同生态的群体之间、生态系统之间能够相辅相成、相互促进，但同时也会存在相互竞争。农村教育系统与社会其他系统的竞争的内容主要是物质资源和能量资源两个方面。这种竞争是正常的，也符合大自然的生存法则。因为即便是在教育大系统内部，子系统和亚系统之间也会经常出现这种竞争，而且在同一生态位的子系统内部不同生态群体之间、不同个体之间也会出现这种竞争。竞争有积极和消极两种作用。竞争的积极作用是能够促进竞争者主动进取、鼓舞斗志、奋发向上；竞争的消极作用是一方排斥另一方，剥夺对方的生态位，把对方排挤出局。在农村教育生态建设中，应倡导同一生态位中个体之间和群体之间的竞争与合作、竞争与互补、竞争与互利的原则，使不同的主体充分发挥竞争的积极因素，化解竞争的消极因素。根据适者生存的原则，农村教育生态位是可以调整的，也是可以改变的，调整与改变生态位的前提是知己知彼。就学生而言，每个农村学生都有自己的生态位，教育者应该准确认知每个学生的生态位，运用教育学、心理学和生态学等知识，科学分析每个农村学生的智能结构、兴趣爱好、优势特长、潜在资质以及缺点不足，拓展和优化农村学生发展的生态空间。

第三节　农村教育生态系统

一、农村教育生态系统的概念

生态系统这一概念最早是由英国植物学家坦斯烈提出的。他认为完整的系统，不仅包括生物复合体，而且包括被人们称为环境的全部物理因素的复合体。我们不能把生物从特定的、形成物理系统的环境中分隔开来。[①] 这一概念的基本点在于强调我们不能忽视环境对生物的生存和发展所起的重要作用，因为生物与环境在一定地域空间范围内具有功能上的统一性。生态系统概念的提出把传统的生态学观点向前推进了一大步，因为传统的生态学观点也就是原有的生态群落观点，把生物与非生物相互割裂，而生态系统的观点则是把整个大自然都纳入一个大系统，研究其内部所有要素之间的关系。从本质上看，生态系统理论是生态学原理与现代系统理论相结合的产物，具体是指一定地域或空间内的生物与其所赖以生存的环境通过能量转换、物质循环与信息传递进行相互联系、相互作用而构成的一个有机整体。生产者、消费者、分解者与非生物成分是生态系统的基本组成部分，这些组成部分缺一不可，它们在能量转换、物质循环与能量流动中发挥各自独特作用，并形成整体，维持整个生态系统正常运行。生态系统是一个有边界、有范围、有层次的系统。我们所研究的任何一个生态系统都可以与周围环境构成一个更大系统，使其成为较高一级生态系统的组成部分。与此同时，它本身也可以被分为若干子系统或亚系统。

随着生态学研究领域的不断扩展以及与各学科结合的不断深入，国内部分研究者开始关注教育生态学领域的研究。在中国台湾，台湾师范大学方炳林教授以生态环境因子为主线，探讨各种生态环境因素与教育的关系以及对教育所产生的影响；李聪明借助生态学的基本原理反思并探讨了教育经营、国民教育、科学技术教育、职业教育与终身教育等各种形式教育的问题。大陆学者对教育生态学的研究起步较晚。吴鼎福教授利用生态学的理论、概念与术语深入

---

① 李洪远. 生态学基础［M］. 北京：化学工业出版社，2006.

探讨了教育的生态环境、生态结构、生态功能、生态基本原理与规律、生态检测与评估等问题。任凯与白燕基于生态学的原理与方法对教育现象进行深入分析,并把教育生态学的研究对象界定为教育生态系统。范国睿分析了文化、人口、教育资源、学校环境与课堂环境等因素对教育的影响。刘贵华全面研究了学术生态的主体、学术繁衍及生态环境优化、学术生态危机及学术生态模式等。贺祖斌借助生态学的基本原理和方法,对中国高等教育系统进行生态学研究,认为高等教育生态系统是由各种相互独立要素组成的有机整体,它与所处的环境不断地进行物质、能量和信息的交换。从生态系统理论的观点来看,区域基础教育是一个有机整体,同时也是一个完整的生态系统。农村教育作为其重要的子系统而独立运行,具备不可替代的功能,同时也发挥着不可或缺的作用。如果从生态学视角对农村教育进行考察,农村教育是一个由多个因素构成的具有特定功能,并且能够形成整体综合效应的生态系统。那么,借鉴教育生态领域已有的研究成果,我们可以认为,农村教育生态系统就是农村教育系统内部各要素之间以及各要素与环境之间的相互联系、相互作用,并通过物质循环、能量流动与信息传递而形成的一个有机整体。简而言之,农村教育生态系统是由农村教育系统与其外部环境相互结合、相互作用而形成的统一体。农村教育生态系统包含很多要素,这些要素存在着生态关系,具体表现为相互联系、相互制约与相互影响。一方面,某个要素的变化会对其他要素形成影响;另一方面,每个要素的作用与价值都必须通过其他要素来体现。各个要素就是在这样不断耦合的过程中推动农村教育生态系统的动态发展。农村教育必须根植于其赖以生存与发展的环境中,只有在与外部环境不断地相互联系、相互作用的过程中,其才能表现出生命特征。

二、农村教育生态系统的内涵

在农村教育生态系统中,农村教育要素与其外部环境之间相互联系,并通过物质循环、能量转换与信息传递构成有机整体。农村教育生态系统正是借用生态学的基本方法来研究农村教育问题,用生态学的规律性方法发现、解决农村原有教育体系存在的问题。

第一,农村教育生态系统代表着农村教育体系的高阶进化形态。

原有的农村教育体系更多的是关注农村教育的内部构成,例如师资队伍、经费投入、教学条件,等等。而农村教育生态系统强调的是变化生长且相互作用,即强调系统内外各要素之间相互交流进而实现整个系统与外部环境的协同演进。农村教育生态系统作为教育生态系统的子系统,具备教育生态系统的所有功能特征与构成要素,但相对来讲具有更强的生物学隐喻。在农村教育生态系统中，系统的有序性源于系统内部非线性作用机制，即生态系统内部不断与外部环境要素发生各种复杂多变、不可预知的关系，并敞开输入与输出通道，扩大能量转换与信息传递的流量。由此可见，农村教育生态系统与传统的农村教育体系构建之间存在本质区别。前者所强调的是生态系统化，即注重整体性、关联性、开放性、多样性与动态性。

第二，农村教育生态系统体现了一种教育要素共生关系。

生态系统的原理也被称作联系的原理或共生的原理。生态系统中不仅存在着有机体与环境之间相互依存、互为因果的关系，而且各个子系统之间以及子系统与上级系统之间同样存在密切联系。由此可见，生态系统中没有单个独立存在的事物，构成生态系统的所有要素是一种共生的关系，每一个要素都可能同时受到若干其他因素的影响。另外，生态系统内部各个要素之间的关系并不是简单的线性关系，相反地，而是表现出一种复杂的、非线性的耦合关系。也就是说，一个要素发生变化，可能会直接或间接引发系统中其他要素也发生改变。因此，生态系统共生的实质就是生态系统内部各类利益相关者之间的博弈及其发展过程中的变化与相互影响。作为一个有生命力的生态系统，农村教育生态系统是一种基于特定区域环境与教育要素分配而形成的纽带关系，由许多教育要素与环境要素构成，教育要素之间、教育要素与环境要素之间存在着内在的联系，而且时常发生复杂的动态变化过程。由此我们可以认为，在农村教育生态系统内部，各个组成要素之间是相互依存、共同发展的。

第三，农村教育生态系统强调外部环境因素对农村教育的作用。

从生态系统的整体性观点来看，农村社会生态系统是更高层次的生态系统，农村教育生态系统是农村社会生态系统中的一个组成部分。教育总是植根于一定的社会环境、文化环境与经济环境中，而且教育系统环境是教育与其周边环境要素相互联结而形成的有机整体。因此，教育生态系统中的目标确定、系统功能发挥等都与系统的环境因素密切相关。农村教育生态系统是系统内部各种群落之间以及各群落与内外部环境之间通过物质循环、能量转换与信息传递而形成的共生竞合、动态演化的复杂、开放系统。农村社会经济发展水平、国家公共政策、社会多元支持、农村文化氛围与地方政府等都影响着农村教育生态系统的发展。由此可见，在农村教育生态系统构建中，我们既要考虑教育系统以外的多种因素，如政治、经济以及文化等因素，还要以整体观和系统观看待整体与局部。

三、农村教育生态系统的结构

结构是现代科学研究中的一个核心概念，对结构的研究是自然科学家和社会科学家解开自然和社会之谜的关键节点。生态系统是客观存在的实体,能够有序地运行与发展变化,必然存在着一定的结构。生态系统结构是指构成生态系统的各个要素的配置状态以及各要素之间的配比关系。与其他生态系统一样,农村教育生态系统也有着复杂的结构。想要更好把握与认识农村教育生态系统的本质特征与演变规律,就必须把握农村教育生态系统的整体构成形式,也就是系统的组成结构。借助于生态系统结构的内涵界定,我们可以认为,农村教育生态系统结构是指教育系统内部各个组成要素之间的联系形式,以及各个要素与外部环境要素之间关系的形式,体现为系统各个组成要素在时间、空间上的分布以及各个组成要素之间通过物质流、能量流与信息流所体现出来的关系。从整体出发来探讨其组成结构,农村教育生态系统既可以由宏观结构体系、中观结构体系和微观结构体系三部分组成,也可以由纵向结构体系和横向结构体系组成,由此形成了一个宏观、中观与微观相互渗透,纵向与横向相互交错,动态与静态相互结合的复杂网状结构。在这一结构中,各个组成要素通过能量流、信息流和物质流的相互作用,促进农村教育的生态演替,使得农村教育发展效果能够真正体现出来。

(一) 生态主体与生态环境

农村教育生态系统的成分是生态系统内部所包含的各种相互作用的因素。根据这些成分结合的特点与功能,我们可以把农村教育生态系统分为生态主体与生态环境两个部分。由此可以得出,农村教育生态系统是一个由农村教育的生态主体与生态环境组成的复合多元的整体系统。在农村教育生态系统中,学生、教师和各级各类教育机构共同构成该生态系统的生态主体。其中,教师、学生、教研人员和教育管理人员通过教学、科研、指导、服务和管理等关系形式联结起来,形成教育的生命共同体。而该生命共同体的所有理想、信念、教育活动和教育成果,在一定程度上会受到生态环境的影响。生态环境是生态系统中对生态主体产生影响作用的所有生态因子的总和。生态环境总是相对于生态主体而言的,不同的生态主体具有不同的生态环境。农村教育的生态环境就是相对于农村学生、教师和各级各类教育机构这些生态主体而言的外部世界,即以农村学生、教师和各级各类教育机构为中心,对农村教育发展和创新产生影响作用的条件、力量等所有各种外部刺激的多维空间系统。农村教育发展受到生态环境中众多生态因子的综合影响,同时又反作用于生态环境,并在与生态环境的相互作用中获得协同发展。我们可以把农村教育生态系统的生态环境分为系统外部生态环境和系统内部生态环境两个部分。其中,外部生态环境包括农村社会政治、经济、文化与思想观念等,内部生态环境包括农村教育经费投入、教育基础设施与教育相关政策等。

(二) 宏观生态、中观生态与微观生态

从宏观视角来研究农村教育生态系统的结构,就是要从生物圈出发,以农村教育大系统为中心研究生物圈范围内的各种环境系统,具体包括农村自然环境、社会环境、文化环境,重点在于探讨农村教育生态的内部结构及其与外部环境要素的关系,寻求农村教育发展的方向、趋势、机制与对策,创设有助于农村教育发展的外部生态环境,并把握机遇,制定符合农村教育发展的规划,以及农村教育发展的战略方向与政策措施。从中观视角研究农村教育生态系统的结构,要以农村学校为中心,着重探讨农村学校内部的关系及其教育教学效果,集中解决农村学校管理层面问题。与此同时,还需要涉及学校以外能够对学校教育与学生成长造成影响的各种机构、家庭与社区等。从微观视角研究农村教育生态系统的结构,是以学校中包括学生与教师等在内的个体为中心,整合社会教育、学校教育、家庭教育等多方面因素。对于学生来讲,要引导和激发学生的学习动机,培养学生良好的思想品德,改变学生的不良行为习惯,提高学生学习效果,实现学生个性化成长。对于教师来讲,要为教师创设良好的专业发展环境,提供多渠道的专业发展途径,激发教师内在专业成长动机,实现教师可持续发展。在农村教育生态系统的研究过程中,宏观生态和微观生态是农村教育生态研究的基础。

(三) 个体生态与群体生态

按照研究对象层次不同,生态学的研究可以分为个体生态、群体生态、群落生态与系统生态四种。由于农村教育生态系统与生物生态系统在研究对象上存在不同,其个体生态与群体生态也是不尽相同的。在农村教育生态系统中,个体生态包括学生个体成长生态和教师个体成长生态。对于学生个体来讲,不同家庭学生在认知水平、价值文化等方面存在差异,这在一定程度上会影响学生个体成长与个性化发展。对教师个体来讲,学习与成长经历、自我专业发展意识、认知能力水平、专业成就动机、对待教学工作情感与态度、性格特征、自我专业认同与教学效能感等方面不同,造就了不同教师的不同专业发展水平。农村教育生态系统中的群体生态包括学生群体与教师群体两类。不管是学生群体还是教师群体,在群体内部人际关系是影响个体成长的关键生态因素。如果某一种群体需要保持一定的生机与活力,那么就需要给予其一定的激励,使得某些外部因素能够激发群体及成员的需求动机,最大限度地发挥群体的教育功能。需要注意的是,由于农村教育生态系统内部各个组成要素之间存在着相互联系、相互制约的关系,只有对其进行整体、全面、系统和统筹规划,才

能够使农村教育生态系统的各个组成要素之间的总体比例以及各个要素内部的比例关系基本协调，使得农村教育生态系统结构与外部生态环境及未来发展相适应，最终形成良性循环的农村教育生态结构，促进农村教育生态系统持续协调发展。相反地，如果农村教育生态系统结构不合理，生态要素比例失衡，与外部的自然环境和社会环境不相协调，或者教育发展程度与农村社会经济发展水平以及科技发达程度不相适应，那么农村教育生态系统效益就会较低，同时也容易导致发展的恶性循环。

四、农村教育生态系统的特征

农村教育生态系统作为一种"系统"存在，具有系统的共同特征。另外，农村教育生态系统是农村社会生态系统的子系统，本质上是社会化的人工生态系统，同时具备人工生态系统与自然生态系统的共同特征，具体包括整体协调性、复杂开放性、动态平衡性、结构层次性等特征。

（一）整体协调性

生态学理论认为，生态系统的各个组成要素或部分并不是孤立存在的。相反地，它们之间总是相互影响、相互联系与协调发展的，在特定条件下还可能相互转化。另外，构成生态系统的任何一个要素都是不可或缺的，如果缺失其中的任何一个要素，原有生态系统的特性与功能就会发生改变。生态学正是基于整体性的视角分析问题，以协调各个组成要素之间的关系为终极宗旨。从生态学的理论视角来看，农村教育生态系统中的各个组成要素具有不可或缺性和不可代替性，它们之间总是相互联系、相互制约。一方面，农村教育生态系统中的"学生"这一生态主体与教育的内部组成要素、外部环境之间通过人才、信息、资金等能量与物质的循环流动而构成统一、复杂的网状结构，体现了系统的整体性；另一方面，组成教育生态的各个要素之间只有相互配合才能共同实现教育目标，这体现的是系统的整体协调性。

（二）复杂开放性

农村教育生态系统是一个复杂、开放的循环系统。其复杂性主要表现在三个方面：首先是教育学科自身理论来源相对复杂，例如我们可以在教育过程中运用诸如教育学、政治学、社会和哲学等多学科的理论、方法及模型。其次是农村教育生态系统的内容复杂，农村教育生态系统是一个集合了人工系统与自然系统的极其复杂系统，其生态因子不仅包括农村教育者、受教育者、教育的场所、环境等实体对象，还包括农村社会政治、经济、文化与传统观念等非实体内容。最后是农村教育的过程复杂。教育过程不仅涉及认知教育、行为教育，还涉及情感教育、意志教育以及内化和外化等环节的教育。任何系统都需要同外界进行能量转化、物质循环与信息传递，以维持系统的有序状态，这要求系统必须有开放性特征。农村教育发展需要不断地与外部环境之间进行能量转化、物质循环与信息传递，是一个具有开放性特征的生态系统。其开放性具体体现在以下两点：一是不同系统之间的开放性，即农村教育生态系统与其他外部生态系统之间不断进行能量转化、物质循环与信息传递，以达到本体系统的生存、发展与优化的目的；二是来自系统内部的相对开放性，即农村教育生态系统是由多个子系统组成，各个子系统之间同时也需要进行能量转化、物质循环与信息传递，保持整个生态系统充满生机。

（三）动态平衡性

任何系统的产生、发展与演变都是建立在无序与有序相统一的基础上的。对于一个生态系统来讲，系统外部环境因素的变化和系统内部关键因素的变异都有可能对系统的稳定性造成影响，即当量变积累到一定程度后出现质变，系统就会处在"旧平衡不断被打破与新平衡不断被建立"的动态过程中。农村教育生态系统的动态平衡性体现在以下三点：一是生态系统与外部系统之间、系统内部各要素之间不断地进行着物质循环、能量转换与信息传递，这决定了农村教育生态系统具有动态性的特征；二是构成农村教育生态系统的各个子系统在母系统调控下按照一定秩序生存与发展，各个子系统内部也按照一定规律进行活动；三是农村教育生态系统本身一直处在不断变化的过程中。尽管这种变化是无时无刻无处不存在的，但并不是杂乱无序的，反而是有序可循的，这使得农村教育生态系统在动态有序中达到平衡。

（四）结构层次性

农村教育生态系统组成要素的多样性与各个要素之间相关关系的复杂性，决定了这一生态系统是一个多要素、多变量的极其复杂的层级系统。一方面，农村教育生态系统是由多个子系统组成，每个子系统又由具体的元素组成，而构成子系统的每个元素都具有无限可分性，即每个元素都是由它的下一层级元素组成，层层下移，依此类推，体现出农村教育系统的纵向结构性；另一方面，农村教育系统的各个要素与各个子系统之间在横向上存在着密切联系，彼此之间相互作用、相互制约，以某种特定组合样式的网络关系和一定的数量关系呈现出来，表现出农村教育生态系统的横向关联性。

第四节 影响农村教育发展的生态因素

美国行政生态学家雷格斯认为,生态环境中存在着无感因子和敏感因子两种不同因素。所谓无感因子是指那些与研究内容关系不大,在选择生态因子时可以忽略不计的因子;而所谓敏感因子是指那些与研究内容有着直接的相互影响、相互制约关系的因子,这些敏感因子才是有价值的重要因子。根据雷格斯的观点,农村教育生态系统的结构是由多个要素组成的。农村教育生态系统正是通过这些要素之间的相互作用和其与环境的相互影响,不断地适应外部环境、影响外部环境,逐渐实现由简单到复杂、由低级到高级的发展。对于农村教育生态系统来讲,各个组成要素在系统的结构中处在什么位置,发挥着什么样的作用,与结构中的其他要素有着什么样的联系,这都直接决定了农村教育生态系统的性质与功能。研究农村教育生态系统结构的要素对于揭示农村教育生态系统内部的联系,以及系统与外部的联系,认识农村教育发展规律并预测其现实发展趋势等方面都有着非常重要的价值与实践意义。着眼于农村教育生态系统的功能结构,本研究对农村教育生态系统各个功能层次的结构要素进行分析,能更加全面、深入地把握该生态系统的组成要素。

一、农村学生层面的因素

20世纪80年代以来,随着我国城镇化进程的不断推进,进城务工人员数量也在持续不断增加,越来越多的进城务工人员携带子女进城,这部分小孩也就成为进城务工人员的随迁子女。由于是农村生源,尽管这些进城务工人员的随迁子女进入城市学校,但跟城市小孩相比较,在入学机会、就学质量等方面这些随迁子女会不同程度地受到政策限制与社会排斥,因此在教育方面体现出某种程度的弱势群体特征。由于受现行户籍制度、经济条件等相关因素的限制,更多的孩子没有条件随进城务工父母流动到城市,而是继续留在家里由自己的祖父母、外祖父母或其他亲戚朋友照料,成为农村留守儿童。根据项目组对湖北省农村教学点的调查,教学点留守儿童占农村学生总数的比例较高,很多孩子都是在家与爷爷奶奶一起生活。尽管我们的社会、学校和家庭对农村留守儿童成长问题做了大量工作,但由于家庭结构不完整、父母关爱严重缺失,农村教育环境的不理想以及社会的忽视等,留守儿童在学习、品行与心理等方面的问题越来越突出,成为农村的弱势群体。在学习方面,由于家庭监管的严重缺失，农村留守儿童没有形成良好的学习习惯，普遍存在自觉性较差、作业不认真、学习成绩不佳以及上课迟到等问题，甚至有时出现逃学或辍学等情况；在品行方面，处于身心迅速发展时期但又缺乏对事物正确与否判断能力的农村留守儿童，由于缺乏父母及时的亲情、关照和教育，致使其品行发展缺乏正确引导和适时监督，容易受到不良信息和行为的负面影响。例如，有些农村留守儿童容易沉迷于武侠小说、网络游戏与武打电影等，有些农村留守儿童还跟社会上的失足青年成为朋友，参加打架斗殴等；在心理方面，由于常年不能跟父母生活在一起而缺少家庭的亲情关怀，农村留守儿童心理健康和人格发展也成为不可忽视的社会问题，具体表现为柔弱无助、孤单寂寞、有被遗弃的感觉、对父母充满怨恨以及逆反心理等。项目组对湖北省农村教学点留守儿童的访谈结果也证实了这一点，比如他们面对新鲜事物具有强烈的好奇心理，希望获得更多的外界知识，非常想念自己的父母。可见，农村教学点留守儿童的心理健康状态更应该被社会重视。此外，由于受到自然条件、经济发展水平等因素制约，农村贫困人口数量庞大，从而导致了农村贫困学生数量庞大。进城务工人员的随迁子女、农村留守儿童与贫困学生作为农村的弱势群体，是未来最有可能成为贫困人员的群体，如何保证这三大弱势群体公平接受教育，为他们的健康成长创造良好的条件，成为城乡教育均衡发展的重要挑战。[1] 因此，如何应用信息化手段优化农村学生成长生态，已经成为关系到教育精准扶贫能否成功的一项重大课题。

二、农村教师层面的因素

教师作为教育的重要主体，是推动农村教育发展的重要力量。要想弥补城乡教育均衡发展的差距，就必须在教育机构和教育群体之间公平地配置教育资源，以达到教育供给和教育需求的相对均衡。[2] 而教师又是教育资源中最重要一种资源。国内外已有研究与实践表明："教育的发展和质量的提高，是和一支稳定的、训练有素的、积极性高又可靠的教师队伍分不开的。"[3] 正因为如此，近年来农村各级政府非常重视教师队伍建设，将农村学校教师队伍建设摆在了突出位置，并采取大量行之有效的措施。从项目组调研的情况来看，农村教师队伍在数量、结构与质量等方面较以往有了很大的改观。但由于农村经济

---

[1] 秦玉友. 不让农村教育成为中国未来发展的短板 [J]. 教育与经济, 2018 (1): 13-18.
[2] 范先佐. 义务教育均衡发展与农村教育难点问题的破解 [J]. 华中师范大学学报（人文社会科学版），2013 (2): 148-157.
[3] 雅克·哈拉克. 投资于未来 确定发展中国家教育重点 [M]. 尤莉莉，徐贵平，译. 北京：教育科学出版社，1993.

社会文化条件相对落后，农村教师普遍面临工作量大、工资待遇差、发展空间小等问题，致使农村学校教师岗位吸引力小，这不仅影响了优秀教师选择农村学校教师岗位，还加剧了农村学校教师向发达地区的学校流动的意愿。与发达地区的学校相比，农村教师队伍仍面临职业吸引力不强、补充渠道不畅、优质资源配置不足、结构不尽合理、整体素质不高等突出问题，严重制约着农村教育持续健康的发展。具体表现在以下四个方面。

一是优秀教师流失严重。项目组在湖北省农村教学点的调研数据显示，多数教学点的教师人数都是1~2人，其中代课教师人数占总教学点教师人数的比例较大。另外，教学点教师要身兼数职，有的老师不仅要负责两个年级的多门课程，还要承担孩子的生活起居。农村教学点生活条件非常艰苦，教师工资待遇差，几乎无法维持最基本的生活需求，教师压力过大，个人发展机会少，严重影响了农村教师队伍的稳定性与工作积极性。这些原因直接导致了教学点教师流失严重，师资匮乏，频现"教师招入难、留住教师更难"的尴尬局面。

二是教师老化龄现象比较突出。农村教师队伍严重老龄化是一种普遍现象。通过项目组对湖北省农村教学点的调查可知，农村教学点高龄教师占比大，属于教学的主要力量。例如，恩施州农村教学点50岁以上教师的占比高达70%，咸宁市咸安区的占比达68.89%，孝感市的占比达57.26%。湖北省大部分农村教学点的教师老龄化问题显著，青黄不接的现象尤为严重。例如，咸宁市咸安区桂花镇坳下教学点，共有2名公办教师，年龄分别为58岁、59岁。

三是英语、音乐、体育、美术等学科教师数量严重不足。英语、音乐、体育、美术课程的开设，对于促进学生全面发展而言具有重要的意义。项目组在调研中发现，尽管在课程开设上基本符合国家义务教育阶段课程设置的基本要求，但实际上，很多课程的开设面临较大困难。例如，英语和艺体类的课程都是很多教学点无法开设的，有的教学点即便开设也只能进行简单的授课，无法真正提高学生的审美和人文素养，也很难达到促进学生身心健康、强健体魄的目的。教学点"开齐课，开好课"的目标在师资匮乏的情况下难以实现。

四是教师职称与学历偏低。湖北省农村教学点的调研结果显示，在教师的学历分布上，咸安区大专以上学历的教师占比仅为13.33%，孝感市大专以上学历的教师占比仅为28.21%。高学历的教师占比普遍偏低。从对咸宁市咸安区和通山县的有关人员访谈中可知，尽管通过省招的方式吸纳了部分高学历的年轻教师到农村教学点，但这些年轻教师亲身感受后，毅然决然地离开了农村教学点。农村教学点艰苦的生活环境、较低的工资待遇无法留住优秀教师，这直接导致了教学点的师资水平总体偏低，也是致使教学点课程难以开齐、开好的根本原因。在学历方面，教师学历为中专和大专的比例偏高，本科以上学历的教师数量微乎其微，从教师学历层级的构成结构上可以看出，教学点的师资水平整体偏低，不能满足农村教育发展的需求。

三、课堂教学层面的因素

教育教学质量不高是我国农村当前教育发展不充分的主要表现。邬志辉等在《中国农村教育发展报告2017—2018》中指出，一些农村学校学生的学业成绩达不到国家规定的及格标准，且随着年级的提升，他们逐渐丧失了对学习的兴趣和对知识的渴望，而且学习成绩落后与学习兴趣衰减的积累效应与非良性互动，使农村学生后期学习面临更大挑战。[1] 也有研究者对城乡义务教育阶段学生的学业差距进行了分析，研究结果表明，城市学校学生的平均成绩普遍高于农村学生，学生的分化趋势相当严重。[2] 由此可见，目前制约农村教育质量提升的阻碍性因素在各地不同程度地存在着，加剧了农村教育质量提升的困境。具体来讲主要有以下四点原因。

一是农村学校大量优秀教师流向城市学校。对于农村学校来说，特别是广大边远山区的中小学校，这些优秀教师是保证其教育质量的有力支撑，但是由于各种原因而流失使得农村教育质量难以保证，从而也致使农村教育质量不断下滑。

二是农村大量优质生源流失。城市学校与农村学校在师资配备、硬件设施、教学条件等方面本来就存在着很大的差距。再加上21世纪以来随着我国城镇化进程的加快，农村学生转移到城市学校的数量激增，致使城市学校学位紧张和"大班额"的现象十分突出，而农村学校生源则出现迅速流失的局面。在一些县域内还出现"城挤、乡弱、村空"的生源分布格局，这在一定程度上影响了农村教育质量。

三是农村教育经费投入不足。教育经费短缺一直以来都是制约我国农村教育发展的重要因素。特别是在我国实行"分级管理，以县为主"的教育管理体制以来，部分财力有限的县级政府难以承担农村地区教育发展所需的财政支出。近几年来，在我国高度重视城乡教育均衡发展的大背景下，尽管各级教育管理部门都加大了贫困地区教育经费的投入力度，贫困地区教育经费短缺的状况也有了一定改观，但由于历史欠账的原因，农村教育经费投入还不能满足农村教育高质量发展的现实需求。

---

[1] 邬志辉，秦玉友. 中国农村教育发展报告2017—2018 [M]. 北京：北京师范大学出版社，2019.
[2] 彭波. 城乡义务教育阶段学生学业差距研究——基于教育公平的视角 [J]. 湖南师范大学教育科学学报，2014 (5)：73-79.

四是家校合作与互动不足。儿童成长是学校教育与家庭教育共同作用的结果。在当前城镇化进程不断推进的背景下，大量农村学生家长外出务工，使得农村家校合作不紧密，也增加了家校合作的难度。可以说当前农村学校教育失去学生家庭教育的支撑。

从以上分析可以看出，在当前和未来较长一段时间内，破除制约农村教育质量提升的因素，提高农村教育质量，推动农村教育充分发展是我国教育改革与发展的另一项主导性任务。

四、农村学校层面的因素

农村的发展离不开教育，而农村教育的发展离不开农村学校。但是随着城市化进程的不断推进，农村学生转移到城市学校的数量也随之激增，农村学校也呈现日益严重的萎缩化趋向，农村学校的规模与数量逐年缩减。导致农村学校萎缩的一个重要原因是教育资源分配不均。办学条件是学校提高办学水平的物质基础与重要保障，由于受到城乡二元经济结构影响，城市学校在诸如建设资金、教学设备、师资力量等方面的教育资源分配上占有绝对优势，而农村学校则普遍处于劣势。再加上农村学校规模普遍较小，农村教育资源规模效益低下，即相同的经费投入水平、相同的师资配置标准或相同的办学条件，在农村教育和城市教育中呈现出不同意义。[1] 在教育资源有限的条件下，地方政府更倾向于将有限的教育资源投入城市学校，致使城市学校教学经费投入大、教学基础设施配置齐全且先进、教师整体水平高，其教学资源的质量也相对高。而对于农村学校来说，由于教育投入不足，面临办学条件较差的问题，普遍缺乏现代化的教学设备，诸如体育器材、美术材料、音乐设备、图书馆、体育运动场所以及各类实验仪器等设施更是难以满足。农村学校教育水平由此也愈加落后，学校规模也就逐渐萎缩。从我国人口政策上来讲，自从我国实施计划生育政策以来，人们的生育观念发生了极大的改变。受到"少生优生"计划生育观念的影响，农村人口出生率下降，这也是导致农村学校出现萎缩化趋势的一个非常重要的因素。另外，随着我国社会高速发展与人民生活水平不断提高，我国政府也对农民工子女教育问题给予越来越多的关注。在入学制度"一视同仁"的政策背景下，农民工子女进入城市优质学校就读较以往来说越来越便利。与农村学校相比，城市优质学校在教学条件、师资配置以及教育质量等方面都占有明显优势，致使进城农民工不愿让子女继续留在农村学校就读。农村学校优质的学龄生源不断向城市优质学校聚集，而农村学校生

---

[1] 秦玉友. 不让农村教育成为中国未来发展的短板 [J]. 教育与经济, 2018 (1)：13-18.

源质量自然就呈现下降趋势。进城农民工在主观上更加倾向于让子女在城市优质学校接受优质教育,这在某种程度上导致农村学校优质生源流失,农村学校办学规模缩小。

第五节 信息化支持农村教育生态建设的原则

信息化支持教育生态优化研究立足于教育系统的研究层面,借助生态学范畴,利用技术改造影响教育生态发展的环境因素。实践过程中,虽然信息化创造了农村教育发展的新生态,但原有生态因素特性仍然保留,其共生性、差异性、动态平衡性等特点融入信息化开放、互动与多元属性,彰显了技术与生态融合的时代性、多样性和创新性。为了构筑平等互信、多维互动的教育生态,不断优化教育生态运行规则,本研究提出以下三点优化原则。

一、整体性与联系性相结合原则

实践中的一切单位都是内在地相互联系着的,所有单位或个体都是由关系构成的。教育生态系统各因素围绕生态主体即教师、学生和环境分布,相互制约、彼此关联具有高度内在统一性,生态因素不能够从与其他因素的联系即整体中分离出去,外力的介入或任何因素、联系的改变必然会引起生态系统整体的变化。这种整体联系的特点不仅存在于生态系统内部,也存在于整个教学生态系统与外部学校、社会大系统的关系中。因此,我们认为整体关联性是教育生态系统的重要特点,在利用信息技术优化其因素与内部关系时要遵循整体性与联系性相结合原则,充分考虑要素之间的联动关系,以及上、下生态位系统的相对变化。信息技术从介入教育生态到融入主体要素必然与整个生态的因素进行对接与交流,发挥其资源调配、能量传递等方面的优势,积极改善各要素之间的关系,从而催生了教育新生态,其效果既是信息化带来的整体效应,也是教育生态系统内部交流与外部互动联系的结果。当然,这种内在有机联系变化要依赖信息化在优化物质、信息和能量传递功能上发挥作用,对教育生态发展的整体规划与设计就要充分考虑各要素的整体联动性,缺少任何一个因素和环节都无法形成完整的生态体系。在实践过程中,应及时洞悉物质、信息和能量传递对生态因素的影响而带来的变化,注重调节生态因素在变异与裂解后与环境互动联系的方式;在效果评估时,应有联系地思考与整体评估生态优化行为带来的结果和影响规划实施的因素,从而制定约束行为的规范与机制。例如，在同步互动课堂教学中，两地教师、学生与同步互动课堂环境共同构成一个学习共同体。主讲教师通过同步互动课堂教授农村学校学生音乐、美术、科学等课程，本地教师维持课堂纪律并对学生进行学习辅导，同步直播教室与信息化平台支持课程教学开展。这个共同体中每个生态主体与因素都彼此影响、相互制约。主讲教师通过与学生的互动带动学生学习的热情，辅助教师努力维持着课堂纪律防止学生行为的失序，学生充分投入激发学习主观能动性，课堂信息化基础设施则维系着教学正常运行，所有因素缺一不可。如果信息化基础设施出现故障，或是主讲教师课前准备不充分，抑或是辅助教师未能尽职尽责，那么课程教学就无法顺利开展，教育生态主体与环境的联系就会遭到破坏进而影响生态系统的平衡。因此，信息化对教育生态系统的优化，就是要利用信息化手段和工具协调好各生态因素之间的关系，让它们在相对平衡的状态下整体协同发展，充分发挥各自的功能，追求教学生态的进化和平衡，进而达到促进生态主体共同进步发展的目的。

二、可持续性与开放性相结合原则

2015年5月，习近平总书记在给国际教育信息化大会的贺信中指出，"推动信息技术与教育融合创新发展，共同探索教育可持续发展之路"。以信息化推进农村教育发展也需要树立可持续的生态观，意味着可持续发展是"既满足当代人的需要，又不对后代满足其发展需要的能力构成危害的发展"。信息化支持农村教育生态优化必须遵循可持续发展规律，既要符合当地基础教育信息化发展现状，又要使教学生态主体得到全面、可持续发展。在实践过程中，需要考虑信息化教学环境建设的可持续投入、信息化教学模式可持续运转以及教师、学生可持续发展等问题，并在延续态势的基础上兼顾健康的质量。对于外部生态因素来说，信息化持续推进教学生态优化需要得到政策保障支持，包括资金投入、人才引进与技术支持等；对于内部生态因素来说，教学管理机制制定得合理有效、设备设施及时维护与更新、教师专业能力发展的不断提升等都会为教学生态的持续优化发展奠定基础。

贝塔朗菲认为生命机体是一个开放的系统，由生命机体组成的生态系统也应具备开放性。克雷明主张"只有展开关于教育的公共对话，其教育的受众才会产生"。生态系统只有在对外开放的情况下才能与外部生态系统产生联系并保有活力，教学生态系统也不例外。当然，农村教育生态系统因地理环境以及相对落后的自身结构与功能等条件的限制，在自然生态和教育生态中具有一定的封闭性。但这种封闭性是相对的，在越来越开放的信息化社会是容易被同化的。对于农村教育生态来说，信息化的介入加快了其开放的过程。在这个过程中，只有不断坚持教育生态的开放性，通过内外部生态系统之间信息交换，才能进化自身并适应外部环境的压力。开放性也体现了信息化对教育生态内部各因素结构与功能的调节与更新作用，是实现生态优化的必然路径。信息化支持教育生态优化与开放，主要包括教学生态主体因素开放、环境因素开放、主体与环境关联因素开放等。开放的生态主体容易接受外来的思想与观念，从而提供有质量的教学服务，开放的课程资源可以被教师灵活运用并促进学生才智增长，开放的教学过程通过改造与创新适应学生个性化发展，开放的教学评价方式引导学生全面发展以满足终身学习的需求，实现生态优化的可持续。信息化支持农村教育生态优化建设应该主动遵循可持续性与开放性统一的原则，因生态系统的多元而实现信息化样态选择的在地化与多样化，也为教学生态优化发展提供可持续发展路径。

三、动态性与平衡性相结合原则

农村教育生态主体与环境之间的关系是复杂多变的，部分学校学生数量逐渐减少，教师队伍的年轻化与区域流动，教学环境的逐步改善，这些都是教育生态系统动态变化的主要表现。信息技术是农村教育生态面临的新事物，通过对生态系统能量流动、物质循环和信息传递，加剧了传统教育生态内部的变化，在生态优化过程中要重视这种动态性变化。教育生态系统中因素与环境联系的多样与丰富决定了信息化措施与方式选择的多元，在课堂教学环境等基础设施建设、教学机制与模式等制度创新、资源与技术应用等服务支持方面都要主动将各因素与实际环境产生联结，动态调整信息化整合融入方式。在具体实践中要结合学校的现实情况，根据师生发展需求在教学内容、教学过程与支撑环境的信息化设计上因地制宜、与时俱进，以教育生态系统的动态进化实现信息技术机械运用向信息化与生态因素有机融合的转变，提高信息化支持农村教育生态优化的能力和效率。

平衡性是指当生态系统的生态主体、因素与环境间联系的动态变化造成系统内部结构和功能失衡时，生态系统会因平衡状态被打破而进行自我调节，最终达到系统内部物质、信息与能量流动的相对稳定的状态。农村学校特别是农村薄弱学校由于长期与外界沟通不畅，内部也缺少变革和打破平衡的力量，形成教育生态结构与功能长期稳定平衡的状态。但我们应该知道，在教育教学发展质量与师生学习需求之间的巨大落差上的教学生态平衡是临界点上的平衡，一旦外界因素介入，这种平衡会很快被打破。实际情况也是如此，当信息化开始进入农村学校教学课堂时，学校立即改变了传统教育生态系统主体因素与环境的共存与演进的稳定方式，给教师、学生带来了不适应感与抵触情绪，打破了教育生态系统的平衡。随着信息化的深入推进，信息化设备设施逐渐完善，师生认识到信息化在教学上发挥巨大作用，逐渐习惯接受信息化教学环境所带来的改变，教育生态系统逐渐恢复平衡。在教育生态系统优化的过程中，其生态因素与环境联系的动态变化冲击着系统的平衡，例如对于信息化基础设施过度的追求、技术手段的滥用以及信息化教学资源的不适用等，使得生态系统的平衡性不断遭到破坏，但生态系统的自我调节与外界干预等措施又会让处于困境的生态系统再次达到平衡。实际上，平衡到再平衡的动态演进是生态系统的重要特征，信息化支持农村教育生态优化实质上是螺旋式上升的动态演进过程，让生态系统在信息化介入与融合中实现从平衡到不平衡再到平衡的状态，其动态性与平衡性的结合让生态主体与环境间、因素个体间的变化达到互相适应、同步协调和平衡统一的状态。

第四章
以信息化促进农村教育生态环境优化

第一节 优化农村教育生态环境的基本思路

一、有助于生态主体的自主性发挥

自主性是主体性的首要表现，指的是主体在主客体关系中主宰与控制自己的本质力量，具体可表现为主体对自身以及客体的支配权。生态主体的主体性成长是指作为主体的校长与教师在其专业发展目标、专业发展内容、专业发展方式以及专业步骤等方面所具有的专业自主权，即他们能够在不受他人干扰与控制的情况下依据自身的专业发展现状制订适合自己专业发展的目标与计划，选择自己所需的学习内容与适合自己的学习方式。是否具备相当程度的专业自主权，已经成为一项衡量校长与教师专业发展水平高低的非常重要的指标。拥有专业发展自主权的校长与教师能够根据当前专业发展的实际情况合理安排自己的学习，包括选择适合专业发展的学习时间、学习内容以及学习方式，并且能够将专业发展与日常教学、科研以及反思等有机结合起来，使其成为自身的一种专业生活方式，并从其中得到有利于自身专业发展的东西，形成自己的专业发展特色。不过有以下两点我们需要特别强调。其一，自主性并不是一种无节制的自我张扬，自主性还有自律、自省等含义。因此校长与教师专业发展自主性还需要建立在较为完善的专业责任体系基础之上，需要能够自主支配与调控各种主客观条件。其二，自主性并不意味着校长与教师要进行"孤军奋战"，我们在强调专业发展自主性的同时，也需要密切合作与对话，以使校长与教师在相互学习与相互取长补短的过程中实现专业共同发展。

二、有助于生态主体的能动性发挥

能动性是主体性的集中表现,指的是主体本质力量对客体的选择、制约、作用与影响,具体可表现为主体的主动性、选择性、进取性与超越性。专业发展是校长与教师个体有意识的选择过程,因此校长与教师专业发展也具有能动性的特征。所谓的专业发展的能动性,是指校长与教师个体在其专业发展过程中能够想方设法去克服专业发展困境,能够积极主动地去选择适合于其发展的专业发展环境,并在专业发展方向与专业发展目标等方面不断去努力的一种个人品质。从该定义可以看出,专业发展能动性的本质是校长与教师在专业发展实践过程中体现出来的一种个人品质。具有这种个人品质的校长与教师,不仅能够发挥自身内在的潜能,同时也能够从外部资源借力,进而能够积极主动地朝着预定的专业发展目标前进,使得专业发展环境得到有效改善,专业发展水平得到有效的提升。专业发展的这种能动性具体表现为校长与教师在教学方面能够有目的、有意识地认识与改造教育世界,并对教学活动体现出一种积极的选择能力和适应能力。具有能动性的校长与教师在专业发展方面能够具有强烈的专业成熟与发展的愿望,并能够遵循专业发展的基本规律,制订严格的专业发展计划,主动实施教学研究,善于调动自我的内在潜能,以最终实现自身的专业发展目标。

三、有助于生态主体的创造性发挥

专业发展的创造性是指校长与教师在专业发展中有意识地培养与强化自己的创新精神,提高自己的创新能力,并在教学实践过程中创造性地开展教学,以不断创新教育内容、教育实践方式以及教育思想理念。培养学生的创造精神是现代教育对教师提出的要求,而校长与教师只有在自身具有创新精神的条件下才能够培养出具有创新精神的学生,因此他们自身首先要有创新精神。这就要求校长与教师在专业发展过程中要充分发挥自身的主观能动性,不断地去更新自身的教育教学理念,不断地去学习新的专业知识与教学方法,并在专业发展过程中有意识地培养自身的创新意识与创新精神,在教育教学实践中创造性地开展教学,进而不断地提高自身的创新能力。在通常情况下,校长与教师只有通过教学理念、教学内容、教学模式以及教学方法等方面的创新,才能够开展人们期待的创造性教育。同样的道理,校长与教师也只能通过创新行为的示范和对学生进行指导与训练,才能够提升学生的创新意识与创新能力,进而培养出社会所需的创造性人才,同时也使校长与教师的自我理想与价值得到实现。

第二节 面向区域农村教育信息化建设的协同创新机制构建

一、教育信息化建设现状审思

教育信息化是国家信息化的重要组成部分，是支撑引领教育改革发展与教育现代化建设的重要引擎。2010年发布的《国家中长期教育改革和发展规划纲要（2010—2020年）》将教育信息化上升为国家战略，指出"信息技术对教育发展具有革命性影响，必须予以高度重视"，要加大教育信息化基础设施建设、加强优质教育资源开发与应用、构建国家层面的教育管理信息系统，以加快教育信息化进程。基础教育是国民教育之根基，基础教育信息化被认为是提高国民信息素养的基石，是教育信息化建设中的重中之重。全面推进基础教育信息化建设，对于促进基础教育均衡发展、提升基础教育教学质量、创新人才培养模式乃至提高国民综合素质等方面都具有重要的作用。基础教育信息化建设因此日益受到重视，成为各级政府及教育部门制定教育政策的基本内容与各类学校教学改革的重要目标。全国各省份的教育管理部门、教育研究机构、电教馆与中小学校也都纷纷着手编制教育信息化战略规划。与此同时，国家实施的一系列基础教育信息化建设重大工程在全国范围内相继启动。从2001年起，我国开始在中小学普及以计算机和网络技术为核心内容的信息技术教育，并全面实施中小学"校校通"工程，要求各地用5~10年实现全国90%左右的独立建制的中小学校上网；2003年以来，我国针对城乡优质教育资源无法共享问题启动实施了面向中西部农村中小学的"农村中小学现代远程教育工程"，该工程以信息技术为手段，采取教学光盘播放点、卫星教学收视点、计算机教室三种远程教育模式向农村中小学传输优质教育资源；2008年以后，我国又启动了以"班班通"工程与教育云平台建设为代表的新一轮教育信息化建设，"班班通"建设把信息化教学环境建设由校园延伸到课堂，标志着我国基础教育信息化从校园信息化建设转向课堂信息化应用；2012年，教育部在全国推进"三通两平台"建设工作，"三通"即宽带网络校校通、优质资源班班通以及网络学习空间人人通，"两平台"即教育资源公共服务平台与教育管理公共服务平台，成为我国基础教育信息化的核心任务与标志性工程。

上述各项教育信息化建设重大工程的有序推进，为我国基础教育信息化快速发展奠定了坚实的基础。面向全国的教育信息化基础设施体系初步形成，各级各类学校的信息化教学条件得到有效改善，数字教育资源体系初具规模，信息技术在教学中的应用不断深化，教育信息化对于促进教育均衡、提高教育教学质量、创新教育模式等方面的支撑和带动作用初步显现。但从总体发展进程来看，我国基础教育信息化目前还处在初步应用整合阶段，城乡发展不均衡、信息技术教学应用水平总体不高是制约我国基础教育信息化深入发展的突出问题。当前我国基础教育实行的是"以县为主"的管理体制，基础教育信息化在规划、投资、管理与应用推进等方面具有一定的区域性特征。以县级区域为单位整体推进农村教育信息化建设，改变以学校为单位孤立地开展农村教育信息化建设的传统局面，推动区域范围内农村教育信息化全面、协调发展，是当前我国农村教育信息化建设的关键环节与战略重点。探索如何在县级区域层面上推进农村教育信息化建设与应用的问题因此逐步突显出来，成为当前我国基础教育信息化建设与应用领域中一项极具重要意义的研究内容。

二、协同理论与区域农村教育信息化协同创新机制

农村教育信息化是在农村学校教育教学领域的各个方面全面深入运用现代信息技术，以培养满足信息社会需求的人才，推动农村教育变革与发展的过程。农村教育信息化建设过程涉及规划、资金、技术与人才等诸多方面，具有较强的专业性与综合性，仅仅依靠区域自身的力量是难以有效完成的。协同理论是复杂系统理论群中的一个重要分支理论，最早由德国理论物理学家赫尔曼·哈肯于20世纪70年代提出。该理论把所有研究对象看成由大量子系统构成的系统，系统的整体行为由系统内部子系统之间的相互作用所决定。当各子系统之间的相互作用较小而使子系统的独立性在系统中占主导地位时，系统的整体在宏观上没有一个稳定的结构，系统处于无序状态。相反地，当各子系统之间的相互作用较大而使子系统在系统中的独立性较弱时，系统的整体在宏观上体现出结构特征，系统处于有序状态。对于任意复杂系统，当在外来能量作用下或者是物质的聚集达到某个临界点时，子系统间会产生协同作用。这种协同作用是形成系统有序结构的内驱力，使系统从无序变为有序，同时也使系统在临界点发生质变而产生协同效应。上述协同理论观点对区域农村教育信息化建设具有一定的启发作用，区域层面的农村教育信息化建设需要将区域教育行政主管部门、高等师范院校、通信运营商以及其他数字教育产业链中的社会企业等多方联合起来，最大限度地汇聚各方优势资源，建立起"以政府为主导，高等师范院校、教育信息化企业、网络运营商以及各中小学校共同参与"的区域基础教育信息化建设协同创新工作机制，具体如图4-1所示。

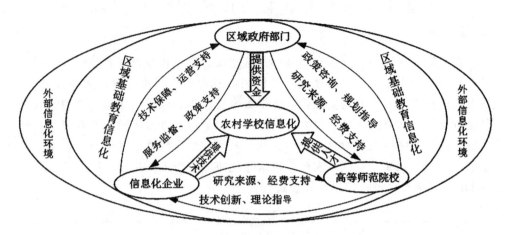

图 4-1　区域农村教育信息化建设与应用推进协同创新机制

作为国民教育之根基的基础教育是一种具有公共产品性质的教育，相应的区域农村教育信息化建设也应由区域政府来主导，明确区域政府在区域农村教育信息化规划、信息化政策制定与信息化资金投入等方面的主体地位，即由区域政府部门依据区域农村教育教学发展现状负责制定区域农村教育信息化发展规划与相关政策措施，保障区域农村教育信息化建设得到优先发展，由区域政府部门负责整合现有的经费渠道，明确信息化建设经费支出在教育公用经费中所占比例，合理制定硬件、软件、运行维护与教师培训等方面的经费分配。为促进区域农村教育信息化建设可持续发展，区域政府部门还需要制定相应优惠政策，鼓励教育信息化企业、高等师范院校与其他社会力量共同参与农村教育信息化建设，为高等师范院校开展区域农村教育信息化建设研究提供研究来源与经费支持，并对教育信息化企业提供政策支持与服务质量实施监督；教育信息化企业具备雄厚的经济实力与技术资源，将教育信息化企业作为技术服务提供商参与到区域农村教育信息化建设中，能够为高等师范院校的信息技术教育应用研究提供研究来源与经费支持，同时也为区域政府部门的农村教育信息化建设提供坚实的技术保障与强大的运营支持；高等师范院校是农村教育及其信息化建设理论研究的主要力量，在农村教育信息化领域具有团队优势与理论优势，将高等师范院校引入区域农村教育信息化建设，能够为区域农村教育信息化建设提供强大的智力支撑，不仅能够为区域政府部门的农村教育信息化发展规划与政策制定出谋划策，还能够为教育信息化企业的区域农村教育信息化建设实践与技术创新提供理论指导，以推动区域农村教育信息化向深层次发展。

三、基于协同创新机制的区域农村教育信息化建设过程模型

教育信息化体系包含信息化基础设施建设、信息化教育资源建设、信息化应用、信息化人才培养、信息化保障机制以及管理体制建设等六大核心要素。其中,信息化人才培养与信息化保障机制及管理体制建设是保障。作为教育信息化重要组成部分的区域农村教育信息化,除了包含该六大核心要素以外,还具备一定的整体性与相对独立性。因此,本研究结合教育信息化要素模型、教育信息化基本规律以及区域农村教育信息化协同创新工作机制,提出了如图4-2所示的区域农村教育信息化建设过程模型。

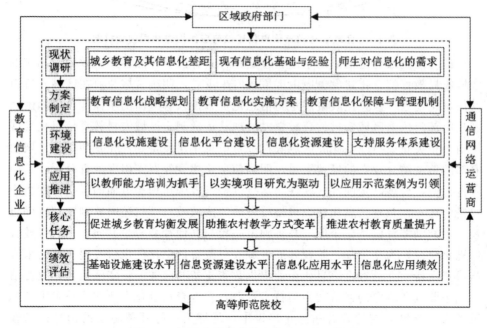

图 4-2 区域农村教育信息化建设过程模型

(一) 区域农村教育及其信息化发展现状调研

以区域为空间载体开展农村教育信息化建设,除了具备整体性与相对独立性以外,同时还具备地域相关性与地域差异性,故要因地制宜、有所区别地探索适合区域的农村教育信息化建设与应用推进策略,以实现区域农村教育信息化更加均衡与深化发展。从现有情况看,当前农村教育信息化建设通常采用的是自上而下的推进策略,该策略更多地关注政府与学校在教育信息化建设中的目的与需求,而忽视包括一线学科教师、教学管理人员以及学生在内的各类信

息化直接服务对象的切实需要，忽视地域的特殊性，导致农村教育信息化建设脱离教育教学实际应用需求。因此，全面了解农村教育信息化当前建设与应用现状，深入分析农村教育信息化建设与应用中存在的问题，既是实行农村教育信息化科学决策的基础，同时也是做好农村教育信息化建设各项工作的基础前提。面向区域开展农村教育信息化建设，有必要将"自上而下"与"自下而上"的建设策略相结合。具体来说，就是要结合区域当前的社会经济发展状况，对区域农村教育及其信息化发展现状展开调研，深入分析城乡基础教育及其信息化基础设施建设的差距，充分了解区域已有的教育信息化基础与经验，广泛收集城乡学校的校长、教师以及学生对教育信息化建设与应用推进的意见和建议，进而为区域农村教育信息化规划与实施方案的制定，以及应用推进策略的制定等方面提供数据支撑与科学依据。

教育信息化建设是一项极其复杂的教育系统工程，渗透到教育教学的各个层面。教育信息化发展现状调研相应地具备多层次、多因素与多变量等特征，不仅需要有雄厚的教育信息化建设理论与经验为支撑，同时也需要有严密的组织工作与制度安排为保障。面向区域开展农村教育及其信息化发展现状调研，必须联合教育管理部门、高等师范院校与各中小学组建教育信息化现状调研团队，以充分利用教育管理部门的行政资源与发挥高等师范院校的专业优势。高等师范院校的教育信息化专家团队需要依据区域教育教学发展现状，结合自身的教育信息化建设经验，组织团队成员制定调研实施方案，编制调研工具，并在教育管理部门及各中小学校密切配合下实施调研，还需要对调研所获得的数据进行系统、深入的分析，最终形成相应的区域农村教育及其信息化发展现状调研报告。区域教育管理部门需要通过各种手段让教育部门管理人员、农村各中小学校长及参与调研的工作人员充分认识到农村教育信息化及其现状调研的重要性，采取一切可行措施调动各农村中小学校的教师、学生以及管理人员参与调研的积极性，并切实做好调研工作部署安排，逐级下达调研任务。农村各中小学校长需要根据调研工作要求，认真组织和提供调研所需相关材料，积极配合调研工作开展。

（二）区域农村教育信息化规划及实施方案制定

农村教育信息化建设是一个逐步推进、全面深化的复杂过程，这一过程包含信息化基础设施建设、信息化教育资源建设、信息化人才培养与信息化教学应用等多方面发展任务。在区域层面上开展农村教育信息化建设，不仅要结合国家、省、市有关教育信息化建设的宏观政策与要求，还要立足于区域农村教育信息化的初始条件与现实需求，从全局的高度对其进行整体定位与统筹规划，从而制定出具有长远发展目标的区域农村教育信息化建设战略规划，形成具备可行性的区域农村教育信息化建设实施方案。其中，对区域农村教育信息化建设的规划，需要科学合理地制定区域农村教育信息化发展目标与愿景，需要对区域或学校自身的特色进行准确定位，并将区域特色、区域已有农村教育信息化建设经验、教师与学生对农村教育信息化建设的现实需求等创造性地融入信息化基础设施建设、信息化教育教学资源建设过程；区域农村教育信息化实施方案的制定，需要强调统筹与调动各方积极性相统一，具体包括信息化基础设施建设方案、信息化教学资源建设方案以及信息化教学应用推进方案等。另外，为保证区域农村教育信息化规划与实施方案能够顺利实施，还要制定相应的教育信息化保障机制与管理体制，如制定教育信息化经费保障措施、制定鼓励企业参与信息化建设的措施以及信息化建设项目实施规范与管理办法等。

区域农村教育信息化发展规划特别强调指导性、全局性与前瞻性等特征，区域农村教育信息化实施方案与管理体制特别强调科学性与可操作性特征。以区域教育管理部门为主导的区域农村教育信息化规划及实施方案的制定，不仅需要充分考虑政府、教学管理人员、教师与学生等不同利益相关者的利益诉求，更需要与高等师范院校、教育信息化企业与通信运营商建立良好的协作关系，并获得必要的支持与帮助。高等师范院校的教育信息化专家团队需要结合国家层面的教育信息化宏观部署、教育信息化发展规律以及当前最新发展趋向，从指导思想、核心目标、主要任务、工作重点与实施步骤等方面为区域农村教育信息化规划与实施方案制定提供理论指导与政策咨询；教育信息化企业与通信运营商则结合教育管理部门、教师以及学生的教育信息化诉求以及教育信息化规划所提出的近期与远期目标，从技术可行性的层面对区域农村教育信息化规划工作进行全面诊断，并为农村信息化基础设施建设、信息化应用平台建设、信息化教学资源建设等方面的信息化建设方案制定提供科学合理的技术标准与参数；区域农村教育信息化发展规划是区域信息化规划的重要组成部分，由教育管理部门主导的农村教育信息化规划还需要财政、科技与文化等相关业务管理部门共同参与，以在各相关业务管理部门之间取得共识，并及时获得各相关业务管理部门的支持。

（三）区域农村教育信息化环境建设

运用信息技术构建的信息化环境，是信息化教学活动赖以实施开展的重要前提，创设良好的信息化环境对于促进师生教与学方式的转变具有重要的支撑作用。开展信息化环境建设由此成为教育信息化建设的基础，同时也成为教育信息化建设的核心任务。区域层面开展农村教育信息化环境建设涉及信息化基础设施建设、信息化应用平台建设、信息化教学资源建设、信息化支持服务体系建设四个层次。区域农村教育信息化环境建设，必须以具体教学应用为出发点与根本目的，充分认识信息化环境对信息化教学活动有效开展的重要性，全面考虑师生如何在信息化环境中高效完成教与学的任务，以有效提高信息化环境的教学应用价值。在信息化基础设施建设方面，区域教育管理部门必须从城乡一体化的视角统筹安排城乡教育信息化发展问题，改变传统的"城乡教育分治"做法，把城乡教育信息化作为一个系统与整体纳入统一的区域教育信息化进程，并重点加强农村地区学校的信息化基础设施建设，以弥合城乡学校之间的"数字鸿沟"，缩小城乡学校之间的信息化水平差距。在信息化教学资源建设方面，区域教育管理部门必须建立面向区域农村的信息化教学资源建设统筹规划机制，改变传统的"校校建库"资源建设模式，并通过"建引相结合"的建设方式，建设包括区域性优质课例视频资源与区域性数字化学科课程资源在内的区域性本土化数字教学资源中心，形成以原创资源为主体、以引进资源为辅助、以精品资源为特色的区域信息化教育教学资源环境，满足农村教师个性化教学与学生个性化学习需求，实现信息化教学资源应用效益最大化。

区域农村教育信息化环境建设是一项艰巨而持久的任务，需要有雄厚的经济、技术与人才资源作为保障，必须最大限度地汇聚教育管理部门、高等师范院校、教育信息化企业与通信运营商的专业力量与优势。教育信息化企业依据区域教育信息化发展规划及实施方案，为农村教育信息化建设提供信息化基础设施、信息化应用平台与教学资源，并具体负责信息化环境建设的实施；区域教育管理部门需要在政策允许范围内通过多种渠道筹集教育信息化建设所需资金，通过财政、金融与产业等方式鼓励信息化企业增加对信息化环境建设的投入，保持信息化企业对信息化环境建设投入的积极性，积极引导信息化企业向农村地区中小学校捐赠信息化建设所需设备与教学资源、减免网络通信费用，并对信息化企业的信息化环境建设过程进行监管；高等师范院校的教育信息化专家需要结合教师以及学生的实际应用需求，引导区域教育管理部门与教育信息化企业对教育信息化产品进行改进与二次开发，对教育信息化企业的信息化环境建设进行实践指导，并为区域教育管理部门的教育信息化建设与教育信息化企业的信息化产品研发提供新的思路与理念；各中小学校作为信息化建设的主要场所，除了需要积极配合教育信息化企业开展信息化环境建设之外，其核心任务是要通过各种手段调动各学科教师参与教育信息资源建设的积极性，打造具有区域特色的教育信息资源中心。

（四）区域农村教育信息化应用推进

教育信息化建设的最终目标在于应用信息技术手段实现对教育过程的优化，推动教育变革与发展，以培养满足信息社会需求的创新型人才。因此，创设良好的信息化学习环境既不是教育信息化建设的终点，更不是教育信息化建设的全部内容。开展教育信息化建设的重点在于推进信息技术在教育教学领域的应用，深化信息化教学应用水平，实现信息技术与教育教学的深度融合。面向区域开展的农村教育信息化建设，也必须系统地探索信息技术教育应用的区域性推进发展策略。承担信息化教学的教师是教育信息化理念的最终实践者，是否拥有一支具备良好信息素养与先进教育理念、掌握相关信息技术知识与技能、能够运用信息技术实施教学改革的师资队伍，是保证教育信息化持续推进的重要保障。在区域层面上推进信息技术教育教学应用，首先，须以提升区域内农村教师的信息化教学能力为主要抓手，大力开展多层次的教师信息技术应用能力培训，以深化教师对教育信息化的认识，塑造能够适应信息化教学的信息时代教师。其次，区域农村教育信息化应用在推进过程中肯定会在教学理念、方法与过程等方面带来许多新的问题，需要高等师范院校、教育信息化企业以及区域政府部门的协同努力，在具体的应用实境中发现问题，围绕应用实境的问题开展研究，并用研究进行引导。最后，信息技术推广过程本质上是一个学习过程，同时也是一个模仿过程，区域层面的农村教育信息化应用推进需要在区域内培养一批信息化教学应用骨干教师，培育树立或筛选一批信息化教学应用的先进典型与优秀案例，以点带面形成辐射带动作用，为促进区域农村教育信息化应用起到引领示范作用。

在区域层面上推进农村学校信息化教学应用，本质上是一个不断深化信息技术与区域教育教学深度融合的复杂过程，需要充分利用区域教育管理部门、高等师范院校与教育信息化企业之间的协同效应与创新作用。在教师信息化教学能力培训方面，区域教育管理部门需要利用自身的行政资源对培训活动进行严密的组织、管理与评估，高等师范院校的教育技术专家与学科论教学专家利用自身在专业领域内的优势组成专门的培训团队，对培训内容、策略与评估方法等进行设计，并通过集中培训或在线培训等多种形式负责培训实施，为农村教师灌输信息化环境下的教学理念与教学实施策略，教育信息化企业的技术培训人员则利用技术优势为农村教师提供技术操作方面的培训；在信息化应用实境问题研究方面，由高等师范院校的教育技术专家与学科论教学专家联合各中小学一线教师组成专门的研究团队，对信息化教学应用中出现的各种问题展开研究，实现信息化教学应用的理论研究与应用实践有效结合；在信息化教学应用典型案例的示范与推广方面，需要由高等师范院校教育信息化专家负责对优秀典型案例进行讨论与筛选，并在区域教育管理部门的协调下推广至区域范围内的农村。

（五）区域农村教育信息化建设核心任务

教育部于 2012 年颁布的《教育信息化十年发展规划（2011—2020）年》

提出要应用信息化手段助力破解各级各类教育发展的难点问题。基础教育领域需要破解的难题则主要包括：缩小城乡学校数字鸿沟，促进教育均衡发展，实现教育公平，建设、共享和应用优质数字化教育资源，发展学生信息化学习能力，提高教育质量，创新教育管理方式，促进教育教学模式实现根本性变革。由此可见，面向区域开展的农村教育信息化建设需要在区域教育管理部门、高等师范院校以及教育信息化企业的共同努力下，推进农村教育教学方式变革，促进区域基础教育在城乡层面上实现均衡化发展，从而提升农村整体教育质量。

1. 推进农村教育教学方式变革

当前我国正处在深化改革的关键时期，社会经济体制与人们的生活方式、价值观念等方面正在发生着深刻变化。教育是社会系统的重要组成部分，社会发展的实践经验表明，社会变革越深入，对变革教育系统的要求就会越高。为适应社会发展要求，我国学校教育系统需要对教育结构、教育目标、教育内容与教育方法等教育内部要素开展深层次的改革。在此背景下，学校教育应该如何进行变革，使其能够融入社会变革的大趋势，并能够培养出适应社会发展所需的人才，成为教育变革领域中最为迫切的问题。以计算机及网络为代表的现代信息技术不仅改变了世界，同时也改变了教育，给教育领域带来崭新的教育形式与教育观念，使得教育领域发生深刻的变化，即教育方式走向多样，教育内容日益丰富，教育空间得以扩展，教育对象更加开放。正如《国家中长期教育改革和发展规划纲要（2010—2020年）》所强调的，作为教学系统基本组成要素的信息技术能够对教育发展产生革命性影响，已经成为推动教育变革的重要力量。面向区域层面的农村教育信息化建设需要在实现区域教育均衡化发展的基础上，及时倾听信息时代的变革呼声，促进信息技术与农村教育系统各要素相互融合，推动教学结构、教学方法、教学内容与教学组织形式等方面实现系统性变革，从而提高课堂教学效率，发展学生的实践能力与创新意识。借助信息化手段推进的农村教育教学变革是一个非常复杂的过程，既可能会面临许多复杂的问题，又可能会受到各种不利因素的影响与制约，需要构建由区域教育管理部门、高等师范院校与各中小学共同组成的变革共同体，在区域农村教育信息化应用推进过程中通过共同参与、共同探究与相互协作，不断推进区域农村教育变革向深层次拓展。具体来讲就是要在区域教育管理部门的支持下，联合高等师范院校学科论教学专家、教育技术专家以及各中小学校学科骨干教师分学科成立区域层面的学科教学研究团队，并以实境项目建设为载体，开展区域数字化学科课程资源建设，实施信息技术支持下的学科教学研究，推进区域内农村教育教学方式变革，以提高农村学校教育教学质量。

2. 促进城乡教育实现均衡化发展

城乡教育均衡发展是城乡统筹发展观在教育领域内的体现与延伸，强调要把城乡教育作为整个系统纳入统一的区域教育发展与改革体系,以实现城乡教育双向、共同与均衡的发展。促进城乡教育实现均衡化发展不仅对于提升国民素质、实现从教育大国向教育强国转变以及建设人力资源强国等方面具有重要的战略意义,而且是实现教育公平乃至社会公平的重大举措。然而,长期以来由于受制于城乡社会经济二元结构及其带来的城乡教育分割、分离与分治的制度瓶颈,我国城乡教育发展极不均衡,城乡学校在办学条件、办学质量与办学水平等方面都存在较大的差距。这种差距不仅与党的十八大报告提出的"办好人民满意的教育"目标追求形成相当大的反差,而且会给当前我国构建和谐社会的战略目标带来隐患。信息技术具备"传播速度快、覆盖面广、资源共享"等优势,将信息技术引入教育教学,能够拓展与延伸教育的时空,能够为推动城乡教育均衡化发展提供有效的途径。如何借助信息技术促进城乡教育均衡化发展,已经成为教育技术领域的一个重要课题。以县级区域为单位整体推进农村教育信息化建设与应用,其首要的任务就是在加强农村地区学校信息化基础设施建设的基础上,充分利用高等师范院校的领域优势,建设由城乡学校共同组成的区域性数字学校,开展面向农村地区学校的同步互动混合课堂教学,搭建面向农村的基础教育信息资源共享平台以及组建由城乡教师共同组成的教师网络研修共同体,以促进包括教师在内的各种优质教育资源在城乡学校之间实现共享,最大限度地满足农村地区受教育者对优质教育的迫切需求,最终促使基础教育在城乡层面上实现高质量的均衡化发展,为和谐、公平社会建设奠定坚实基础。

(六)区域农村教育信息化建设绩效评估

基础教育信息化建设是一个动态过程,且需要投入大量的资金、人力和物力,客观评价基础教育信息化发展水平,及时发现基础教育信息化建设中存在的问题,对准确把握基础教育信息化后续工作重点以及高效推进基础教育信息化迈向有序、优质和可持续发展等方面有着重要的现实意义。农村教育信息化建设以区域为粒度单位开展相关工作,因此非常有必要对其建设绩效水平实施阶段性评估。科学合理地评估区域农村教育信息化建设绩效水平,需要构建一个适合于区域农村教育信息化建设绩效评估模型。教育信息化的终极目标是促进人的全面发展,而人的全面发展程度也应该是教育信息化建设绩效评价的一个重要方面,但当前的教育信息化绩效评价指标大多集中在网络联通率、生机比、师机比以及信息技术开课率等方面。开展区域农村教育信息化绩效评价应采用定性分析与定量分析相结合的方法,从信息化环境建设、信息化应用水平与信息化应用绩效三个方面构建绩效评估模型、评估指标体系以及相应的评估方法,深入开展区域农村教育信息化绩效评估工作,以提升区域农村教育信息化产出效益，引领区域农村教育信息化建设的发展方向。其中，信息化环境建设的评估可以从终端设备、宽带网络、数字资源、平台系统与学习空间建设等方面进行；信息化应用水平的评估可以从教学应用、课程改革、素质教育、教育科研与管理等方面进行；应用绩效的评估可以从校长发展以及教师发展、学生发展、学校发展等方面进行。

第三节 面向农村教师发展的适切性视频案例资源建设策略构建

视频案例全面记录课堂教学过程，具有情景化、可视化等特征，适合在区域培训、校本研修与个体研修等多种教师专业发展方式中应用。将视频案例应用于教师专业发展，能够为教师提供真实可靠的课堂教学情景，能够将教师实践性知识具体化与可视化，从而有助于教师隐性知识的外显化，有助于教师隐性知识的共享与内化。与此同时，视频案例可以重复观看，教师能够多次、多角度观察教学实施过程，方便教师进行深度学习与思考，从而能够有效促进教师专业成长。正因如此，各级教育主管部门与各类教师教育机构日益重视视频案例资源的建设工作，不断加大投入力度以推动视频案例资源的建设与推广应用。但对教师教育视频资源案例建设与应用的实际情况进行考察与分析发现，目前所建设和应用的视频案例资源基本上都属于课堂实录形式的课例视频。这种以单节课时（约45分钟）为单位的课堂实录或课例视频，其粒度单位过大，在实际应用中会造成使用者难以精确定位到所需的知识点、很难长时间保持兴趣与关注等问题。同时，课例视频是一个完整的教学过程的课堂实录，一般情况下都不是专门为教师教育而设计，其过程过于繁复且针对性不强，也将对课例视频的使用范围和使用方式带来较大的限制。面向教师专业发展的视频案例资源建设需要突破以课例视频录制为主要方式的局面。在当前教育信息化大发展的背景下，如何面向农村教师专业发展的实际需求，创新视频案例资源的建设思路，提高视频案例资源的建设绩效，是值得我们去探讨的问题。

一、农村教师专业发展与适切性视频案例资源建设

（一）视频案例资源在农村教师专业发展中应用的优势

从农村教师专业发展的现状来看，由教育主管部门组织的"培训班模式"

仍然是当前我国农村教师专业发展的主要模式。这种模式的优势在于能够在短期内向参训教师传授大量的教育教学先进理念与经验，但这是一种"自上而下"的发展模式，需要教育主管部门精心的组织与规划，需要充足的经费支持，在培训经费相对短缺情况下，教师接受培训的机会比较少，农村教师专业发展的需求难以得到满足，而且还容易导致工学矛盾出现。另外，这种发展模式内容上过分强调理论传授而忽视特定教学情境下解决教学问题的能力及实践反思，方式上过分依赖理论知识讲解而忽视教师自主参与多元互动，这在一定程度上削弱了农村教师参与培训的积极性与主动性，使得培训的实际效果不佳，培训难以取得实效。近几年来，随着教育信息化快速发展，信息技术支持的农村教师专业发展研究正在成为国内外教育技术领域的一个研究热点。信息技术为农村教师专业发展提供环境、手段、途径、方式与方法。基于这些支持，教师专业发展理念、组织形式等都发生了深刻的变化，应用视频案例开展校本培训、网络研修与自主研修正在成为传统农村教师专业发展模式的重要补充。将视频案例作为农村教师专业发展的一种技术手段，其优势主要体现在以下五个方面。

其一，视频案例捕捉大量的课堂或活动细节，可以更好揭示教学事件的模糊性与复杂性，能够为广大农村教师提供真实可靠的课堂教学情景。

其二，教师实践性知识是教师专业发展的基础与源泉，其情境性、内隐性、个体性等特征决定了教师实践性知识的获取不能仅仅通过教育教学理论知识传授方式。而视频案例客观描述了特定教学情境下的教学过程，能够将教师实践性知识具体化与可视化，基于视频案例的学习、研究与反思，是获取教师实践性知识的有效途径。

其三，教师隐性知识是融合在具体的教学情境之中，只可意会而不可言传。要使其显现化，并有意识地为广大参训农村教师所理解，就必须再现教学过程与情境，而视频案例是再现这种教学过程与教学情境的有效手段，能够将教师隐性知识显性化。

其四，视频案例通过视听相结合的方式对参训农村教师形成全方位、多感官刺激，有利于受训农村教师对培训内容的理解与掌握，有助于提高参训农村教师的学习效果。

其五，基于视频案例的教师专业发展模式强调案例分析、观摩讨论等学习方式，这种学习方式改变了传统教师专业发展模式中参训农村教师被动接受知识的地位，有利于激发参训农村教师的学习兴趣。

由此可见，视频案例以其特有的优势成为农村教师专业发展中的重要资源，将视频案例应用于农村教师专业发展过程中，有利于教师隐性知识显性化与实践性知识可视化，有利于教师专业技能的提升与实践经验的积累，能够有效促进农村教师专业发展。

（二）农村教师专业发展对视频案例资源的需求

以单节课时为单位的课堂实录通过多机位、多角度与多景别的拍摄，真实记录课堂教学全过程，全面再现课堂教学情境。但这类视频案例的时间跨度太长，容易使参训的农村教师产生厌烦的心理，农村教师既不愿意长时间观看课堂视频，更不愿意通过反复观看进行研习。而且这类视频案例的教学内容无法分解，农村教师不能快速、精准定位所需要的教学环节片段。另外，由于完整记录课堂教学中的所有信息，视频的主题不突出，针对性也不强。随着智能手机以及平板等手持移动设备的快速普及，移动学习正在成为农村教师专业发展中的一种重要学习方式，课堂实录由于时间长、数据量大而难以用于移动学习。因此，在教师教育不断深化与教育信息化不断发展的背景下，视频案例资源建设应遵循以下基本原则：从粒度单位来看，教学视频片段的时间长度不能过长，存储容量不宜过大，以方便教师对视频案例资源的获取、传输、存储以及在智能终端设备（如智能手机、平板等）上使用，以满足移动学习环境下教师碎片化与个性化学习需求；从资源组成来看，除了教学视频片段以外，视频案例资源还应该包含教学设计、教学中所使用的各种素材、教学反思、专家点评、同行评价以及学生反馈等相关内容，以有效引发教师个体经验的交流与碰撞，为教师实践性知识的生成与进化提供全面支持；从资源结构来看，视频案例必须形成较为完整的资源系列，以产生资源聚集的规模化效益，满足教师专业发展的个性化需求与持续性需求；从主题内容来看，视频案例的主题或内容要具有一定的针对性，即能够反映教师在课堂上经常遇到的问题，又能够揭示解决问题所采取的策略以及策略所依据的教育原理，还能够引导教师在教学实践中创造性地运用与发展。

视频案例资源还须具有一定的启发性与示范性。启发性主要表现在能够帮助参训农村教师理解案例所表征的原理性知识或领悟案例所呈现的策略性知识，并将所习得的知识与能力迁移到其教学实践中，以使农村教师能够举一反三地运用；示范性主要表现在参训农村教师能够从案例所呈现的教学活动示范中获得有价值的教学理念、教学方法、教学策略与教学手段等，并能够在教育教学实践中不断将其内化为自己的教学行为模式与教学风格。

二、面向农村教师专业发展的适切性视频案例资源设计思路

（一）基于"微课"建设理念实现视频案例资源微型化建设

传统的视频案例资源大多是以单节课时为单位开发，资源的粒度单位过

大，资源的主题与特色不够突出，不方便教师使用，难以有效提升教师专业发展水平。因此有必要合理设置粒度单位以实现视频案例资源微型化建设。关于如何合理设置视频案例资源库单位问题，目前国内有很多这方面的研究，也提出了一些具体做法。但这些研究通常把视频案例看作一种生成性的教师教育资源，特别强调基于课堂实录的视频案例建设思路，即在课堂实录的基础上利用相关视频切片工具，以课程知识点、教学活动环节等为粒度单位对完整的课堂教学视频进行切片处理。基于这种思路建设的视频案例由于没有进行独立的教学设计，因此缺少结构上的完整性与形式上的完美性。视频案例是一种面向教师教育的信息资源，在内涵特征上与面向教学的教育信息资源具有一定的耦合性。而"微课"是一种新型的教育信息资源形态，具有时间短、容量小与内容精等特征。因此"微课"建设理念对于视频案例资源微型化建设具有一定的适切性与启发性，即视频案例资源可以借鉴"微课"建设理念实现微型化建设，形成主题明确突出、内容精悍短小、资源丰富多样、结构独立完整的微型视频案例资源。微型视频案例资源强调以微型化的教学视频片段为载体，相对传统视频案例资源而言更能符合教师的学习规律和认知特点，而且资源容量较小，方便在移动终端设备上使用。另外，微型视频案例资源还将教学设计、教学课件、教学素材、教师的教学反思、练习测试、学生的反馈及教师或专家的点评等各种与教学主题相关的支持性资源或扩展性资源与教学视频片段有机地整合在一起，形成一个以微型教学视频片段为核心内容的半结构化资源生态环境，能够满足移动学习背景下的教师个性化学习需求与教师专业发展需求。设计微型化教学视频片段注意两个问题：从视频内容来看，微型化教学视频片段应具有一定的结构完整性，即应体现教学的一般过程，包括课堂导入、激发兴趣、问题讨论与知识迁移等环节；从画面组成来看，微型化教学视频片段不应以追求课堂内容完整性为目标，而要强化课堂教学中诸如教师讲解、师生互动等重要环节画面，弱化课堂教学中诸如板书、学生自主学习或反思等长时间出现的单一画面。

（二）基于 TPACK 知识框架实现视频案例资源结构化建设

教师专业发展是一个持续深化的复杂过程，需要教师通过持续不断的学习、实践与反思以不断积累专业知识与提高专业能力，进而不断更新、演进与丰富自身内在专业结构。以课堂实录方式所形成的课例视频，由于缺少系统规划与设计，案例数量有限，相互之间孤立松散、互不关联，没有形成体系化的资源系列，难以惠及所有教师，更难以满足教师个体专业发展不同阶段对视频案例资源的不同需求。因此，有必要通过一个主题框架将所有的视频案例资源"统整"起来，并进行合理的模块化组合与主题化关联，以实现视频案例资源结构化建设，形成视频案例系列。TPACK 知识框架几乎涵盖了信息化环境下教学的全部要素，既涉及具体的学科内容，又涉及学科教学方法，还涉及教育环境中的媒体、设备、工具、软件和资源等。TPACK知识框架克服了传统教师专业发展模式中学科知识、教学法知识与技术知识相互分离的弊端，是信息时代对教师知识结构的一次全新定义，为重新定位与发展教师的专业素养提供了全新的视野。因此，视频案例资源的结构化建设可以基于TPACK知识框架来实现，即以TPACK知识框架为组织脉络来实施视频案例资源建设工作，形成具有明确层次结构的视频案例资源系列，以使其更具有针对性、更能够满足教师专业发展的个性化需求与持续性需求。具体来说，就是首先需要对TPACK知识框架具体涉及的技术知识、教学法知识与学科知识三个方面进行系统的结构化与层次化分析，分别形成相应的信息技术类别体系、教学方法类别体系与学科知识点体系，最终建成基于TPACK知识框架的视频案例资源分类结构体系。在此基础之上，以该分类结构体系为组织架构，以相应的TPACK知识类型为主题，实施视频案例资源建设工作，形成视频案例资源系列，具体如图4-3所示。

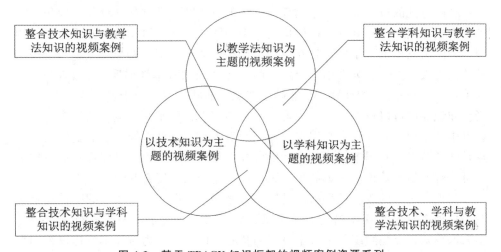

图4-3 基于TPACK知识框架的视频案例资源系列

由于TPACK知识框架强调技术、学科与教学法知识三者的有效整合，强调教师在掌握系统知识、教学法和技术的同时，侧重于如何让教师掌握技术、教学法与学科内容之间的动态关系，注重教师对整合知识的掌握以及在教学实践中的应用。因此，尽管视频案例资源结构化建设强调以TPACK知识框架为组织架构，但也必须体现TPACK知识框架的整合理念。例如，以学科知识点为主题建设的视频案例，只是强调知识点是视频案例的主题，而实际上这类视频案例也同时整合了适当的教学方法与相应的信息化学科工具。

三、面向农村教师专业发展的适切性视频案例资源建设策略

(一)以课程知识点为粒度单位建设视频案例资源

无论是传统课堂教学还是网络教学,学生参与的学习都是围绕课程知识点展开的。因此课程知识点是教学活动过程中传递教学信息的基本单元,具体包括课程中的基本理论、原理、概念、规则、范例及结论等。对于任何一门课程,我们都可以依据学科教师或领域专家对课程内容的分析,构建基于知识点的课程划分方案,将课程内容以知识点为基本单位进行划分,并依据知识点之间的逻辑关系,构建一个由根节点、叶子节点与非叶子节点组成的树形课程知识点体系结构图。具体以初中几何课程中关于"圆"的部分知识点划分为例。与"圆"相关的知识点包括圆的基本性质、圆的位置关系、圆的计算,等等。其中,圆的性质包括圆的对称性、弧与圆心角之间的关系、同弧上的圆周角与圆心角之间的关系等;圆的位置关系包括点与圆的位置关系、直线与圆的位置关系、圆与圆的位置关系;圆的计算包括弧长计算、圆周长计算与圆面积计算等。依据上述知识点划分,可以构建一个如图4-4所示的知识点体系树形结构图。该图由三个层级组成。处在第一个层级的节点"圆"是根节点,用于表示具体课程教学内容。处在第二个层级的节点"圆的基本性质""与圆有关的位置关系""与圆有关的计算"是非叶子节点,非叶子节点用于表示复合知识点。复合知识点则可以进一步分解为若干复合知识点或原子知识点,即每个复合知识点中的知识由其他复合知识点或原子知识点组成。处在第三层级上的其余节点是叶子节点。叶子节点用于表示原子知识点,原子知识点是课程知识结构中不可分解的最小单位,一个原子知识点必须属于某个复合知识点。

知识点之间的逻辑关系指的是知识点之间本身存在的跨章节的一种逻辑关系,这种逻辑关系具体包括前导关系、后续关系、父子关系与平行关系等类型。课程知识点是组织整个教学过程的核心。以知识点为粒度单位建设视频案例资源,其目的在于揭示教师是如何针对某一课程知识点开展教学,强调教师在教学过程中所采取的教学方法、信息技术手段与教学组织策略,以及在教学过程中体现出来的教学风格。这种建设策略首先应根据教学大纲要求,分析该课程的基本知识结构,从整体上对课程知识进行分类与分解,以将课程知识分解为一系列的知识单元或知识点,并依据知识单元或知识点之间的逻辑关系构建一个科学合理的课程知识点体系结构图。在此基础之上,以知识点为视频案例资源的主题与内容,以知识点之间的逻辑关系为视频案例资源库的组织结构,开展视频案例资源建设工作,以形成如图4-5所示的视频案例资源系列,实现视频案例资源库的结构化组织。

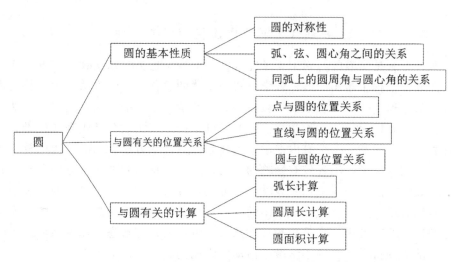

图 4-4 有关"圆"的部分知识点体系树形结构

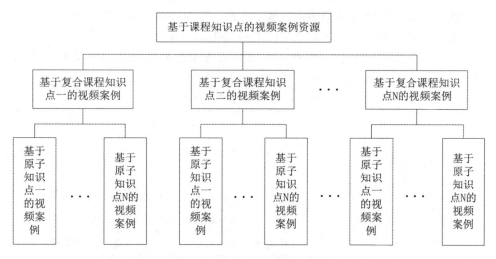

图 4-5 基于课程知识点的视频案例资源系列

以课程知识点为粒度单位建设视频案例资源具有多方面的优势。从应用对象来看,以课程知识点为粒度单位建设的视频案例资源不但可以满足教师教育对教学资源的切实需求,还可以起到"辅学"作用,即可以在课外帮助学生弥补个别难点知识与重点知识的学习;课程的基本知识结构独立于任何一本具体的教材,其内容涉及中小学教育各类教材知识,从具体的应用范围来看,以课程知识点为粒度单位建设的视频案例资源不受教材版本限制,具有更好的通用性与可移植性。另外,课程的基本知识结构相对稳定,以知识点之间逻辑关系为组织结构建构的视频案例资源库为视频案例资源的二次开发与扩充提供良好的接口。

(二) 以教学方法为粒度单位建设视频案例资源

教学方法是指教师与学生为了完成共同的教学任务,以实现共同的教学目标,在教学过程中运用的各种教学方式与手段的总称。教学方法体现了特定的教育价值与理念,具体包括教师教授的方法和学生学习的方法,是教授方法与学习方法的有机统一体。教学方法的归类则是按照一定的归类规则或标准,将各种教学方法归类成一个有内在联系的体系。对教学方法的归类,国内外学者有许多不同的见解。国外较有影响的分类模式有巴班斯基的教学方法分类、拉斯卡的教学方法分类、威斯顿教学方法分类,等等。国内较有影响的分类模式有李秉德教授在《教学论》中提出的教学方法分类、黄甫全教授提出的层次构成分类,等等。其中,李秉德教授按照教学方法的外部形态,以及该形态下学生认识活动的特点,把中小学教学活动中常用的教学方法分为五大类,分别是以直接感知为主的教学方法、以实际训练为主的教学方法、以语言传递信息为主的教学方法、以欣赏活动为主的教学方法、以引导探究为主的教学方法。近几年来,随着基础教育发展与改革的不断深化,一些能够反映现代教育理念的新型教学方法相继被提出。因此,本研究以李秉德教授提出的分类框架为依据,对当前中小学教学活动中常用的各种教学方法进行归类,具体见表 4-1。

表 4-1 常见教学方法分类

教学方法类别	教学方法举例
以直接感知为主的	游戏教学法、案例教学法、演示教学法、任务教学法等
以实际训练为主的	实习作业法、实验法、练习法、模拟教学法等
以语言传递为主的	读书指导法、谈话法、讲授法、课堂讨论法等
以欣赏活动为主	情境教学法、陶冶法、示范教学法、图示教学法等
以引导探究为主	项目教学法、探究法、发现法、启发法、问题教学法等

有效的教学方法是提高教学质量与效率的重要保证。以教学方法为粒度单位建设教师视频案例资源,其目的在于阐释教师是如何针对特定的教学内容、信息化教学环境与学生的认知水平来选择恰当的教学方法,强调教师是如何在实际教学过程中正确使用教学方法,如何将教学方法与信息技术手段进行整合。由于每种教学方法都具有特定的内涵特征,包括适宜的教学内容、使用的环境条件以及具体实施步骤,等等。因此,以教学方法为粒度单位的视频案例资源建设策略首先要从理论上进一步分析与厘清各种教学方法的内涵特征,并

以教学方法的外部形态以及该形态下学生认知活动的特点为依据,对当前中小学课堂教学中常用的教学方法进行适当归类,以构建科学合理的教学方法分类体系。在此基础之上,以教学内容为载体,以教学方法为主题,以教学方法分类体系为组织脉络,开展面向教师专业发展的视频案例资源建设,最终形成如图 4-6 所示的基于教学方法的视频案例资源系列。

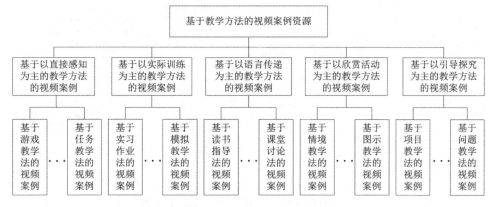

图 4-6　基于教学方法的视频案例资源系列

实施以教学方法为粒度单位的视频案例资源建设策略,需要注意多个方面的问题。从教学内容的选择上来看,由于不同学科或相同学科的不同教学内容,对教学方法的选择要求都是不同的,因此教学内容的选择要能够适合教学方法;从教学方法的使用方式来看,任何教学方法都有各自的使用条件与最适合的应用范围,即各有长处与短处,以教学方法为粒度单位建设视频案例资源必须注重作为主题的教学方法与其他教学方法的优化组合,以发挥各种教学方法的优势与整体功能。另外,教学方法受制于教学内容,与特定教学内容密切相关,在常规的中小学教学活动中,除了表 4-1 所述的各种常规教学方法以外,各学科都具有与学科内容相适应的、能够满足学科教学要求的教学方法。例如,生物学科有模型建构法、角色扮演法与模型演示法,地理学科有决策教学法、地图法、区域特征归纳法,等等。以教学方法为粒度单位建设视频案例资源,还应当对各个学科常用的教学方法进行总结与归类。

(三) 以信息化学科工具为粒度单位建设视频案例资源

所谓信息化学科工具,指的是在信息化环境下为解决某学科领域内某些问题而专门设计与开发的,能够为学科信息化教学与学习提供帮助与支持的计算机软件类工具。信息化学科工具类似于普通的计算机应用软件,不同点在于信息化学科工具的设计是针对某一学科的内容与特征,目的是支持学科的信息化教与学,具有很强的学科实用性。随着信息技术快速发展与教育信息化的不断推进，各种信息化学科工具也随之大量涌现。在这些信息化学科工具中，有些是针对具体某个学科来设计开发的，其适用范围有限，仅限于具体某个学科；而有些则是针对普通的教学与学习规律来设计开发的，其适用范围则较为广泛。因此，信息化学科工具可以依据所适用范围的不同进行归类，见表4-2。

表4-2 信息化学科工具归类

学科工具类别	学科工具例子
所有	概念图、思维导图、维基百科、无线传频软件、电子白板等
数学	几何画板、Math 3D、函数作图器、数学大师等
物理	仿真物理实验室、中学电路虚拟实验室、金排物理画板等
化学	仿真化学实验室、动感化学元素周期表、化学工具箱等
生物	生物仿真实验室、初中生物知识点、3D分子结构观察软件等
语文	小学语文伴侣、汉字拼音学习、汉字笔顺演示软件、汉语宝典等
英语	英语口语对话王、我要学音标、小学英语同步课堂、口语练习软件等
地理	Google Earth、桌面地球仪、Earth Alerts、北斗卫星导航系统等
历史	文科历史学习宝典、问酷高中历史、历史知识手册（高中）等
美术	金山画王、儿童美术学习软件、美术教学游戏、美术宝等
音乐	Cakewalk、作曲大师、电脑钢琴键盘、Cubase、Soundforge等

信息化学科工具具备简单实用、针对性强、与学科结合紧密等方面的特征。将信息化学科工具应用到课堂教学中，是信息技术与课程有效融合的具体体现。以信息化学科工具为粒度单位建设视频案例资源，旨在表征教师在教学过程中是如何根据学科教学内容与教学方法正确选择信息化学科工具，如何将信息化学科工具合理地应用到具体的学科教学实践中，以形成信息化学科工具典型应用案例，有效提升教师的信息技术应用能力与信息化教学能力，促进信息技术与教学深度融合。信息化学科工具种类繁多，功能各有差异，以信息化学科工具为粒度单位建设视频案例资源，首先要从理论上对各种信息化学科工具的技术特征、功能结构与适用范围进行分析，并从通用类、理科类、文科类以及艺术类等四个方面对所有信息化学科工具进行分类。在此基础之上，以具体信息化学科工具的应用为案例主题开展视频案例资源建设，构建如图4-7所示的基于信息化学科工具的视频案例资源库。

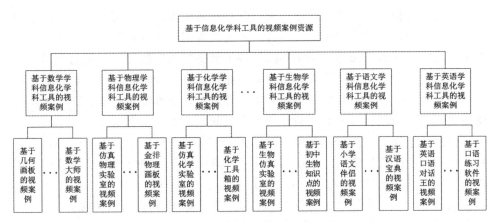

图 4-7 基于信息化学科工具的视频案例资源系列

信息化学科工具的设计与开发直指人们的学习过程，并能够功能鲜明地服务于人们的学习需求，因此它们一旦被开发出来就能被广泛地应用于学科教学中。而有些社会性软件工具尽管最初并不是为支持学习而开发的，但因其功能能够很好地支持学科教学需要而成为一种信息化学科教学工具，如博客、微博等。因此，也可以选择一些教师常用的社交软件工具作为信息化学科工具来建设视频案例资源。另外，为了让教师能够快速掌握信息化学科工具的操作并将其更好地用于具体教学中，以有利于信息化教学的推广，需要尽量选择一些功能鲜明与操作方式规范简洁的信息化学科工具。

第四节 面向农村学校的同步互动课堂建设与应用模式构建

一、同步互动课堂的内涵及其应用价值

城乡教育均衡化发展是城乡区域统筹发展理念在教育领域的具体体现，强调要从城乡一体化的视角考虑教育改革与发展问题，要改变城乡教育分割与城乡教育分治的传统做法，并把城乡教育纳入统一的教育发展体系，其重点与难点在于农村薄弱学校与教学点学校教学条件的改善与教育质量的提升。教师是教育的第一资源，教师资源配置不均是导致城乡教育差距的重要原因之一。因此目前通常采用教师轮岗、支教与挂职等方式引导中心学校骨干教师向农村薄弱学校与教学点学校流动。这种城乡教师流动方式为农村学校教师创设了向中

心学校骨干教师学习的机会，使得农村学校优秀师资匮乏局面在一定程度上得到了缓解。但由于受到诸如居住条件、子女教育与饮食习惯等一些"非经济的现实因素"的影响，即使给予中心学校骨干教师适当经济补偿，他们也很难全身心地投入农村学校的具体教学工作。因此，这是一种短期行为，难以满足农村学校教师教学水平提升的长期性与持续性需求，更难以从根本上解决城乡师资配置不均衡问题，对于城乡教育均衡发展问题的解决也有局限性。

信息技术具有"传播速度快、覆盖面广、资源共享"等方面的优势，信息技术在教育中的广泛应用，拓展与延伸了教育的时空，同时也为推动城乡教育均衡发展提供一条切实可行的有效途径。目前在这方面的探索主要有光盘配送、名师课堂与同步互动混合课堂等方式。光盘配送方式以教学光盘为媒介，将中心学校骨干教师的教学视频配送到农村教学点，农村教学点学生通过观看实录光盘的形式完成教学任务；名师课堂方式借助专门的网络教学平台将中心学校骨干教师的课堂教学实况与农村教学点同步广播，农村教学点学生通过同步或异步学习形式完成教学任务。光盘配送与名师课堂方式对硬件环境以及教学的实时性要求不高，教学过程比较容易组织与实施，受益面也相对较广，但由于中心学校骨干教师与农村教学点学生在这两种教学环境下无法进行互动，导致中心学校骨干教师在农村教学点课堂的存在感被弱化，使得农村教学点学生大多成为看客，参与课堂学习的积极性不高，教学效果不好。因此，这两种方式只能满足农村教学点学校开足、开齐国家所规定课程的需求。同步互动课堂借助于现代信息技术手段，将面向城市优质学校的传统面对面教学与面向农村薄弱学校的远程教学有机结合起来，以同步互动的方式实现城市学校学生与农村学校学生同上一堂课，进而实现城市学校优质教育资源向农村学校共享。与光盘配送、名师课堂、专递课堂等其他方式相比，同步互动课堂允许城市学校教师与农村学校学生开展诸如实时提问或实时解答等互动式教学活动，因此能够增强城市学校的教师与学生在农村学校课堂的存在感，进而提高农村学校学生的课堂"临场感"。这有助于农村学校学生直接体验现场浓厚的教学氛围，使其具有更强的班级归属感与集体心理氛围，也使其能够与城市学校教师进行直接的情感交流与体验。

在教育资源配置悬殊的城市学校与农村学校之间搭建同步互动课堂，有助于农村教学点解决因师资缺乏而导致的开不齐课、开不好课的难题。同时也能够激发农村学校学生参与课堂学习的积极性与主动性，进而提高农村学校整体教育教学质量。正因为如此，面向农村教学点的同步互动课堂建设备受关注，部分省市教育部门相继开展同步互动课堂建设与应用实践探索，教育领域部分研究者从建设路径、教学模式、应用推进策略以及师生课堂互动等角度对同步互动课堂展开深入研究。教育部于 2020 年 3 月印发的《教育部关于加强"三个课堂"应用的指导意见》明确提出，到 2022 年要全面实现专递课堂、名师课堂与名校网络课堂等三种类型同步互动课堂在中小学常态化应用，以普遍提高农村学校办学水平与教学质量，弥合城乡学校差距，推动教育优质均衡发展的实现。由此可见，同步互动课堂对于城乡教育基本均衡问题解决的成效，以及对于城乡教育优质均衡实现的价值，得到教育管理部门的认可。持续推进同步互动课堂建设与应用，成为未来几年区域教育信息化发展的重要内容。

二、农村教学点同步互动课堂教学模式设计

在同步互动课堂教学环境下存在着本地课堂与异地课堂两类不同课堂，以及本地学生与异地学生两类不同学习者群体。不同课堂具有不同的情感体验、师生关系与教学氛围，不同学习者群体具有不同的认知基础、认知风格与认知能力。同步互动课堂教学环境对授课教师的课堂组织、管理与协调等方面能力都提出了更高的要求，面向农村教学点的同步互动课堂教学应该如何组织与实施，是值得我们探究的问题。

（一）面向农村教学点的同步互动课堂教学模式设计思路

1. 以社会建构主义理论为依据实现课堂互动多元化

本地课堂是教学活动的主场所，本地学生可以与授课教师面对面互动，能够直接体验现场浓厚的教学氛围，而相比之下的异地学生则只能借助同步互动课堂教学平台与授课教师进行实时音视频对话，以实现师生同步互动。本地课堂教学氛围要比异地课堂浓厚，本地学生具有更强的班级归属感与集体心理氛围，其参与课堂学习的积极性与主动性也相对更高。面向农村教学点的同步互动课堂，因此强调通过"同步互动"方式，强化中心学校教师与学生在农村教学点课堂的社会存在感，强调中心学校教师、中心学校学生与农村教学点学生三者之间的社会性交互。社会建构主义理论把学习或意义的获得看作学生个体自己内部建构的过程，但它更加关注知识及其建构过程中的社会性方面，认为学生个体与社会之间是相互联系、密不可分的，学生个体对知识的建构是发生在与他人密切交流与互动的过程中，并受到一定的社会历史文化与情境的影响。社会建构主义理论的形成与发展对当前教育教学改革实践产生了深远的影响，同时也给面向农村教学点的同步互动课堂教学带来深刻启示，即面向农村教学点的同步互动课堂教学模式的构建要以社会建构主义理论为依据，实现课堂互动多元化。主要体现在本地面对面的互动与跨课堂远程互动两个层面上。本地化的课堂互动主要包括本地教师与本地学生之间、本地学生与本地学生之间面对面的直接互动；跨课堂远程互动主要包括本地教师与异地学生之间、本

地学生之间、本地教师与异地教师之间以及异地学生之间借助同步互动课堂教学平台所进行的跨时空性间接互动。在同步互动课堂环境下开展多元化课堂互动，要求本地教师要从"知识的提供者"转变为"学习的促进者"，为本地学生与异地学生的课堂互动提供反馈与引导。本地教师还需要为学生提供与所学内容相关的各种个案研究与案例，向学生展示解决问题的思路与观点，以引导学生展开对问题的进一步探索。

2. 以情境学习理论为依据实现课堂协作情境化

在同步互动课堂教学环境下，本地教师与农村教学点学生不在同一所学校，彼此之间因平常接触较少而缺乏足够了解，尽管同步互动课堂通过同步互动的方式提高农村教学点学生的课堂"临场感"，但是连接本地课堂与异地课堂的网络教学平台在本地教师与农村教学点学生之间形成一种无形的距离感，使得本地教师与农村教学点学生之间缺乏直接的情感交流与情感体验，对于农村教学点学生而言，出现在电视屏幕上的授课教师是"可望不可即"的。作为一种远程教育形态的同步互动混合教学，除了需要注重多元化课堂互动以外，还需要为本地学生与异地学生提供具有一定真实性与复杂性的协作学习任务，以让本地学生与异地学生在明确责任分工的基础上，通过相互协调合作与紧密沟通，逐步形成对学习内容的深刻领悟与理解，进而实现对知识的意义建构，同时也让本地学生与异地学生在完成具体的协作性学习任务过程中互相了解、支持与激励，以促进彼此间的情感交流。情境学习理论认为知识是学习者个体与社会、环境之间相互联系的属性及互动的结果，具有一定情境性特征，而学习是学习者个体主动参与实践并与群体或环境相互作用的过程，最有效的学习则是发生于有意义情境中的学习。情境学习理论将建立实践共同体视作一种有效的学习策略。实践共同体内的所有成员都有各自的兴趣、特长与认知特点，成员之间在特定情境下通过团体协商或群体对话等方式，充分交流与分享彼此间的兴趣与特长，并逐渐形成一种集体智慧，共同达成对教学内容的深刻理解，促使共同体中的每位成员都能得到发展。情境学习理论的上述观点为面向农村教学点的同步互动课堂教学模式的构建提供了一条崭新的思路，同步互动课堂教学模式的构建必须以情境学习理论为依据，即实现课堂协作情境化，以让学习者个体在特定情境中对知识进行有意义协商与建构。情境化课堂协作将情境化学习与远程协作学习有机结合，强调远程协作学习的情境性特征与实践性要求，包括本地学生间本地化协作，以及本地学生与异地学生间跨课堂协作。

（二）面向农村教学点的同步互动课堂教学模式框架设计

同步互动课堂教学目标的实现，关键在于如何通过"同步互动"方式将处在不同教学环境下的学习者及其学习活动、学习过程与学习氛围等因素真正融合成为一体,实现本地课堂与异地课堂一体化实时教学。为此,本研究以课堂互动多元化与课堂协作情境化的教学模式设计思路为依据,以教学过程基本要素与教学信息在各要素之间的流向为核心内容,提出如图 4-8 所示的面向农村教学点的同步互动课堂教学模式结构框架。

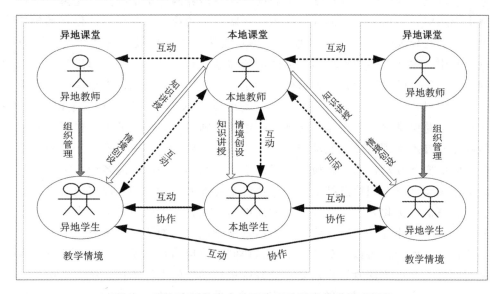

图 4-8 面向农村教学点的同步互动课堂教学模式框架

1. 本地主讲教师的职责

中心学校具有较强的师资力量与较高的办学水平。面向农村教学点学校开展的同步互动课堂教学,可以充分发挥中心学校师资优势,将中心学校教师作为本地主讲教师,承担同步互动课堂具体教学任务。本地教师首先要依据农村教学点教育现状、同步互动课堂教学环境特征以及本地学生与异地学生的认知基础、认知能力与认知风格等,有针对性地选择教学内容、教学方法、教学策略与教学媒体,负责制订教学计划、编写课时教案与制作教学课件,最终面向本地课堂与异地课堂实施同步互动教学,并具体负责本地课堂教学秩序的组织与管理。在同步互动课堂教学环境下,本地课堂的教学是一种传统的直接面对面教学,异地课堂的教学则是一种基于同步互动课堂教学平台的网络同步教学。为了有效实现同步互动课堂教学目标,本地教师在教学过程中需要与本地学生进行互动,需要组织开展本地化的师生互动、生生互动与本地化的生生协作。本地教师还要利用同步互动课堂教学平台提供的远程互动与协作工具突破传统课堂的时空限制,组织开展跨课堂的师生互动、生生互动与跨课堂的生生协作。

2. 课堂互动与协作的实施

在同步互动课堂教学环境下开展跨课堂的远程互动与协作,其目的不仅在于促进学生对知识的意义建构,还要让具有不同生活背景与文化知识的本地学生与异地学生在互动与协作过程中不断深化彼此的理解,以增进本地教师与异地学生以及本地学生与异地学生之间的感情,培养两地学生的交际能力、信息技术应用能力,增长学生的社会见识,开阔学生的视野。跨课堂远程互动包括本地教师与异地学生之间、本地学生与异地学生之间以及异地学生之间的互动。其中,本地教师与异地学生之间的跨课堂互动可以是基于"师讲生问、师问生答、生讲师评"形式,也可以是基于"课堂作业"形式;本地学生与异地学生之间以及异地学生之间的跨课堂互动可以是基于"生问生答、生讲生评"等形式。跨课堂互动需要尽可能地发挥本地教师对互动过程的主导作用与异地教师以及技术管理人员在互动中的辅教作用,需要充分考虑本地学生与异地学生之间的实际互动需要,积极鼓励异地学生在教学活动中开展各种人际交往活动,还需要充分利用信息技术手段的优势来弥补人力的缺陷,以实现信息技术与人力资源的优化整合,并注重互动广度与深度,尽可能地避免"为了互动而互动"的形式化互动。跨课堂协作包括本地学生之间的协作以及异地学生之间的协作,协作形式可以有竞争、辩论、协同、伙伴、角色扮演、小组评价与问题解决等。开展跨课堂协作需要本地教师依据学生的学习动机、认知结构与认知风格,选择适当的媒体形式与确定所要创设的问题情境的类型。问题情境的创设不仅要与学生生活经验有一定联系,还要借助媒体技术所具有的图、文、声、像并茂优势将真实情境的问题形象逼真地展现给学生,以形成生动直观的课堂教学情境,增强农村教学点学生的学习体验感。

3. 异地辅助教师的职责

在同步互动课堂教学环境下,本地学生与主讲教师能够面对面地进行交流,主讲教师对本地课堂的控制力较强,主讲教师导学、助学、督学作用也较为明显。相比之下的异地课堂,由于师生时空分离的人机教学方式强化了异地学生在教学过程中的自主性,导致主讲教师对异地课堂学生学习行为的控制力大为减弱。因此,为了能更好地维持异地课堂的正常教学秩序,以保证面向农村教学点同步互动课堂教学模式能够顺利实施,有必要将农村教学点教师当作辅助教师,以辅助主讲教师有效开展教学。辅助教师一般不承担具体的知识讲授任务,而只承担异地课堂的组织、管理与协调等辅助性工作。具体来讲,辅助教师的职责主要体现在以下方面:首先是异地教师在课堂教学实施前需要跟本地教师进行适当的交流与沟通,以帮助异地教师了解整个教学流程,明确教学前需要做的准备工作与教学过程中需要注意的一些事项;其次是异地教师在整个教学过程中需要跟本地教师进行密切的协作,以配合主讲教师处理教学过程中出现的各种意外事件,辅助主讲教师开展跨课堂的互动与协作学习活动,例如,当主讲教师要求异地学生进行课堂练习或讨论时,辅助教师应积极配合主讲教师的相关教学活动,主动参与学生的讨论或点评学生的课堂练习完成情况;再次是辅助教师需要对异地课堂的教学秩序进行组织与管理,以帮助主讲教师营造良好的课堂教学氛围与教学秩序,例如,对学生学习过程中的各种难点与疑惑进行指点或记录以启发学生思维,对学生不符合课堂要求的行为及时制止;最后是辅助教师还需要负责异地学生的课堂学习辅导与课后答疑任务。

(三) 面向农村教学点的同步互动课堂教学模式实施措施

1. 主讲教师的选取

同步互动课堂教学环境对主讲教师的课堂组织与管理能力、信息技术应用能力以及教学实践能力都提出了较高的要求。为了保障面向农村教学点的同步互动课堂教学能够有效开展,需要在深入调研区域基础教育教学发展现状的基础上,制定区域同步互动课堂教学主讲教师素质要求与选择方案,并采用自荐或推荐方式从区域内各个中心学校中选择符合要求的优秀学科教师担任同步互动课堂教学主讲教师。具体来讲,对主讲教师的要求体现在以下方面:在情感态度方面,要求主讲教师具备较强的责任心与高度的奉献精神,具有积极参与同步互动混合课堂教学实践的意愿;在思想意识方面,要求主讲教师具备全新的教育教学理念,具有教学改革意识;在业务能力方面,要求主讲教师不仅普通话水平过硬、善于制作电子课件以及熟练操作计算机与各种多媒体设备,还具备深厚的教育教学理论功底与较强的信息化教学能力,拥有丰富的教育教学实践经验以及课堂组织、管理与协调经验。

2. 课堂规模的限定

在同步互动课堂教学环境下,只要有中心学校本地课堂学生或者农村教学点异地课堂学生不遵守课堂纪律,随意大声讲话、嬉闹或走动,所有实体课堂的噪声都会很大,这在一定程度上增加了同步互动课堂的组织与管理难度,同时也有可能影响主讲教师的正常授课与所有实体课堂学生的正常学习。同步互动课堂尽管理论上可以由多个实体课堂整合而成,但考虑到实际的课堂教学效果,要求同时参与同步互动课堂教学的实体课堂数量与学生数量不宜过多。项目组在总结已有工作基础上对同步互动课堂规模作出一定限定,即限定同步互动课堂为"1+2"的结构,具体来说就是选择由一所中心学校带两个农村教学点的教学组结构。

3. 学生差距的消除

由于教育发展水平不同,农村教学点学生与中心学校学生在认知基础与认知能力等方面普遍存在较大的差异。以音乐课程的教学为例,中心学校学生从小学一年级就开始学习简谱,到三年级时就已经能够识别简单的乐谱。而相比之下的农村教学点学生由于在此前没有上过音乐课,到三年级时还没有掌握相关的乐谱知识。将这两类来自不同教育背景的学习者群体整合在同步互动课堂上,如果主讲教师为了迎合农村教学点学生的学习需求而降低教学的难度与放慢教学的进度,那么中心学校的学生势必会因此感到课堂索然无味。相反地,如果主讲教师按照中心学校学生的要求进行授课,那么农村教学点的学生则难以适应教学的难度与进度,同步互动课堂教学也就失去其应用的意义。为了消除学生之间这种差距,项目组主要采取了两项措施:一是要求主讲教师在教学内容的选择与教学进度的安排上必须综合考虑农村教学点学生与中心学校学生之间的差距;二是要求主讲教师在开始正式实施同步互动课堂教学前,必须到农村教学点开展不少于两周时间的传统面对面教学。这样,一方面可以弥补农村教学点学生与中心学校学生在认知基础与认知能力上的差距;另一方面可以增进主讲教师与农村教学点学生之间的了解,拉近他们的情感距离。

三、基于行动者网络理论的区域同步互动课堂建设模式

国内有关同步互动课堂应用的研究,极大地推动相关领域实践的发展,同时也为我国城乡教育均衡发展困境的破解提供新的解决方案。不过我们必须意识到,科学的建设是有效应用的基本前提。当前我国在该领域的研究与实践还处在起步阶段,如何更好推进同步互动课堂建设,还没有成功的经验可供借鉴。当前我国基础教育领域所实施的是"以县为主"的分级管理体制,县级政府是本级区域基础教育规划、投入与管理的责任主体,对本级区域基础教育的改革与发展具有相对独立的行政决策权。这决定了应用同步互动课堂促进城乡教育均衡发展的实践比较适合使用"以县域为本"的推进策略。探索如何在县级区域的层面上推进同步互动课堂建设与应用,由此成为当前我们亟须解决的核心问题。

(一)行动者网络理论及其对同步互动课堂建设的启示

同步互动课堂的建设与应用推进涉及技术、资金、人才与机制等诸多要素,具有较强的专业性与综合性特征,仅仅依靠县级政府部门的力量难以高效完成,需要政府、高校、企业、城区优质学校与农村薄弱学校等多个行动主体共同参与。但是不同行动主体在同步互动课堂建设与应用推进中的行动方式与

利益诉求各不相同的。如何将这些行动主体组织成一个利益共同体，对于城乡教育均衡发展困境的破解是非常有益的。

行动者网络理论（actor-network theory，ANT）也称异质建构论，最早是由法国巴黎学派科学知识社会学家拉图尔、卡龙、劳等人在20世纪80年代提出的。该理论认为，科学研究或技术创新是由包括人类与非人类在内的所有异质行动者共同参与而实现的。尽管不同行动者有着不同的行动方式与利益取向，但他们都为能够取得参与活动所赋予的自身利益而发挥不同作用，并在实现共同利益的过程中逐渐形成利益联盟，进而构成一个系统的网络，使得自身的利益达到最大化。行动者网络理论以"广义对称性原则"为基准，以"行动者""转译""网络"等为核心概念。广义对称性原则主张在研究对象时要克服传统社会学的主客二元划分，提倡要对称看待自然与社会、主体与客体、人的因素与非人的因素在科学研究或技术创新中的作用，因为它们都能够通过各自的行为来影响或改变整体行动者网络；行动者是指在科学研究或技术创新过程中起作用的所有因素，既包括个人、团体与组织等人类，也包括观念、技术与生物等非人类的存在与力量，它们具有平等地位的能动性，只不过非人类的行动者必须通过有资格的人类行动者的"代言"，才能够取得相应的主体地位、资格与权利。转译是指核心行动者通过商谈或翻译等途径把自己所要解决的问题转化为其他行动者的利益或问题。通过转译过程的实施，重新界定了各类异质行动者的利益与角色，从而将各异质性行动者利益结合起来，形成统一异质性利益网络联盟。

行动者网络理论把非人类的行动者纳入研究范围，强调要对各类异质行动者的利益特征进行分析，在此基础上对各类异质行动者的关系进行连接、磋商与协同，进而构建平等、互动的合作网络关系，实现共同的兴趣与目标。行动者网络理论的这种思想为多行为主体社会互动分析与利益联盟网络形成的研究提供全新的视角。因此，该理论自问世以来就逐渐被应用于社会学、管理学等领域。近年来也有研究者把该理论用于教育领域相关问题的研究。在国外，福克斯利用行动者网络理论对高等教育学习过程进行分析。麦格雷戈基于行动者网络理论对科学课堂中的教师进行观察。而在国内，黄甫全等人指出，行动者网络理论为教育研究提供新的视角。吴新等人探讨基于行动者网络理论的高校继续教育体系的构建。王志军认为，行动者网络理论是联通主义学习教学交互研究的新视角。应用同步互动课堂促进城乡教育均衡发展，是当前教育领域比较有价值的研究议题。从行动者网络理论视角来看，应用同步互动课堂促进城乡教育均衡发展的实践需要众多的异质行动者参与其中，它们的利益与兴趣是多元化的。同步互动课堂的建设与应用推进，不仅是众多异质行动者协同参与网络构建的结果，同时也是网络中众多异质行动者不断协同彼此间冲突、最大化实现自身利益的过程。行动者网络理论中的行动者要素与同步互动课堂建设及应用推进中的要素之间具有相似性或关联性。由此我们可以将行动者网络理论作为县级区域同步互动课堂建设的理论依据。

依据行动者网络理论的基本观点，区域同步互动课堂建设与应用推进的行动者网络研究主要涉及行动者主体识别、异质行动者的转译过程分析与网络运行效果检验三个环节。其中行动者转译过程分析是行动者网络研究的核心内容，旨在分析行动者网络是如何推动区域城乡教育均衡发展整体目标的实现，而整体目标又是如何加强对现有行动者网络的凝聚，进而能够形成互利共赢的区域同步互动课堂建设行动者网络。

（二）区域同步互动课堂建设的行动者网络分析

1. 同步互动课堂建设行动者构成要素识别

行动者网络理论以"广义对称性原则"为基础，把能够制造影响的所有因素全都看成行动者，认为以行动者为节点的网络既没有中心，也没有主体与客体之分。区域同步互动课堂建设与应用推进是一个多主体共同参与的系统过程，受到众多外部因素的影响与制约。依据行动者网络理论的广义对称性原则、区域同步互动课堂建设参与主体的性质，我们可以按照是否有人的参与，简单地把区域同步互动课堂建设的行动者划分为人类行动者与非人类行动者两类。其中人类行动者包括个人行动者和组织行动者两类。而非人类行动者包括物质范畴行动者与意识范畴行动者两类。各种类型行动者的具体构成如表4-3所示。

表4-3 同步互动课堂建设的行动者网络主要构成要素

类型	性质	主要行动者
人类行动者	组织或团体	区域教育管理部门、教育信息化企业、通信运营商、高等师范院校、城区学校、农村学校等
人类行动者	个体	高等师范院校研究人员、区域教育管理者、城区学校校长及教师、农村学校校长及教师等
非人类行动者	物质范畴	技术设备、资金、信息化教学资源等
非人类行动者	意识范畴	教育观念、区域教育管理体制、教学模式、相关政策与法规、区域社会文化等

从表 4-3 中可以看出，参与区域同步互动课堂建设的个体性质的行动者主要有高等师范院校研究人员、区域教育管理者、城区学校校长及教师、农村学校校长及教师等；组织或团体性质的行动者主要有区域教育管理部门、教育信息化企业、通信运营商、高等师范院校、城区学校以及农村学校等；物质范畴性质的行动者主要有技术设备、资金与信息化教学资源等；意识范畴性质的行动者主要有教育观念、区域教育管理体制、教学模式、相关政策与法规以及区域社会文化等。所有这些行动者共同构成了区域同步互动课堂建设行动者网络的节点，在区域同步互动课堂建设中发挥着不同的作用或功能。

2. 同步互动课堂建设行动者网络关系分析

（1）组织行动者之间的网络关系。

在组织行动者方面，区域教育管理部门与城区学校、农村学校之间存在所有权关系，以及由此形成的财政关系与监管关系。区域教育管理部门是同步互动课堂建设发起者、管理者、决策者与主导者。区域教育管理部门基于区域基础教育发展现状与城乡教育均衡发展的现实需求，依据相关法律、政策，制定区域同步互动课堂建设与应用推进的规划部署、行动纲领与方针政策，积极调动社会各方共同参与，为区域同步互动课堂建设提供政策保障与资金支持，并协调、监督与引导网络中其他行动者的行为。在实现自身行动目标的同时，促进网络中其他行动者实现协同发展。比如为高等师范院校及其研究人员提供课题来源与实践场所，满足教育信息化企业与通信运营商的业务发展需求，为参与同步互动课堂教学的城市学校与农村学校以及这些学校的师生提供发展机会。城区学校是同步互动课堂优质教育资源的提供者，积极响应区域教育管理部门促进城乡教育均衡发展行政号召，主动配合其他人类行动者实施同步互动课堂建设，为农村学校提供优质的教师资源与信息资源。农村学校是同步互动课堂建设的需求者，在教育教学质量方面的落后局面与亟须改变的现实是驱动其他行动者参与同步互动课堂建设的力量源泉。高等师范院校具备雄厚的人力资源，在同步互动课堂建设与应用推进过程中能够为网络中的其他行动者提供智力支持，如为区域教育管理部门同步互动课堂建设规划与有效应用提供指导，为教育信息化企业新技术与产品的开发提供咨询，为城区学校与农村学校参与同步互动课堂教学的教师提供帮助。教育信息化企业与通信运营商是同步互动课堂建设的技术提供者，主要负责相关技术装备的研发、生产、推广与应用，同时为区域教育管理部门的同步互动课堂建设与应用推进、高等师范院校课题研究以及城市学校与农村学校的教师培训提供经费支持。

（2）个体行动者之间的网络关系。

在个体行动者方面，区域教育管理者是区域同步互动课堂建设的具体组织者，其同步互动课堂建设的行为，需要联合网络中其他组织行动者与个体行动者。区域教育管理者在行动者网络形成过程中的作用主要体现在三个方面：一是承接区域教育管理部门乃至上级政府的行政指令，起着上传下达的作用；二是具体组织同步互动课堂建设；三是协调解决不同行动者之间的冲突，协同推进区域同步互动课堂建设。高等师范院校研究人员需要针对区域教育管理部门在同步互动课堂建设与应用推进中出现的问题展开研究，其研究能力与组织能力对于区域同步互动课堂的建设、区域城乡教育均衡发展的实现是至关重要的。城区学校教师与农村学校教师是区域同步互动课堂教学的具体执行者，由两者共同制定教学目标、选择教学内容与实施课程教学。其中，城区学校教师侧重于知识讲解与传授，农村学校教师侧重于课堂教学组织、课后辅导与答疑。两者的教育教学能力、参与同步互动课堂教学的意愿以及配合默契程度等都是影响同步互动课堂应用效果的重要因素。城区学校校长与农村学校校长是参与同步互动课堂建设学校的领导者，二者的教育理念与对同步互动课堂建设的支持程度，能够影响相关教师的教学热情与工作效率，进而影响同步互动课堂的建设工作。

（3）非人类行动者之间的网络关系。

在物质范畴行动者方面，各类技术设备是开展同步互动课堂教学的基础条件，其功能方面的完备性、质量方面的可靠性与操作方面的便利性等对于有效应用与城乡教育均衡问题的解决都起关键作用；资金是开展同步互动课堂建设、维持行动者网络正常运作的基本保障。同步互动课堂建设所需资金主要来源于上级政府与区域教育管理部门的教育经费投入、教育信息化企业与其他社会团体的经费支持，主要用于同步互动课堂建设的软件与硬件设备购买、教育信息资源开发、运营维护与人工费用等。在意识范畴行动者方面，教育观念与社会文化作为一种意识形态存在，对于网络中其他人类行动者行为能够形成深层次影响，进而影响区域同步互动课堂的建设与应用。相关政策与法规是教育管理部门制定同步互动课堂建设行动纲领与方针政策的依据，对于其他行动者具有约束作用。区域教育管理体制是影响同步互动课堂教学实施的制度性因素，创新区域教育体制对于同步互动课堂建设与应用具有推动作用。

（三）区域同步互动课堂建设的行动者网络构建

不同行动者之间的相互作用必须经过转译来实现，转译因此也被认为是形成行动者网络的基本途径。根据卡龙的研究，区域同步互动课堂建设行动者网络的构建可以分为问题呈现、利益赋予、成员征召、组织动员、异议排除五个转译过程。

1. 问题呈现：确定同步互动课堂建设的强制通行点

问题呈现是行动者网络的初始行动者把网络中其他行动者所关注的对象问题化，进而形成网络"强制通行点"的过程。在同步互动课堂建设过程中，每一个参与的主体都会面临各种不同的问题或障碍。区域教育管理部门及其管理人员作为行动者网络的发起者，同时也是核心行动者，在区域同步互动课堂建设初期，首先要结合区域经济社会发展现状与城乡教育均衡发展现实需求，分析区域层面应用同步互动课堂促进城乡教育均衡发展的实践必须解决的关键问题，并确定解决该问题所需的行动者。其次在此基础之上，分析不同行动者对该核心问题解决的作用与影响，揭示各行动者在解决问题过程中所面临的问题与所追求的利益。最后结合共同目标，将自己所面临的关键问题作为其他行动者解决问题并获得利益的"强制通行点"（obligatory passage point，OPP），即教育管理部门所提出的关键问题是所有行动者共同面对的问题。如果各个行动者要想解决各自的问题从而实现可预见的利益或发展，那么就必须优先解决这一关键的问题，使得该问题成为其他行动者实现目标的必经之点。强制通行点的确立，使得区域教育管理部门及其管理人员把自己界定为网络中必不可少的组成部分，同时也使得实现各自目标的途径得到其他行动者的认可，使各行动者在经过该点以后能够实现利益最大化，从而加入行动者网络，最终结成相互依赖的利益联盟。正如卡龙所指出的，"我们想你们所想，你们就应该与我们结盟，支持我们研究。而这样你们就更可能得到你们想要的东西"。图4-9所示的是同步互动课堂建设网络的组织行动者与强制通行点，图4-10所示的是同步互动课堂建设网络的个体行动者与强制通行点。

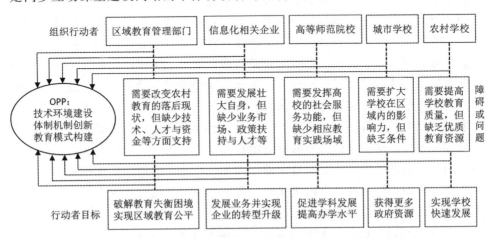

图4-9　同步互动课堂建设网络的组织行动者与强制通行点

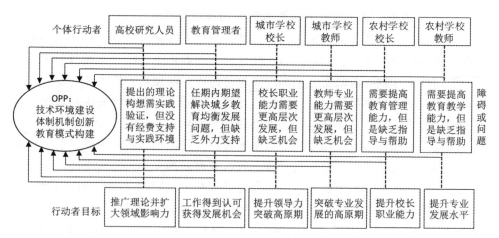

图 4-10 同步互动课堂建设网络的个体行动者与强制通行点

2. 利益赋予：让更多同步互动课堂建设行动者受益

在区域同步互动课堂建设行动者网络中，不同的行动者在身份、目标、计划与动机等方面都存在着异质性的特征。在利益联盟形成初期，它们先要权衡参与区域同步互动课堂建设的风险、利弊与得失，然后才考虑加入与否，这可能直接影响利益联盟的续存。因此要想形成由各行动者组成的异质性利益联盟，要求作为核心行动者的区域教育管理部门及其管理者要通过采用适当手段或策略，把自身利益赋予或转化为其他行动者的利益，使得其他行动者愿意参与区域同步互动课堂建设，成为行动者网络的成员。这就是行动者转译过程的利益赋予阶段。从本质上来看，利益赋予是在区域同步互动课堂建设行动者网络中建立的一种用于协调各类行动者之间利益的机制，是区域教育管理部门及其管理者用于强化或稳定其他行动者的角色定位，进而确保行动者网络良性运转的手段。利益赋予的结果是更多行动者被征召，成为区域同步互动课堂建设行动者网络的成员。为了维护区域同步互动课堂建设行动者网络的稳定，确保所有行动者都能够有利可图，区域教育管理部门可以通过制定法规、策略引导等手段来吸引其他行动者，将所有行动者的利益关系协同到区域同步互动课堂建设过程中。具体来讲就是要通过制定有关政策，建立有效的约束、激励与保障机制，汇聚系统内外部的所有资源，为其他行动者的创新发展营造良好的政策环境，为相关行动者提供政策支持，激发网络中其他行动者参与区域同步互动课堂建设的积极性与主动性。

3. 成员征召：吸纳更多行动者参与同步互动课堂建设

要通过有效应用同步互动课堂促进城乡教育均衡发展，需要征召更多的行动者，大力推进同步互动课堂的建设与深度应用。核心行动者通过征召更多的行动者，努力构建由地方教育管理部门、高等师范院校、区域中小学等主体共同组成的共同体，进而形成合作共赢、利益共享的良好局面。征召是指区域教育管理部门及其管理人员通过多边商谈，让尽可能多的行动者认可其赋予的利益，接受其分配的任务，遵循其指明的行动路径，并加入其主导的区域同步互动课堂建设网络，成为网络中的一员，进而确保网络良性运作的过程。区域同步互动课堂建设行动者网络的征召方式有行政征召、市场征召、资源征召、社会征召等。行政征召是指相关行动者可以借助行政资源和手段对其他行动者进行征召，如区域教育管理部门对区域教育管理者的征召，区域教育管理者对城市学校、农村学校及其校长的征召，城市学校与农村学校对相关教师的征召；市场征召主要是区域教育管理部门利用市场资源对教育信息化企业与通信运营商的征召；资源征召是指区域教育管理部门对高等师范院校的征召；社会征召是区域教育管理部门对热衷于慈善事业的社会人员的征召。区域教育管理部门对高等师范院校与教育信息化企业的征召不能仅限于特定区域，特别是对于高等师范院校的征召。尽管当前我国高等师范院校具有鲜明的地域性特征，即高等师范院校的办学更多的是为了满足特定区域社会经济发展的需要，但鼓励跨区域合作办学、对口支援等政策也被提倡。在这种情况下，高等师范院校在开展与区域合作时，已经不仅仅局限于本地区的教育管理部门与教育信息化企业。对教育信息化企业的征召也是如此。

4. 组织动员：形成同步互动课堂建设的利益者联盟

区域同步互动课堂建设网络中的各行动者在经过征召阶段后，对自己在网络中的利益与任务有了明确的认识。要想把所有的行动者高效地组织在一起，推动城乡教育均衡发展目标的实现，需要区域教育管理部门采取适当措施激励各行动者展开行动。动员是指区域教育管理部门为了充分发挥网络中其他行动者的积极性，以保障整个网络朝着预定方向发展，进而有针对性地制定一系列实施策略与激励机制。依据卡龙的观点，一个网络只有在经历了组织动员阶段之后，才能算作成功构建。区域教育管理部门具有较强的动员能力，通过动员能够让区域教育管理部门成为整个网络联盟的代言人，并对网络中的其他行动者行使权力，以保证其能够按照协定行动，进而实现对整个行动者网络进行管理与治理。在区域教育管理部门的动员下，网络中的其他行动者积极响应其行动号召，从最初相互独立、联系松散的状态，全力投入区域同步互动课堂建设与应用推进的共同行动，为实现共同目标而进行相互协商与合作。在组织动员阶段，区域教育管理部门要制定区域同步互动课堂建设相关的法规与政策，为其他行动者的行为提供依据，并提供良好的发展环境，促使其他行动者愿意或必须落实区域同步互动课堂建设的发展战略。而网络中的其他行动者也要主动地将自身的发展目标与区域教育管理部门的区域同步互动课堂建设策略有机地结合起来，以使各自利益达到最大化。在愿景共识方面，区域教育管理部门要找准各行动者的利益诉求，构建以区域同步互动课堂建设推动城乡教育均衡发展的区域利益共生蓝图，并通过使用行政手段来引导网络中的其他行动者认同或接受自身提出的蓝图，最终形成高异质的利益联盟。

5. 异议排除：维护同步互动课堂建设行动者网络良性运作

区域同步互动课堂建设行动者网络的构建，其关键在于如何让这些异质行动者在同步互动课堂建设过程中形成稳定的网络利益联盟。但我们必须看到，各异质行动者由于利益需求的多元性以及获取利益所需资源的稀缺性与有限性，他们在实现自身利益的过程中难免也会跟其他行动者形成冲突。例如，作为技术生产者的教育信息化企业与作为技术使用者的城市学校教师，因在技术的易用性与可用性等方面持不同意见和观点而产生冲突。行动者网络理论将异质行动者的这种冲突称为异议。通常情况下，异质性总是存在于行动者网络中，因此对异议的消除成为行动者网络构建的不可或缺环节。异议的存在表明行动者网络中的行动者间网络关系是动态变化的，这也说明异议是促进行动者网络重构的动力。但同时也要注意到，异议是行动者网络形成过程中我们必须面对且应尽力克服的问题，异议的存在必然会对行动者网络的稳定性产生消极的影响，如果没有有效协调异质行动者之间的异议，行动者网络的构建可能会失败。因此作为核心行动者的区域教育管理部门及其管理者，需要建立异质行动者的利益整合机制，通过平等协商等方式来排解行动者之间的异议，以保障同步互动课堂建设行动者网络的良性运作。为了排除行动者之间的异议，区域教育管理部门首先需要通过优化设计体现激励性特征的利益分配机制来提高行动者参与同步互动课堂建设的积极性与主动性，需要制定完善的制度来规范行动者的行为；其次，需要定期举办各种研讨会议，供各机构和人员相互交流同步互动课堂建设的经验与见解，共同探讨同步互动课堂建设的实施计划；最后，区域教育管理部门还需要通过各种相关政府部门的官方网站、各类信息综合平台拓宽行动者之间的信息沟通渠道，实现信息的零障碍沟通。

四、面向优质均衡的同步互动课堂优化策略

优质均衡是在基本均衡已经实现的条件下所追求的更高层次教育发展目标，对当前在推进城乡教育均衡发展的思路、手段与机制等方面都提出更高的要求。作为应用信息技术手段破解城乡教育均衡发展困境的最新发展，同步互动课堂的建设与应用需要顺应国家教育改革与发展战略重心转移和目标任务升级的新诉求。当前我国实行的是"以县为主"的基础教育管理体制，如何在县

级区域层面上更好地推动同步互动课堂的建设与应用,以满足区域教育优质均衡发展的现实需求,是一个非常有价值的研究议题。

(一) 基本均衡阶段区域同步互动课堂建设研究与实践总结

针对如何应用同步互动课堂促进城乡教育均衡发展的问题,国内部分研究者结合区域实践情况展开了深入的探索,并取得了大量具有借鉴意义的理论成果。本研究通过质性研究工具对从中国知网上检索到的 93 篇样本文献(检索截止时间为 2023 年 6 月)的研究内容和主题进行编码与分析,发现基本均衡阶段学术界在该领域的探索主要集中在以下四个方面。

1. 有关"混合课堂教学组织形式"的研究

同步互动课堂能否真正实现促进城乡教育均衡发展的目标,关键在于如何组织课堂,使两地课堂真正融合为一体,实现一体化教学。同步互动课堂教学组织形式由此成为该领域的研究重点。周玉霞等设计了包含四种同步活动与两种交互方式的同步直播教学过程模式。四种同步互动分别是同步备课、同步上课、同步练习与同步反思,两种交互方式分别是学生与学生之间的交互和教师与教师之间的交互。[①] 雷励华等基于社会建构理论与情境学习理论构建了面向农村教学点的同步互动课堂教学模式,提出在跨课堂教学情境下远程互动要多元化,远程协作要情境化,并探讨了本地主讲教师与异地辅助教师在教学中的具体职责。[②] 张尧等基于协同视角构建了由政府、学校、企业以及高等学校四方共同参与的同步课堂教学模式,规定各方在教学实施过程中的具体作用。[③] 高丹阳等基于城乡平等合作关系的视角,设计了一种双向输出的互助共赢型的城乡异地同步课堂教学组织形式。[④]

2. 有关"有效性验证与提升措施"的研究

应用同步互动课堂促进城乡教育均衡发展的实践,在国内正处在探索阶段。当前在大范围内推广应用方面还存在一些挑战。如何保证同步互动课堂应用的有效性是一个备受关注的热点问题。左明章等在湖北省咸宁市咸安区的实践表明,同步互动课堂的教学应用效果得到多数师生的广泛认可,有效

[①] 周玉霞,朱云东,刘洁,等. 同步直播课堂解决教育均衡问题的研究[J]. 电化教育研究,2015(3):52-57.

[②] 雷励华,左明章. 面向农村教学点的同步互动混合课堂教学模式研究[J]. 电化教育研究,2015(11):38-43.

[③] 张尧,王运武,余长营. 面向城乡教育均衡发展的教育变革——徐州市同步课堂教学模式的设计与实践[J]. 现代教育技术,2019(6):90-95.

[④] 高丹阳,张泽晖,郭伟. 城乡异地同步课堂教学组织形式的提出与实践[J]. 现代教育技术,2019(5):71-77.

帮助咸安区开足国家规定的课程。该研究发现三项有效做法：一是制定主讲教师的基本素质要求与选择方案；二是采用一个中心学校带两个农村教学点的"1＋2"课堂组织结构；三是采取多项措施消除城乡学校学生的认知差距。周玉霞等在云南的研究发现，同步互动课堂能够有效解决微观层次的教育不均衡发展问题，并从教学设计的视角提出了两项改进建议。梁林梅等在江西井冈山开展的社会实践，不仅让城市学校能够共享到农村学校特有的传播井冈山革命精神的特色拓展课程，同时也给农村学校带来多方面的显著变化。该研究提出三点发展建议：一是要关注人的发展，注重消除教育信息化进程中"数字使用鸿沟"问题；二是要让农村学校主动发展；三是要做系统的制度设计。[①]

3. 有关"教师使用意向影响因素"的研究

在同步互动课堂教学环境下，农村薄弱学校教师的角色发生显著变化，即农村薄弱学校教师作为辅助教师，负责农村薄弱学校课堂的组织、管理与协调等辅助性工作，而不再承担知识传授任务。这在某种程度上会影响农村薄弱学校教师的工作积极性。同步互动课堂能否真正起到促进城乡教育均衡的作用，关键在于农村薄弱学校教师是否愿意采纳该技术支持的教育教学模式。因此，探讨影响农村薄弱学校教师采纳同步互动课堂的因素，对保证其使用效果与推广应用有着重要的现实意义。卢强等在湖北省教育信息化实验区使用同步互动课堂的农村调查发现，农村教师采纳与使用同步互动课堂的意向与行为受到自我效能感、系统实用性、技术支持与激励机制等因素正向影响。[②] 朱万侠等对我国幕阜山片区薄弱校教师的调研发现，教师对同步互动课堂的教学应用具有较高接受度，但使用同步互动课堂的意向与行为同时也受到感知有用性、感知易用性与社会支持等三个方面因素影响。[③]

4. 有关"交互与参与度提升对策"的研究

同步互动课堂教学环境对于农村薄弱学校学生来说是一种基于网络的远程教育。与传统远程教育类似，农村薄弱学校学生与城市优质学校教师在物理空间上是相互分离的，农村薄弱学校学生参与课堂的主动性和与教师互动的积极性会受到多种因素的影响，如学生的认知能力与教师的陌生感等。如何激发学

[①] 梁林梅，陈圣日，许波. 以城乡同步互动课堂促进山区农村学校资源共享的个案研究——以"视像中国"项目为例 [J]. 电化教育研究，2017（3）：35-40.

[②] 卢强，左明章，原渊. 基于技术接受模型的农村教师同步课堂采纳与使用影响因素研究 [J]. 中国远程教育，2018（7）：61-69.

[③] 朱万侠，黄红涛，李肖霞. 农村薄弱校教师"同步互动混合课堂"接受度的调查与分析 [J]. 电化教育研究，2018（6）：67-74.

生参与课堂互动的意识、提高学生参与课堂教学的程度,也是十分重要的。在促进师生远程互动方面,王忠华等提出可以通过划分单位课时与利用微课进行辅助的方法来解决异地师生、生生互动较少的问题。[①] 韦怡彤等认为主讲教师与辅助教师都要及时鼓励学生主动提出问题,向他人分享自己的想法。[②] 在促进学生参与课堂程度方面,杨九民等制定了对话型同步网络课堂中学生参与度的评价标准,并给出五个方面提高参与度的策略。[③] 冉新义设计远程同步直播课堂学生参与模型,提出学生参与课堂的策略。[④]

(二) 面向优质均衡的区域同步互动课堂价值认同与建设需求

从上述现有文献分析来看,同步互动课堂对于破解城乡教育发展不均衡问题的有效性已经得到初步证实,但管理体制创新、技术环境改进、教学模式完善与交互方式优化是决定同步互动课堂能否深度推进城乡教育均衡发展的基本问题。从基本均衡向优质均衡转变,我们既要考察同步互动课堂对于实现优质均衡的可行性,同时也要思考如何去破解从实践中反映出来的这些问题。据此,本研究从优质均衡的视角对区域同步互动课堂的价值认同与建设需求进行调研。调研对象为某地级市各区县参与同步互动课堂建设的城市教师、农村教师、区域教育管理人员与高校相关研究人员。调研方法为问卷调查法与访谈调查法。

1. 同步互动课堂的优质均衡价值认同

同步互动课堂的建设与应用,不仅需要解决农村学校因师资缺乏而导致的"开不齐课"的问题,还需要解决因师资薄弱而导致的"开不好课"的问题。前者涉及同步互动课堂的学科适用性问题;后者涉及同步互动课堂的教育提质增效功能,即同步互动课堂能否将更多知识传授给农村学生,使更多农村学生达到教学目标。在学科适用性方面,认为适合语文、数学与英语学科教学的调研对象比例为77%,认为适合音乐、美术与思想品德学科的调研对象比例为69%,认为适合科学、历史与社会学科教学的调研对象比例为54%,认为适合综合实践活动学科教学的调研对象比例为46%,认为适合信息技术学科教学的调研对象比例39%,认为适合体育与心理健康教育学科教学的调研对象

---

① 王忠华,张鸽子,马方. 咸安"1+2"同步课堂互动问题与对策研究 [J]. 现代教育技术,2017 (2): 59-64.

② 韦怡彤,王继新,赵晓娜,等. 同步互动专递课堂中教学互动行为案例研究——以一年级美术课"画马路"为例 [J]. 现代教育技术,2019 (12): 41-47.

③ 杨九民,黄磊,李文昊. 对话型同步网络课堂中学生参与度研究 [J]. 中国电化教育,2010 (11): 47-51.

④ 冉新义. 远程同步直播课堂学生参与研究 [J]. 电化教育研究,2017 (9): 89-95.

比例为31%。由调查可知,同步互动课堂具有普遍较高的学科适用性,特别是对于语文、数学与英语三门主科;在提质增效功能方面,认为能够将更多知识传授给农村学校学生的调研对象比例为77%,认为能够让农村学校学生达到教学目标的调研对象比例为85%,认为能够提高农村学校教学质量的调研对象比例为85%,认为能够实现城乡教育高位均衡发展的调研对象比例为92%。同步互动课堂对于优质均衡发展的可行性已经得到相关实践者的初步认可。

2. 区域同步互动课堂的建设需求分析

(1) 管理体制创新需求。

同步互动课堂的建设与应用,组织层面涉及城市学校、农村学校、教育管理部门与教育信息化企业,个体层面涉及城市教师、农村教师、城市学生、农村学生与其他相关人员。这必然对传统的区域教育管理体制提出新挑战,有必要构建有助于高效推进同步互动课堂建设与应用的管理体制环境。在激励制度方面,近85%的调研对象认为有必要建立能够激发教师积极性的制度。进一步调研发现,当前主要采取的激励手段有:口头表扬、增加课时补贴与年终考评时给予照顾等。有近62%的调研对象对当前的激励措施不满意,46%的调研对象认为理想的激励措施是在职称评定方面给予倾斜。在重视程度方面,92%的调研对象认为教育部门的重视能够为其建设与应用提供资金、政策保障,近85%的调研对象对管理部门的重视持肯定态度。在学校领导重视程度方面,近87%的调研对象认为能够激发教师的积极性与主动性,近85%的调研对象对学校领导的重视持肯定态度。在管理制度方面,77%的调研对象认为有必要制定各项管理规章制度。从统计结果来看,已经出台相关管理制度,但还有53%调研对象认为需要持续完善。在机构建设方面,84%的调研对象认为需要成立专门的工作小组,72%的调研对象认为需要组建以高校教师为核心的专家团队,77%的调研对象认为有必要组建信息技术应用支持团队,数据显示所有区域已成立工作小组,但还有少数区域没有专家团队与信息技术团队。在机构协同方面,85%的调研对象认为城市学校与农村学校需要默契配合,79%的调研对象认为教育管理部门、城市学校、农村学校与信息化企业需要协同合作。其中有77%的调研对象认为城市学校与农村学校的配合程度还不足。

(2) 技术环境改进需求。

高质量的同步互动课堂教学活动对教学设备性能提出更高要求。首先要求教学设备非常容易掌握、操作与使用;其次要求教学设备性能稳定,不容易出现故障;最后要求教学设备功能完备,能满足教学需求。本研究从设备功能的易用性、可用性与完备性等方面对同步互动课堂技术环境改进需求进行调研。

结果显示，对于影响教学开展的技术因素判断，89%的调研对象认为要改进设备易用性，87%的调研对象认为需要改进设备可用性，77%的调研对象认为需要改进设备功能完备性。59%的调研对象认为设备非常不容易掌握、操作与使用；在设备的可用性方面，56%的调研对象认为设备性能非常不稳、易出故障；在设备的功能完备性方面，仅有23%的调研对象认为教学设备能够非常方便地与农村学生进行远程实时互动。对于经常出现故障的调查，51%的调研对象表示经常出现"农村学校教师、学生声音经常中断，模糊不清"的问题，46%的调研对象表示经常出现"农村学校传输到城市学校的屏幕画面模糊"的问题，65%的调研对象表示经常出现"农村教师与学生听不到城市教师声音"的问题，78%的调研对象表示经常出现"农村师生看不到城市学校的屏幕画面"问题，68%的调研对象表示经常出现"网络经常中断，农村课堂与城市课堂无法连接"的问题，71%的调研对象表示经常出现"有噪声"的问题。

(3) 教学模式完善需求。

农村学校学生在教学氛围、情感体验与班级归属感等方面都不如城市学校学生。同步互动课堂的教学过程比传统面对面课堂要复杂得多，因而需要采取措施加强对课堂的组织、管理与协调。本研究从教师、学生、教学内容、教学方式与教学组织等课堂教学核心要素上对有助于完善课堂教学模式的措施进行调研。对城市教师的调研结果显示，所有调研对象都认为有必要提高自身的信息技术应用能力，其中有46%的调研对象认为信息化教学能力能够满足教学要求；对农村教师的调研结果显示，所有调研对象都认为有必要提高专业发展水平。在师生关系方面，62%的调研对象认为城市教师有必要课前对农村学生进行全面了解，76%的调研对象认为有必要让农村学生提前认识、熟悉城市教师。调研结果显示，54%的城市教师对农村学生不了解，70%的城市教师与农村学生不熟悉；在教学内容方面，87%的调研对象认为要经过精心设计与准备，84%的调研对象认为要充分考虑两地学生差异。大部分教师都能对教学内容进行精心设计与准备，消除两地学生差异的措施主要有：讲授内容依据农村学生认知水平制定（69%）、教学进度安排依据农村学生认知水平（84%）、以提问方式加强农村学生理解所教内容（77%）。在教学方式方面，85%的调研对象认为要采取与传统课堂不一样的教学方式，61%的调研对象认为目前有待改进。在教学组织方面，82%的调研对象认为农村教师要对农村课堂进行组织与管理，87%的调研对象认为农村教师要对学生进行答疑与辅导，46%的调研对象认为城市教师有必要及时关注农村学生的学习反映。数据显示，66%的调研对象认为农村教师对课堂纪律的组织与管理还有待加强，58%的调研对象认为农村教师在学习辅导方面还存在很多不足。

(4) 交互方式优化需求。

加强课堂教学互动对于促进学生学习是非常重要的。城乡两地教师课前与课后的及时交流沟通，对于学习效果的提升也是必不可少的。本研究从两地教师交互、城市教师与农村学生交互两个方面调研交互优化需求。对于两地教师课前沟通与交流，89%的调研对象认为是非常重要的，其中有近54%的调研对象认为两地教师交流是比较充分的，具体方式有：与对方共同备课（62%）、让对方熟悉教学内容（69%）、让对方课前准备所需学习材料（85%）、共同商讨教学流程与安排（69%）、了解学生原有认知水平与能力（69%）。对于两地教师的课后交流，84%的调研对象认为非常重要，53%的调研对象认为有待加强，具体交流内容包括：共同反思学生学习效果（77%）、共同对课程及时作出调整与改进（85%）、向主讲教师反馈学生学习情况（69%）、了解教学效果以便更好改进教学方法（69%）。在城市教师与农村学生课堂交互方面，81%的调研对象认为有助于提高教学质量，近46%的调研对象认为不理想。

（三）PST理论及其对优质均衡阶段同步互动课堂建设启示

同步互动课堂能否促进城乡教育优质均衡发展，关键在于如何优化影响同步互动课堂高效运行的外部因素，构建一个适合城市教师"教"与农村学生"学"的网络教学环境。PST理论是由基施纳教授于2004年提出的用于指导网络教学环境设计与评价的一个理论框架，具体如图4-11所示。该理论框架包含教学法、社会交互和技术支持三个基本元素以及它们在一定教学情境下相互作用所形成的关系。其中，教学法是指在给定的教育情境中为了实现教学目标而采取的方式与手段，具体包括教学目标与方法、学习内容与活动、学习过

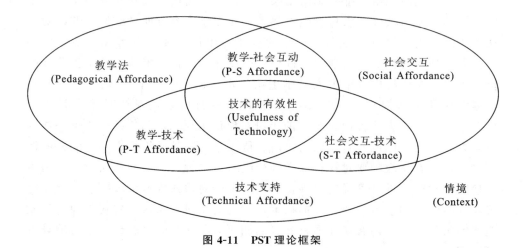

图4-11　PST理论框架

程与评价等；社会交互是指可以被感知或者真实存在的有助于推动网络学习者社交互动的活动，例如舒适安全的交互环境、使用方便的交流工具与增进交互的动力机制等；技术支持是指技术为网络学习者的学习提供支持与服务的能力，具体涉及技术功能层面的可用性与易用性、设计层面的美观性以及呈现多媒体时的艺术性和网络学习者学习体验时的舒适性。PST 理论框架对于优质均衡阶段同步互动课堂建设内容与路径具有启发意义。

1. 优质均衡阶段区域同步互动课堂建设的内容框架

从 PST 理论视角来看，同步互动课堂建设要整体考虑教学模式完善、交互方式优化与技术环境改进和具体教学情境等要素，将交互设计与技术支持融入同步互动课堂学习环境，充分体现技术的构建价值。但是由于同步互动课堂相对于其他类型的网络教学来讲涉及部门和人员类别较多，需要有完善的管理体制作为保障，因此本研究基于 PST 理论框架提出如图 4-12 所示的区域同步互动课堂建设与应用推进的内容框架 M-PST。

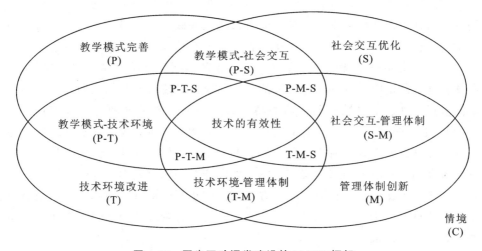

图 4-12　同步互动课堂建设的 M-PST 框架

2. 优质均衡阶段区域同步互动课堂建设的路径选择

从基本均衡转向优质均衡，是城乡教育均衡由量变到质变的过程，要求城乡教育均衡发展的方式要由外延式发展向内涵式发展转变。我们需要对促进城乡教育均衡发展的信息化手段进行重新审视与反思。对于同步互动课堂来讲，我们既要结合区域实际，又要汲取成功经验、着眼现实需求，还要借鉴网络教育领域最新成果，调整建设与应用的推进方式。本研究据此提出了如图 4-13 所示的区域同步互动课堂建设的渐进式路径。

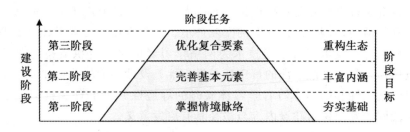

图 4-13 区域同步互动课堂建设的渐进式路径

(1) 掌握情境脉络,夯实优质均衡发展基础。

不同区域具有不同社会经济发展水平,教育发展面临的问题也不尽相同。以区域为空间载体实施同步互动课堂建设,基础性工作要从分析 M-PST 内容框架的"情境"因素开始,即要结合区域社会经济发展现状与文化特征,立足城乡教育发展困境破解的现实需求,从全局高度对其进行系统规划与整体定位,从而制定相应的建设战略规划,形成相应的建设实施方案,并确定时间表和路线图。具体来讲,首先需要从优质均衡视角对区域同步互动课堂建设与应用现状展开深入调研,系统总结当前阶段建设成效、经验与问题,广泛听取城乡学校校长、教师、学生与其他参与者对同步互动课堂建设与应用推进的意见与建议。其次要制定出具有长远发展目标的区域同步互动课堂建设战略规划,科学合理地制定同步互动课堂建设的目标与愿景。建设战略规划制定一方面要求凸显指导性、全局性与前瞻性等特征,另一方面要求准确定位区域自身特色,并将这些特色与区域已有的建设经验、教师与学生的现实需求创造性地融入同步互动课堂建设与应用过程。最后要制定具备科学性与可操作性特征的区域同步互动课堂建设与应用实施方案,如同步互动课堂教学设施分阶段建设方案、同步互动课堂常态化应用推进方案等。同步互动课堂实施方案的制定需要坚持整体推进与重点突出相结合的原则,需要教育管理部门加强统筹兼顾,协调好各方利益诉求。

(2) 完善基本元素,丰富优质均衡发展内涵。

管理体制创新、教学模式完善、交互方式优化与技术环境改进既是构成 M-PST 内容框架的基本元素,又是同步互动课堂建设高效推进亟须解决的问题。教育优质均衡是均衡内涵不断完善、丰富与演进的动态过程,以优质均衡为价值取向的同步互动课堂建设,重点工作是要以问题为导向对这些元素进行完善。管理体制创新方面,首先要建立健全包括工作领导小组、专家咨询团队、教学研究团队与技术支持团队等在内的各类组织机构,为同步互动课堂建设的有序推进与有效使用提供组织保障;其次要持续完善现有的有关同步互动课堂建设与应用的各项管理制度,构建有助于同步互动课堂运作的制度环境,如常态化教学应用实施细则、城市学校与农村学校工作要求和操作规程、设备运行维护管理制度以及人员管理与考核办法等；最后要适时调整相关配套政策，优化相关激励机制与协同机制，提高学校领导重视程度，激发教师参与同步互动课堂教学的积极性，加强不同利益主体之间的沟通与合作。技术环境改进方面，针对设备功能易用性、可用性与完备性的提高，首先要组织相关人员对设备使用现状展开深入调研，全面掌握一线教师在使用中存在的困难与需求，并据此对设备进行改进与完善，以补齐设备短板；其次要引入市场竞争机制，选择实力雄厚的信息化企业与性能适切的技术方案；最后要引导信息化企业综合利用人工智能技术、5G 通信技术、云计算技术、大数据技术与增强型虚拟现实技术等新一代信息技术，增强设备智能性、共享性与互动性，实现设备迭代升级。在教学模式完善与交互方式优化方面，首先要依托高校资源优势，对教师开展培训，更新教师教学理念，提高教师同步互动课堂环境下信息技术应用能力、教学设计能力与实施能力、课堂组织与管理以及交互能力；其次要构建城乡教师在线学习共同体，定期组织"线上"与"线下"相结合的教研活动，增强城乡教师熟悉程度，增进城乡教师合作，促进城乡教师共同成长；再次要培育若干同步互动课堂教学应用的种子教师，以发挥引领示范作用；最后要在高等师范院校开设相关教师教育课程，培养具备同步互动课堂教学能力的专门教师。

（3）优化复合要素，重构城乡教育新生态。

优质均衡的实现是由多种因素综合作用而产生的结果。同步互动课堂的建设不仅要关注 M-PST 内容框架的四个基本元素，而且要关注这四者之间相互交织而形成的 4 个二元复合要素和 4 个三元复合要素。从本质上看，这些复合要素是同步互动课堂建设不可或缺的高级隐性内容，决定优质教育均衡最终能否实现。以基本元素"技术环境改进"与"教学模式优化"交织而形成的二元复合要素"教学模式-技术环境（P-T）"为例，同步互动课堂情景下，该复合要素隐含两个基本元素相互建构内容，即技术环境的改进需要综合考虑教学模式的特征，教学模式优化则需要综合考虑技术环境的支持。只有将两者有机结合起来，实现对二元复合要素"教学模式-技术环境（P-T）"的优化，才能够根本性消除教学模式与技术环境对同步互动课堂高效运行的限制。从某种意义上来讲，复合要素的优化关系到新型城乡教育生态的创建。第三阶段同步互动课堂建设必须以复合要素的优化为核心。具体来讲可以从以下方面着手。

首先要对复合要素的综合性、动态性与实践性特征有正确的认识与理解。其中，综合性特征表明复合要素不是基本元素的简单组合或叠加，而是各个基本元素复杂互动后形成的一种新型的综合性知识，将基本因素的各个部分、方面与层次等联结起来；动态性特征表明复合要素是一个不断发生变化的动态知识体，只要其中任何一个基本因素发生变化，该复合要素所涉及的其他基本因素也要发生相应的改变，以重建基本要素之间的平衡；实践性特征表明复合要素的知识不仅来源于同步互动课堂教学应用实践，同时还可以有效地指导同步互动课堂教学实践活动。其次要建立由教育管理部门主导的多方参与机制，积极引导教育信息化企业、高等师范院校、教育管理部门等力量共同参与，并形成合力，发挥高等师范院校的人才优势、教育信息化企业的技术优势以及教育管理部门的行政优势与资金优势。最后要以课题为引领、以项目为驱动，将复合要素优化所涉及的重要议题设计成课题或项目形式，组织相关人员开展研究，以指导实践。

第五节　面向高质量发展的农村教育数字支撑体系构建

农村教育是我国国民教育体系的重要组成部分，推动农村教育高质量发展是满足人民群众对优质且公平教育需求、服务乡村振兴战略的内在要求。在教育战略目标从"高速度"向"高质量"迈进的时代背景下，探讨如何推动农村教育信息化高质量发展，构建高质量数字支撑体系，以助力农村教育高质量发展，是值得探讨的全新课题。

一、教育高质量目标转向与农村教育信息化高质量发展战略转型

（一）高质量发展转向：农村教育从规模扩张迈向内涵提升的目标定位

我国发展农村教育的典型做法是不断增加农村教育供给，从师资队伍、硬件设施与经费投入等方面缩小城乡学校差距。经过近几年的不断投入，我国农村教育事业已取得前所未有的历史性成就，并达到新的历史高位。《2020年教育统计数据》显示，农村小学与初中学校数量规模在全国同层次学校中占比已分别达到87.6%与73.5%。截至2020年底，全国已有96.8%的县通过了县域义务教育均衡发展督导评估认定，表明农村学校办学条件大幅改善，城乡教育均衡发展水平持续增强。党的十八大以来伴随我国社会主要矛盾的转化以及教

育领域主要矛盾的转变,人民群众对农村教育发展的需求已从满足"有学上"的速度与规模追求转向满足"上好学"的效益与质量诉求。以高质量发展为特征的农村教育内涵发展主题应时代需求而生。高质量发展作为新的教育发展目标,国内已有部分研究者对其进行内涵解读。柳海民认为,教育高质量发展要以满足人民群众对高质量教育需求为导向,持续提高教育的优质化程度与水平,实现教育从规模扩张转向结构升级、从外延式发展转向内涵式发展。范国睿认为,高质量教育是一种公平、以人为本、全面发展以及创新的教育。吴晓蓉等认为教育高质量发展内涵的核心体现在系统全面均衡与质量管理优化以及民生改善等方面。从上述分析中可以看出,农村教育高质量发展本质上是一种特色的、全面的和可持续的发展,具体来讲就是要针对农村教育发展过程中存在的不平衡、不全面、不充分和不可持续等现象,通过优化与协调影响农村教育发展的各种内外部要素与机制,激发农村学校内生力量,推动农村教育从规模增长向质量提升转变、从同质化发展向特色化发展转型,以满足农村群众对优质、公平教育的需求。规模扩张阶段的农村教育在发展方向、发展重心、发展目标、发展机制与发展理念等方面不同于内涵提升阶段的农村教育,具体见表 4-4。

表 4-4 规模扩张阶段与内涵提升阶段的农村教育比较

比较维度	规模扩张阶段	内涵提升阶段
发展方向	关注学校办学条件的有效改善	关注学生个性、自由、全面发展
发展重心	注重外部规模与数量的扩张	注重内部质量与效益的提升
发展目标	聚焦"有学上"的公平教育机会供给	聚焦"上好学"的高质量教育服务
发展机制	依靠国家政策、社会援助等外源性力量支持	依靠激发和增强农村学校内生发展动力
发展理念	强调标准化、同一化与同质化发展	强调多元化、差异化与特色化发展

(二)高质量支撑体系:信息化赋能农村教育高质量发展的战略着力点

高质量教育支撑体系是实现教育高质量发展的前提基础。教育部、财政部与中央网信办等六部门于 2021 年发布的《关于推进教育新型基础设施建设构建高质量教育支撑体系的指导意见》，就明确提出要聚焦教育高质量发展的迫切需要，加快以信息化为主导的教育新型基础设施建设，构建高质量教育支撑体系，夯实信息化时代教育变革基础条件。由此可见，以信息化为主导的高质量数字支撑体系构建既是国家"十四五"规划期间教育信息化建设的重点内容，又是应用教育信息化促进教育高质量发展的重要手段。作为一种全新政策话语，究竟什么是高质量数字支撑体系，国内目前还没有研究者对其内涵进行解读。

信息生态学是借助生态学的理论和方法来研究信息活动中人、信息、技术与环境四者相互作用过程与规律的一种方法论思考。具体来讲就是把信息活动看成由作为信息主体的人与信息本体、信息技术与信息环境等要素在信息空间中不断地进行能量转化、物质运输与信息传递而形成的有机整体。农村教育信息化涉及师资、数字化教学资源与信息化基础设施等诸多相互影响、相互制约的要素。依据信息生态学基本观点，我们可以把农村教育信息化看成由农村学校师资、数字化教学资源、信息化基础设施与信息化环境等要素共同构成的信息生态系统。作为信息主体的农村学校师资、作为信息本体的数字化教学资源、作为信息技术的信息化基础设施以及信息化环境是该生态系统的核心。我们从信息生态学的视角可以看出，高质量农村教育数字支撑体系可理解为由信息化师资队伍、信息化基础设施、信息化教学资源与信息化教学平台等与信息相关的生态要素在一定时空范围内通过相互作用而形成的为教育高质量发展提供结构性支撑框架的复合系统，具体如图 4-14 所示。高质

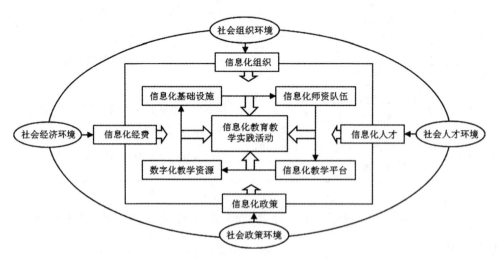

图 4-14　高质量农村教育数字支撑体系结构

量数字支撑体系全面解析了影响教育高质量发展的系统性因素，精准地刻画了农村教育高质量发展的支撑维度。依据信息生态学思想，数字支撑体系的"高质量"综合体现为内在结构的合理性与外在功能的有效性，不仅要求支撑体系内部生态要素在数量上足够充裕、在品质上足够规格，还要求生态要素的结构平衡性，即所有生态要素能够达到既定的比例关系。高质量同时也意味着数字支撑体系在促进学生全面发展程度、服务全民终身学习效度、支撑教育协调创新发展力度以及满足人民群众向往美好教育愿望的程度等方面都要达到更高层次水平。

二、高质量支撑体系构建诉求下农村教育信息化现状生态学审视

本研究以信息生态学理论为研究视角，以参加 2020 年广东省"三区"教师全员轮训 L 县教师教学基本功能力提升专项培训的 298 名乡村小学班学员和 197 名乡村初中班学员作为研究对象，从主体要素、本体要素、技术要素与环境要素等方面对高质量支撑体系构建诉求下的农村教育信息化发展现状进行调研。项目组采取问卷与访谈相结合的方式，总共发放问卷 195 份。问卷回收率为 100%，有效率为 97.2%，Cronbach's α 系数为 0.953，KMO 系数为 0.937，表明问卷具有较高的信度与效度。项目组还在调研对象中选择 61 名教师进行访谈，并先后走访了 24 所农村学校，访谈 28 名农村学校校长。数据分析结果表明，生态要素供需结构性失衡是当前农村教育信息化面临的主要问题，难以支撑农村教育高质量发展。

（一）教师具备基本信息技能但新课标下的技术创新性应用能力薄弱

信息技术应用能力是信息社会公民必备的基本技能。作为信息主体之一的农村教师，全面提高其信息化教学能力是推进教育信息化建设、发挥信息设施育人作用的关键举措。近年来在国家政策引导与培训专项项目支持下，中小学教师的信息化教学能力已经有了较大的提升。国内相关研究显示，截至 2018 年底，全国有 82.46% 的学科教师能够利用信息技术手段开展教学活动。任友群等研究的结果表明，大部分农村教师都已经具备基本的信息检索、处理、分析与整合等技能，尤其是部分毕业不久的年轻教师。本次调研也发现，伴随着智能终端设备在农村教师中不断普及，相当多农村教师已经掌握基本的计算机与互联网知识及操作技能。87.5% 的农村教师初步掌握常用软件工具与硬件设

施基本操作，92.6%的农村教师表示能够应用信息技术手段开展相关教育教学活动。但分析发现，当前农村教师对信息技术教学还处在简单的浅层次应用阶段。87.5%的农村教师将信息技术用于呈现教学内容，79.8%的农村教师将信息技术用于拓展教学内容，尝试过利用信息技术开展新课程标准所提倡的合作学习、自主学习、探究学习的教师占比分别为15.8%、25.6%、19.7%，仅11.6%的农村教师能够根据农村学生认知特点与教学内容不同选择合适的技术手段，24.3%的农村教师表示能够常态化应用信息技术。走访发现多数农村教师将交互式电子白板当成投影屏幕使用，主要用于播放视频、图片和PPT。陈敏等的研究也证实，农村教师的技术使用指数低于城市教师。由此可见，在新课程改革背景下，如何将信息技术创新性地应用于教学中，对于农村教师来说依旧存在挑战，农村教师的信息化教学模式创新能力有待提升。部分受访者表示，目前也缺少针对农村教育的可借鉴案例。

（二）数字化教学资源总量充足但现实需求下的适切性优质资源匮乏

优质教学资源匮乏是导致农村教育落后的重要原因。利用信息化手段优化农村学校优质资源供给，成为农村教育信息化发展的核心内容。国家先后通过实施多项数字化教学资源建设项目，搭建各类免费使用的数字化教学资源服务平台；全国各省市也都使用多种方式进行本土特色的数字化教学资源建设。从相关数据统计结果来看，我国已经建成大量丰富的数字化教学资源。例如，农村教学点数字资源全覆盖项目提供的整套优质数字化教学资源已覆盖全国6万多个农村教学点，已有2000多万名教师在"一师一优课"平台上晒课，国家教育资源公共服务体系接入237个各级平台，国家中小学网络云平台累计访问量达11.46亿人次。本次调研结果显示，89.7%的农村教师认为当前农村学校数字化教学资源总量充足，但也发现依然面临优质资源供给不足、学科分配不均衡与供需不匹配等结构性问题。在优质资源供给方面，79.6%的教师认为教学中的最大困难是难以找到合适的数字化资源，85.8%的教师反映优质资源严重不足；在学科分布方面，74.2%的教师反映当前数字化教学资源集中在语文、数学、英语等主课科目（简称主科）上，美术、音乐、体育等非主科几乎没有可用资源。表明非主科数字化教学资源开发明显不足，学科分布不均衡现象突出。在资源供需匹配方面，87.3%的教师认为当前数字化教学资源难以满足农村学校最直接、最现实的教学需求。进一步调研发现，主要原因是当前教学资源开发以城市教师为主，以城市学生认知能力为标准开发，课程内容也是反映城市学生的知识基础与生活经验，致使资源在难度、进度安排与素材来源等方面都无法契合农村学生实际情况。正如刘善槐等所认为的，以城市为导向的教学资源开发，由于缺乏城乡学校所在地差异考虑而难以满足农村学校实际情况。有部分教师认为，当前不同地区使用教材差异大、版本更新快，而统一组织开发的数字化教学资源往往都是一次性开发完成的，存在与实际教材内容不配套的情况。

（三）信息基础设施改善明显但常态化应用要求下的完备性设施短缺

信息化基础设施是教育信息化发展的物质基础与前提基础。近年来国家在农村学校信息化基础设施建设方面投入大量人力、财力与物力，先后实施"校校通""农远工程""标准化学校建设""薄弱学校改造计划"等工程项目，农村教育信息化在基础设施配备方面得到大幅的改善，城乡学校在信息化基础设施配置方面差距不断缩小。以普通教室中网络多媒体教室占比为例，据《中国教育统计年鉴》统计显示，农村小学在该项指标上从2014年的18.75%快速提高到2019年的59.75%。本次调研结果表明，农村学校信息化基础设施在数量、性能等方面依然面临显著问题，无法满足教师常态化应用要求。首先是在数量方面，除了小部分政府重点扶持学校以外，大部分农村学校信息化基础设施配置依然相对薄弱，普遍存在跟不上农村学校师生对信息化教学实际需求的情况。85.3%的农村教师认为学校缺少必要的信息化教学设备，88.7%的农村教师认为当前配置的设施只能满足最低限度的教学需求。由于政策推进的侧重点不同，农村学校教师信息化办公设备配置普遍落后于教学设备。有78.5%的农村教师反映学校当前个人信息化办公设备严重不足。课题组在一所农村小学走访时发现，该校总共有8名教师，但仅配备2台办公电脑。这2台电脑除了用来填报申请材料、填写上级下发的各种表格等行政事务之外，同时还要用来承担课件制作、作业打印等教学任务。其次是在性能方面，由于缺乏定期维护与升级，农村学校部分信息化设备长期处于闲置或无人问津状态。不仅降低设备利用率，还造成资源的极大浪费。例如，当地教育部门3年前给某小学配置的5台计算机，由于配置档次低，无法保障信息化教学正常开展，急需更新升级。课题组在另外一所小学发现，该校配置的电子白板使用年限已超过6年，目前存在设备老化、运行缓慢以及故障率高等问题，影响教学应用效果。最后是在维护方面，农村校长在访谈中表示，一方面设备更新换代快，有些设备配件已经没办法购买得到；另一方面设备运营与维修投入非常大，对于农村学校来说设备维护是一笔较大的经费开支，农村学校在可支配经费本来就紧缺情况下是无力承担的。

(四)保障条件初步形成但可持续发展目标下的支持体系健全性不足

信息化经费、信息化组织、信息化人才与信息化政策等外部环境因素是保障教育信息化可持续发展的基础条件。项目组在农村学校走访中发现,农村教育信息化的保障条件随着农村教育改革与发展的深入而不断得到夯实,但健全性与完善性显著不足,难以有效保障农村教育信息化良性发展。首先是在信息化经费方面,一方面没有形成充足经费来源保障,致使农村教育信息化建设普遍面临经费投入不足的问题,这同时也是当前农村教育信息化最薄弱的环节;另一方面,信息化经费使用结构不合理,重视前期建设、轻视后期维护现象严重,即农村学校通常将大部分信息化经费一次性用于硬件设施的购置,而投入信息化设施后续运营、维护与保养的资金不足。例如,某小学在配置电子白板时将70%的经费用于网络铺设与硬件购置,剩余经费用于资源购买与教师培训,导致该校无法承担后期信息化设施运行与维护支出。另外也有部分农村学校存在盲目地重复建设或重复购买等不合理现象,不仅降低经费使用效率,也使得本就严重不足的经费更加捉襟见肘。其次是在信息化组织方面,受人员数量规模限制,当前农村学校既没有组建专门负责信息化建设的职能机构,也没有安排专门人员主管信息化建设业务,而是将信息化建设工作当作农村校长的职能。再次是在信息化人才方面,实地调研中发现,当前农村教育信息化人才队伍短缺。一方面没有配置专门负责设备维护的专业人员,当设备出现故障时学校不得不外聘专业维修人员,这是加剧设施维护经费不足与闲置浪费的主要原因;另一方面,农村学校信息技术教师严重短缺,即使有些学校配备了信息技术教师,但多数不是计算机相关专业或教育技术专业出身,很难保障维护效果。最后是在信息化政策与制度方面,多数农村教师反映当前农村学校缺乏信息化教学应用的考核评价机制,致使农村教师缺乏应用信息技术开展教学的内生动力。大部分校长反映农村学校教育信息化尚未形成多方参与的协同机制与可持续的经费保障机制,县级教育管理部门仍然是县域内农村教育信息化建设的投入主体,而且在信息化经费使用管理办法与监管等方面的规章制度也不完善。调研中发现,部分农村学校尚未制定设备使用与管理相关的制度,对信息化建设与应用的管理缺位。

三、面向高质量支撑体系的农村教育信息化高质量发展框架设计

以高质量数字支撑体系构建为指向的农村教育信息化必须秉持生态理念,统筹兼顾好农村教育数字支撑体系的整体性特征与各个生态要素的个性化特

征，在充分保障各个生态要素存在与高质量运行的基础之上，使其成为相互适应的耦合结构，促进农村教育数字支撑体系整体高效运行，以实现农村教育特色、全面与可持续发展的战略任务。

（一）目标转向：生态学的全面发展观与教育信息化全面发展目标追求

教育的根本使命是促进人的发展，而实现全面发展是人的发展的最高价值追求。因此高质量教育是全面发展的教育，教育高质量发展归根到底是要推动人的全面发展。信息生态学认为信息生态系统的核心不是技术，而是技术所服务的人类。因此，信息生态学将作为生态主体的学生置于信息生态系统的中心位置，强调要让学生在信息生态中得到全面发展。信息生态学的全面发展观能够为面向高质量数字支撑体系构建的农村教育信息化提供价值导向，即农村教育信息化一方面要着眼于农村教育自身的全面发展，为农村学生的全面发展提供保障；另一方面要破除和扭转"唯分数""唯升学"等传统"重结果轻过程""重外在轻内在"的短期功利主义倾向，以农村学生为中心，以促进农村学生全面发展为出发点和落脚点，高质量服务农村学生全面发展需要。

全面发展观对农村教育信息化的指导意义，我们可以从国家制定的教育方针政策或其他学说中得以验证。首先是在教育政策层面，构建全面发展的人才培养体系历来是我国制定教育方针政策的理论基石与内在规定，如中共中央、国务院于2019年发布的《关于深化教育教学改革全面提高义务教育质量的意见》明确提出，要构建德智体美劳全面培养的教育体系，坚持全面发展，为学生终身发展奠基。其次是在技术哲学层面，技术价值论认为技术的社会属性决定任何技术的发明总是渗透着人类的期望、目的与价值观，承载着人类的意志与创作，因此技术是负荷价值的。作为教育中使用的技术，其所负荷的价值是一种促进学生发展的价值。从这个意义来看，农村教育信息化的核心价值与农村学生全面发展的本质内涵具有内在的统一性。最后是马克思主义教育思想中的人的全面发展观。人的全面发展观是马克思在对资本主义大工业生产时期工人身心所遭受的摧残进行考察与分析基础上提出的一种学说，认为全面发展是指人的体力和智力获得充分的自由发展和运用，全面发展的人是各方面都有能力的人，即能通晓整个生产系统的人，而人全面发展的实现要以教育的全面发展为手段。

（二）重心转移：生态学的生态承载力与教育信息化生态要素供给优化

农村教育发展受到教育资源供给能力与教育环境支持能力多重限制。如果发展规模超过教育资源与环境承受能力，那么农村教育就像自然生态系统一样，资源供给能力与自我维持、自我调节的再生能力受到破坏，系统将失去平衡，难以维持其健康稳定发展。因此，农村教育高质量发展是基于相应的教育资源和办学环境基础之上，这就是农村教育系统得以维持平衡的生态承载力。在生态学领域，生态承载力是指某一特定环境条件可维持某个物种的最高极限。根据生态学对承载力概念的解释以及农村教育系统的特点，可以将农村教育生态承载力理解成农村地区各种教育资源与办学条件所形成的复合系统对于满足最大数量学龄人口接受一定质量教育的支撑能力。依据生态学原理，农村教育生态承载力是制约农村教育发展规模、速度与质量的重要条件，农村教育高质量发展必须建立在教育生态承载力基础之上。从本质上看，提升农村教育生态承载力就是要合理配置教育资源、提高农村教育自我维持与自我调节能力、实现农村教育可持续发展，即要用系统性思维去审视农村教育资源要素结构关系、分析农村教育资源要素容量以及判断农村教育资源要素供需状况。因此，农村教育生态承载力提升要聚焦教育资源要素间的结构性联系，对教育资源要素供给、需求与保障进行整体性关照。高质量数字支撑体系构建要以提升农村教育生态承载力为目标，从丰富性、包容性与在地性三个不同层次对教育信息化生态要素供给端进行全面优化，具体优化内容如图 4-15 所示。

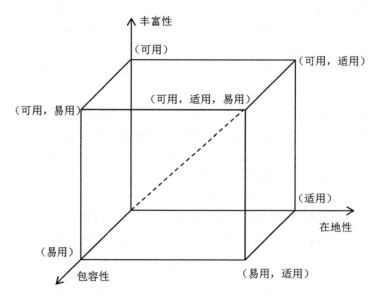

图 4-15　面向高质量数字支撑体系构建的农村教育信息化内容框架

首先是丰富性层次优化，要基于农村学校"可用"的需求，从数量与质量层面持续加大优质生态要素供给力度，提高生态系统内部各种生态要素的丰度与韧度，使得系统内部生态要素比重合理、关系协调、结构稳定。例如，依据教育部门制定的相关标准与规定，为农村学校配齐具备信息化教学能力的师资队伍、配足性能良好的信息化设施与优质的数字化教学资源，持续完善、夯实信息化保障体系。

其次是包容性层次优化，要基于农村学校"易用"需求，从功能层面优化生态要素供给，使得生态系统内部的各类教育资源配置到达最优状态，系统功能更为完善。例如，信息化基础设施的包容性优化要根据农村教师普遍存在的年龄分布广、信息技术应用能力差距大等特点，从农村教师真实教学体验出发，为其提供界面友好、操作简便、功能稳定、兼容性强的信息化设备，让不同年龄、不同层次技术应用能力的教师不会因技术而生畏。数字化教学资源的包容性优化不仅要提高资源的技术性、教育性、可获得性与实用性，同时还要让资源类型丰富多样、体现新课程改革理念以及与教学内容和教学策略相匹配；信息化教学师资队伍的包容性优化要基于教师信息化教学实践智慧的培养，让教师对信息化教学过程中可能出现的新情势具有敏锐的辨别力与良好的判断力，能灵活机智地、及时恰当地采取相应措施解决信息化教学中出现的问题和突发状况。信息化环境包容性优化要提升各项保障机制的灵活性、有效性与可执行性。

最后是在地性层次优化，要基于农村学校"适用"的需求，从价值取向层面优化信息生态要素供给，使得信息生态要素突显农村属性特征。例如，将农村元素融入资源开发中或专门组织开发农村学校校本信息化教学资源，也可以结合农村学生认知特征，开发符合农村实际教学需求的优质教育资源。信息化基础设施配置要立足于农村教师教学需求，充分适应农村教育场景，有效解决农村教育实际问题。信息化教学师资队伍优化要向农村学校提供了解农村教育教学特征、具备农村教育情怀与掌握农村复式教学或全科教学等技能的乡村教师。信息化环境优化要站在农村学校角度去考虑，与农村学校需求高度融合，更好服务农村学校信息化建设需要，充分保障农村教育信息化高质量发展。

四、面向高质量支撑体系的农村教育信息化高质量发展路径创新

（一）从城乡同质到乡村特色的农村教育信息化乡村价值重塑

我国地域辽阔，人口众多，不同地区经济社会发展水平参差不齐，致使不同地区在教育经费投入、教育人口总量与学校整体布局等方面存在很大差异。教育信息化发展水平以及发展过程中所面临的问题与需求因此也都各不相同。

这决定了教育信息化不可能在全国范围内千篇一律地使用同一种模式。立足地方实际、发挥地方优势、体现地方特色,由此成为教育信息化发展的必然要求。在城乡经济社会发展极不平衡背景下开展的农村教育信息化建设更是如此。生态学的趋异性适应是指长期生活在不同条件下但亲缘关系又相近的同种生物,它们为了适应生存环境,在形态结构、生理特性、适应方式与习性特征等方面表现出明显的差别。以森林生态系统为例,海南岛的热带雨林生态系统与长白山地区中温带落叶阔叶混交林生态系统相比,在物种结构与丰度以及生态功能等方面显著不同。这种差异既是不同区域不同自然环境的反映,同时也是生物在长期进化过程中对生存环境适应和相互作用的结果。对于信息生态学,信息生态系统总是存在于具有不同生态条件的特定空间中,信息生态系统中的生态要素与空间的相互作用以及生态要素对空间的长期适应结果,使得信息生态系统在结构、功能等方面能够反映特定的区域特性,即信息生态系统具有较强的区域性特征。从信息生态系统的区域性特征来看,农村教育信息化建设要充分利用农村学校所在地的自然资源风貌、地理环境特征以及农村社会的人文环境,从经济条件、建设现状、历史沿革、区域特色与现实需求等实际情况出发,因地制宜、凸显个性,强化信息生态要素的农村教育属性特征,建设彰显农村特色的教育高质量数字化支撑体系,实现教育信息化与农村教育特色更好地融合。

(二) 从分配正义到关系正义的农村教育信息化公平理念重构

以城乡教育一体化为指导思想,加大信息化建设经费向农村学校倾斜,缩小城乡学校信息化差距,保障农村学校具备国家教育政策与法律规定的基本办学条件,是近几年来我国农村教育信息化的基本思路。分配正义论者提出处理公平问题的差别原则,认为物质资源的分配要以补偿的形式向弱势群体倾斜,使得弱势群体也能公平享有物质资源。回顾近几年来农村教育信息化建设历程不难发现,我国政策上对农村教育信息化建设优先扶持在不同程度上应用分配正义论主张的差别原则。但是公正问题除了要公平分配资源以外,还要保障每个社会个体都能够充分享有自由、平等和具有尊严的权利,并在相互承认的交往关系中实现自我价值。而分配正义论本质上是经济正义论,容易忽略决定物质资源分配的制度背景,同时无法解决公平问题中的非物质资源分配问题。因此,注重人际交互层面的关系正义论开始受到西方学界关注。

关系正义论基于关系的视角来看待社会公平正义,强调在关注资源分配公正基础之上,还要重视与权利、尊重、爱等相关的正义,并将后者看成构建更加公平正义社会的基石。关系正义论给予农村教育信息化高质量发展新的启示,要实现完全意义上的教育信息化高质量发展,不仅要缩小、均衡或消除城乡学校外在的设施、资源或师资的差距，还要旨在解决教育系统内部长期存在的不平等、等级化、边缘化与排斥等现象。首先是在城乡师生层面上，要树立面向全体城乡师生的大众教育价值取向，尤其要把农村师生置于完全平等的地位加以看待，让农村师生得到关心和尊重，获得全面发展；其次是城乡学校层面上，要把城乡学校作为一个整体，牢固树立平等对待农村学校和城市学校的思想观念，在实践中无任何忽视、漠视或歧视农村学校的倾向与现象；最后是在教育信息化层面上，要破除长期形成的二元教育结构束缚，纠正传统的"城乡两策、重城抑乡"的教育信息化思想认识，真正树立城乡平等的全新教育信息化价值理念，把公平正义作为教育信息化的出发点与归宿，统筹城乡教育信息化发展规划。

（三）从项目驱动到数据驱动的农村教育信息化发展机制重建

以工程项目方式进行驱动是我国推进农村教育信息化发展的传统做法。这种自上而下的推进方式体现了我国行政体制结构的优势，有利于短期内汇集优势资源突破农村教育信息化的难点与重点，在推进农村教育信息化建设方面发挥重要作用。但这种推进方式容易面临可持续性缺失、精准性不足等问题。在可持续性方面，教育信息化建设不是一次性投入的工程项目，而是一个持续推进的历史进程。工程项目引领方式往往在项目结束后，其后期推进也结束，不可持续性问题突出，极易造成教育资源浪费。在精准性方面，不同地区农村学校在教育信息化发展过程中所面临的个性化需求也是各不相同的。对于处在贫困山区的学校来说，由于自然环境与交通条件等原因，信息化建设急需网络接入与信息化基础设施普及；对于部分得到对口援建支持与投入的农村薄弱学校来说，信息化基础设施普及程度已经与城市学校达到相当水平，但由于教师信息化教学能力没有及时跟上，信息化教学设施的教育价值没有得到体现，提升教师信息化教学能力成为这类学校信息化建设的重点与难点；对于部分民族地区的农村学校来讲，除了信息设施与教师信息化教学能力外，双语数字化教学资源可能是最急需的。由此可见，如何对不同农村学校的不同教育信息化建设需求进行分析，对其进行有针对性的精准投入与精准建设，是实现农村教育信息化高质量发展的着眼点与关键点。

大数据分析技术能够真实反映事物发展的基本状况，并能客观揭示隐含在数据背后的事物相关知识与关系。将大数据分析技术应用于农村教育信息化建设实践中，能够全面记录农村教育信息化建设与应用现状、客观反映农村学校师生对信息化基础设施与数字化教学资源应用诉求、真实刻画农村教师信息化教学能力水平，使得教育信息化管理者和决策者不仅能够全面、真实、客观把握农村教育信息化发展现状与需求，也能够科学预测未来发展趋势。大数据技术因此能够为农村教育信息化"精准可持续"发展提供机遇,成为推动农村教育信息化发展走向高质量的重要手段。具体来讲,首先是要在制度层面上对如何将大数据技术应用于农村教育信息化建设进行顶层设计,成立专门组织机构,完善系列配套政策与制度,制定规范与标准;其次是要在理念上树立数据治理思维,形成用数据说话的思维习惯,并主动将大数据作为分析或解决农村教育信息化治理问题的资源与工具;最后是在具体的监测平台建设上,要依托教育新基建,构建专门的城乡教育信息化基础数据中心,搭建城乡教育信息化动态监测平台,将其作为区域"互联网+教育"大平台的核心组成,实现城乡教育信息化监测可视化、全面化、科学化与过程化,为区域推进农村教育信息化高质量发展实践提供动态监测、实时预警、科学预测以及精准决策等服务。

高质量的农村教育信息化内含高质量的信息化基础设施、数字化教学资源、信息化师资队伍以及高质量的信息化保障条件。因此,农村教育信息化高质量发展是一个复杂的、系统的过程,需要有大量而优质人力、财力与物力作为保障,仅仅依靠地方教育管理部门或者单个学校组织的自发努力是很难落地实现的,多方力量的协同参与就显得尤为重要。

教育信息化领域的协同创新机制已经得到众多研究者的关注,并在部分区域进行探索与实践应用。但从具体实践情况看,协同不够深入,没有触及更深层次的机制与模式,整体协同效应尚未形成,尤其是在农村教育及其信息化高质量发展诉求下。因此,积极引导和鼓励政府部门、高等师范院校、城镇优质中小学学校、科研机构、企业组织以及其他社会组织等多方主体共同参与,形成教育管理部门主导的、基于共同愿景的共同体联盟,构建多维度、多层次、多元化的协同机制,是保障农村教育及其信息化高质量发展的必然选择。首先是地方政府内部的教育、财政与人事等多个部门之间要进行横向的协同合作,充分利用各个政府部门的行政资源,做好农村教育信息化建设所需的组织、经费与人员的统筹安排,保障教育信息化建设的调控与推进;其次是教育系统内部的高等师范院校、城镇优质中小学与农村学校之间要形成纵向的协同合作,充分发挥具有教育技术学专业师范院校的智库作用以及城镇优质中小学的师资资源优势,有效利用农村学校在具体落地执行时的协同作用;最后要协同社会要素,发挥专家智库、企业、基金会、社会团体等社会力量协同,鼓励社会力量积极参与农村学校信息化建设,拓宽经费来源与资源供给渠道,用好教育信息化相关企业的技术资源。

第五章

以信息化促进农村教育生态主体内生式成长

第一节 信息化与生态主体内生式成长

一、新内生式发展理论基本观点

新内生式发展理论又称为新内源式发展理论,是在外源式发展理论和内生式发展理论基础上发展起来的。第二次世界大战结束后,随着工业化与城市化持续推进,以及大都市经济建设进程不断加速,传统乡村及欠发达地区发展滞后,城市与农村之间的发展鸿沟不断扩大,贫富差距与阶级矛盾日益加剧。为了应对这种问题,出现了以西方现代化与工业化主流范式为特征的外源式发展模式,即通过企业带动、政府牵头等外力助推的形式促进农村地区经济发展。由此可见,外源式发展强调借助外部力量和手段追求经济增长,强调要素驱动和投资驱动,由多种力量共同塑造。但随着时间的推移,外源式发展模式的弊端逐渐显露。这种发展方式忽略了农村地区建设中的非经济因素,造成自然生态与文化生态的破坏,也使农村地区发展失去独立性与接续动力。亨利·明茨伯格对此进行了批判,认为发达国家的现代化主要是通过内生式发展实现的,然而却尽力避免发展中国家走向内生式发展道路,自由贸易、经济全球化的借口"抑或是外部剥削的另一种形式"。

基于对外源式发展实践的反思,与之相对应的内生式发展模式也就应运而生。西欧与日本率先提出内生式发展理论。瑞典哈马绍财团于1975年在联合国报告《我们现在怎么办》中首次提出"内生发展"概念,认为"发展只能通过社会内部进行推动",这种观点在学界引起了广泛共鸣,掀起了反经济至上主义、探索立足国情的内生式发展的浪潮。此后,日本学者鹤见和子提出内生发展理论,认为地方实现现代化发展需要把地方居民作为发展主体,而且发展中国家也可以实现内生式发展。内生式发展是一种激发内部的发展动力,自下而上的,依靠区域内部力量推动区域发展的模式。但在实践应用中,内生式发展理论因过度强调使用系统内部力量,同时反对系统内部力量与系统外部保持互动促进的关系,而走向外生式发展理论对立面。与此同时,内生发展理论对推进区域经济发展的作用也逐渐减弱。学者 Ray 认为,完全不借助外部力量而完全依靠内部实践的内生式发展是不可能的,这是一种理想状态下的发展,因此有必要立足于整体看待地方与外部的经济、社会、政治等方面的动态联系以推动地方发展,新内生式发展理论顺势而生。

综上,新内生式发展理论内涵意义包括:一是消除系统内部与外部系统之间相互排斥的观点,从内外关联的整体性与动态性视角来分析地区发展的问题;二是激发个体的主观能动性,使其能创新性地将区域内外资源有机结合、优化利用;三是强调系统内部和外部的互动,在外部驱动和内部驱动力量的互动和从动过程中实现系统内部与外部之间的协同发展。

二、生态主体内生式成长内涵

包括农村学校校长、教师与学生在内的生态主体的成长既受到自身因素的影响,又受到外部环境因素的影响。以农村教师的专业成长为例,影响教师专业成长的因素依据作用程度与方式不同,分为自我环境、学校环境与社会环境三个层次。自我环境中的因素有教师的专业认同感、对待教学工作的情感与态度、自我专业发展意识、专业成就动机以及认知能力发展水平等;学校环境中的因素有学校的校风与教风、制度激励性以及校长的重视、支持与帮助等;社会环境中的因素有教师的工资与各种福利待遇、社会尊师重教文化氛围以及教师的社会地位与职业吸引力等。教师专业成长是这三个层次因素共同作用的结果。但最终对教师专业发展起决定作用的是教师自身内在的因素,所有外部因素都要通过内部因素才能起作用。由此可见,新内生式发展理论与生态主体成长具有高度的一致性。从某种意义上来讲,内生式成长是生态主体成长的一种必然选择。

生态主体内生式成长融合外源式发展和内生式发展,关注生态主体的内在发展规律,重内外因素共同作用,实现内部系统与外部系统的融合,激发内生潜力,以实现生态主体的可持续发展。生态主体内生式成长具有四个主要特点。一是自主性,它是以自我导向的"向心式"发展,以生态主体已有的认知能力与水平为基础，立足生态主体学习与成长经历。当然，强调发展的自主性并不意味着封闭排外，而是要求创造性地利用外部资源。二是自发性，它的发展动力源于生态主体的发展需求，而非外部强加的推动力。三是主体性，要充分发挥生态主体在成长中的主体性作用，强化对农村学校的认同感与归属感。四是综合性，生态主体的成长是知行合一的立体有机的发展。实现生态主体的内生式可持续发展需要解决内生发展动力与内生发展能力两个问题。基于新内生式发展理论，如何使外源式的各种投入成为拉动生态主体自觉行动的驱动力，是信息时代农村教育生态建设的核心问题所在。

三、信息化支持生态主体内生式成长的作用机制

信息化影响生态主体的内生式成长主要有三种方式。第一种方式是以社会为中介，即技术发展改变了社会，改变的社会对生态主体的素养提出了要求，进而形成了促生态主体发展的推动力。第二种方式是以教育为中介，即技术的发展首先改变教育，改变的教育对生态主体素养提出要求，这种要求同样也是促进生态主体内生发展的推动力。第三种方式是技术直接为教师专业发展提供各方面的支持。信息化影响生态主体内生式成长三种方式如图5-1所示。

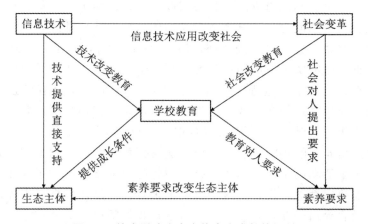

图 5-1 技术影响生态主体内生成长的机制

（一）以社会为中介的影响

以信息技术为代表的现代技术在社会各领域中广泛应用，引发社会的巨大变革，导致人类社会从工业时代走向信息化时代。与农业社会或工业社会不同的是，信息化社会是以信息与知识为基础的社会，信息与知识也就成了信息时代社会发展的决定性力量。因此，从工业社会向信息化社会的发展，不仅从宏观层面上改变了社会的政治、经济、文化以及科技等领域，还从微观层面上改

变了人们的生活方式、学习方式、思维方式以及工作方式,并对人们的思想观念与价值理念产生巨大冲击。例如,在社会生活方面,由于人类利用信息技术手段所构建的虚拟世界给人们带来极大的便利与广阔的活动空间,虚拟世界因此也像现实世界那样逐步成为人们赖以生存的重要环境,这使得数字化生存作为信息时代人们的一种生存方式与生存状态被提出来;① 而在学习方式方面,由于信息技术在教育教学中的广泛应用,使得传统的教育教学突破了时空的限制,基于网络环境的个性化学习与终身学习成为当前被广泛提倡的一种学习方式。数字化生存要求社会中的人们要有相应的数字化生存能力,同样的道理,终身学习也要求学习者要有相应的学习能力。这充分说明了,在信息化社会发展越来越深入的情况下,人类如果要想适应社会发展或顺应时代的潮流,那就必须具备信息化社会所需的各种能力与素质。

另外,人力资源被认为是信息化社会最活跃或最具创造力的资源。因此,在欣喜地看到信息技术给人类社会带来变革的同时,我们也要深入思考如何培养能够适应信息化社会发展的各种人才。从总体来看,信息化社会对人才的要求主要有以下方面:① 具有较高信息素养,即能够意识到信息在信息化社会中的重要作用以及对信息具有积极的内在需求,充分掌握与信息相关的各种理论、知识与方法,具备获取、分析、加工、评价、传递信息以及生成创造新信息能力,能够规范自身的信息行为并自觉遵守有关信息的伦理、道德与法规;② 具有较强的网络自主学习能力,即学习者在网络环境下能够根据自己的实际情况制订学习目标与学习计划、选择学习内容与学习方式,并对自己的学习过程进行管理、监控与调节;③ 具有较强的综合能力,即能够对所掌握的知识或信息进行综合考察与整理分析,并在此基础上进行取舍重组与科学抽象;④ 具有合作能力与创新能力。

教育是培养人的实践活动,校长是学校教育教学活动的管理者,教师是学校教育教学活动的主要承担者。校长与教师的素质高低对于人才培养质量的好坏具有决定性的作用。从这个意义上来看,信息化社会对人才的要求既是对学校教育提出的要求,同时也是对校长和教师提出的要求。对于学校教育而言,信息化社会的发展要求学校必须在教育理念、教育模式、教育内容以及教育方法等方面作出必要的变革;对于教师而言,信息化社会的发展不仅要求教师要具备与信息化社会相适应的教育思想与教学观念,更主要的是要求教师必须具备较高的信息素养与较强的创新能力以及终身学习能力。对于校长而言,只有在具有较强的终身学习能力的条件下,才能够通过始终不断的学习来更新自己的知识结构与丰富自己的知识储备,才能够深入学科发

---

① 尼古拉·尼葛洛庞帝. 数字化生存[M]. 胡泳,范海燕,译. 海口:海南出版社,1997.

展的最前沿,进而跟上信息化社会发展的步伐。以上几项关于素质与能力的要求,对于校长和教师来说既是一种挑战,也是一种机遇,对校长与教师的专业发展具有一定促进作用。校长与教师只有在深刻理解信息化社会的特征以及信息化社会对他们所提出的要求的基础上,才能够形成自我专业发展的意识与动机。

(二) 以学校教育为中介的影响

信息化社会提倡的教育理念是回归生活教育、素质教育以及终身教育。回归生活的教育需要关注的是学习内容与生活经验的联系,素质教育需要关注的是培养学生信息社会所需的多方面素质,终身教育需要关注的则是学生的终身学习意识与自主学习能力的培养。而在传统的教学模式中,教学过程由教师、学生、媒体以及教材四个要素组成。其中,教师是知识传授者,学生是知识接受者,媒体是帮助教师向学生传授知识的工具,教材则是教师向学生传授知识的载体。这是一种以教师为中心的教学模式,教师处在主导地位,学生处在被支配的地位,教师的主要任务是通过讲授、板书以及教学媒体的帮助,向学生传递或灌输教学内容,而学生的主要任务就是被动地接受教师所传授的知识。这种教学模式能够保证高效率、高质量的知识传授,因此一直以来都在课堂教学中占据统治的地位。但这种教学模式最大的不足在于忽视了学生在教学过程中的主体地位,极大地限制了学生知识量的拓展以及学生创新精神与探究意识的培养,不能满足信息化社会的教育理念以及信息化社会对人才培养的要求。因此,有关教育教学模式的改革一直以来都是教育研究领域的热点。

信息技术在教育中的广泛应用打破了传统的"面对面"的教育方式,突破了传统教育在时间与空间等方面的限制,使得教师的教学方式由过去的以讲授为主转变为以引导为主,学生的学习方式也相应地从过去的被动学习转变为主动的、自主的学习。其实,这是信息化社会提倡的一种信息化教学模式。这种教学模式以信息技术为支撑,以建构主义理论为指导,特别强调教师在教学过程中的主导地位以及学生在教学过程中的主体地位。

当前在中小学教学中使用较多的信息化教学模式主要有基于问题的教学模式、基于案例的教学模式、基于任务的教学模式、基于项目的教学模式,以及混合学习模式与近几年来研究较多的翻转课堂教学模式。由于教学模式在整个学校教学系统中居核心位置,教学模式的改变必然会导致教师的教学方式、学生的学习方式以及评价方式与师生关系等方面的变化。在教学方式方面,要将过去的讲授式教学改变为现在的引导式教学;在学习方式方面,要将过去的被动式学习改变为现在的自主、探究与协作式学习;在评价方式方面,要将过去的只注重终结性评价方式改变为现在的终结性评价与过程性评价相结合的方式；在师生关系方面，要将过去的"传授者-接受者"关系改变为现在的"主导-主体"关系。

信息技术与学校教育系统各个要素的深度融合，必将推动学校教育系统的结构性变革，使得传统的学校教学模式发生重大改变。面对这种不可逆转的发展趋势，学校教育只有主动顺应这种变革，并加快教育信息化建设的步伐，推动信息技术支持下的人才培养模式创新实践。不过由于校长是学校教育的主要组织者与管理者，培养与建设一支能够适应信息化教育发展要求的校长队伍，是学校在信息化时代发展与改革的重要基础。因此，信息化教育的发展对校长的教育理念、知识结构、管理能力以及管理手段等方面提出了新的标准与更高的要求。一方面要求校长必须树立现代化的教育理念，能够充分认识到信息技术在教育中应用对教育变革与发展的重要作用，并提高应用信息技术的自觉性与能动性；另一方面要求校长具备相应的信息化教学组织与管理能力，充分掌握利用信息技术对教育教学进行创新的方法与技能，能够借助信息技术手段在教学方式、交流互动、课程设计以及评价方式等方面作出系列的改革与创新。以上几方面要求是信息时代对校长提出的内在必然要求，这些要求对于信息时代的校长来说无疑是一种挑战。而校长作为信息时代的教育工作组织者与管理者，必须通过不断的理论学习与教育管理实践，以不断丰富自身的专业素质结构，同时也需要主动探索信息技术环境下的教育教学改革，以不断提升自身的信息素养与信息化教学组织与管理能力。信息化教育对校长所提出的要求既是挑战，又是机遇，对校长的专业发展同样也具有促进作用。

（三）技术对生态主体的直接影响

多媒体技术与计算机网络技术的广泛应用，为校长与教师的专业学习与教育教学研究提供了丰富的信息资源。在专业学习方面，借助网络提供的便利性，他们可以随时掌握新资料、汲取新知识或者利用新教材，同时也可以获取自身专业发展所需的各种信息资源。例如，通过网络教研社区获得专业发展所需的网络学习课程、创新教学案例以及优化教学课件，通过百度与谷歌等搜索引擎方便快捷地找到专业发展所需的素材资源，通过教师博客或者教师论坛等交流平台获得其他教师教学经验、教学反思以及教学方法的分享，通过网上共享的网络课程与网络学习资源有选择地进行学习。相对以纸质材料为载体的传统学习资源而言，这些以信息技术为载体的信息资源，集成了包括文本、图像、动画以及视频等在内的多种不同媒介形式，能够将抽象的理论知识转变为更直观的图形、动画或视频。这有利于包括实践性知识在内的各种隐性知识的显性化。因此信息资源有助于校长与教师对知识的理解，有助于他们完善与更新自己的专业知识结构，以及提高自己的教学技能。另外，信息资源使得他们的专业学习不受时间、空间以及地域的限制，这为他们的终身学习创造了良好的条件。他们基于自身的课堂活动所开展的各种教育研究也是促进教师专业发展的重要途径。而在教育教学研究方面，信息技术的快速发展也为他们的教育教学研究活动提供了丰富的研究资料。例如，名师博客、教学资料库、电子期刊以及学习资源平台等在内的众多资源库或工具能够为他们开展的教育教学研究提供丰富的资料支撑，他们可以基于这些资料开展教育教学研究活动。

信息技术为校长与教师的教学反思、知识管理、沟通交流、教育科研等提供工具。

在教学反思方面，他们可以借助课堂教学录像来总结自己在课堂教学过程中的优点以及存在的不足，以便在往后的教学中加以发扬或改进。他们可以利用博客等社会性软件或教研平台所提供的功能撰写教学日志，包括反思教学实践过程中出现的问题，记录教学中的教训、经验总结、教学灵感以及叙述教学与学习中的体会，等等。借助博客或教研平台所开展的教学反思，不仅能够使自身的专业水平持续得到自我更新与发展，同时也可以为其他校长或教师的专业发展提供大量的、具有重要借鉴意义的经验性材料。相对于传统的教学反思方式来说，信息技术支持的反思可以打破时间与空间的限制，既可以随时随地进行反思，也可以查看、修改或公开反思内容，有利于实现反思常态化、系统化与群体化。

在知识管理方面，信息技术为查找、分类、提取、利用、获得以及创造知识等提供支持。例如，可以通过谷歌、百度、知网以及维基等知识检索工具获得任何需要的知识，也可以利用概念图或思维导图等知识结构优化工具，对一些很重要但又难以理解的隐性知识实施形象化与可视化处理。

在沟通交流方面，由于信息技术的支持，不同群体或个体之间所开展的合作与交流，其形式变得多元化，其效果也变得明显。首先是沟通与交流的方式发生了改变，既可以使用同步交流方式，也可以使用异步交流方式。其次是交流的时空范围变得更为广泛，不仅可以在同校之间进行交流，还可以通过网络与其他学校或者校外专家进行交流。最后是用于沟通与交流的媒介呈现多元化形式，即文字、图像、音频以及视频等媒介形式都可以成为信息传递的载体。

在教育科研方面，信息技术除了为教育科研资源的检索与下载提供工具以外，还为教育科研提供了其他方面的技术支持，如可以利用网络调查工具进行问卷调查，以减轻调查工作负担，还可以用数据统计与分析软件对研究所获得数据进行统计与整理，使得教育科研的数据处理更为高效与精确。

第二节　2.0时代农村校长信息化领导力内涵演变与提升模式

一、2.0时代视域下校长信息化领导力研究与实践审思

苏联教育家苏霍姆林斯基曾经说过，"有怎样的校长，就有怎样的学校"。这句话高度概括了校长的领导能力对于学校发展的重要意义。具体到学校教育信息化发展方面，我们可以认为，作为学校"一把手"的校长，既是学校最高行政领导，同时也是学校教育信息化发展的决策者、管理者与引领者，在教育信息化方面所具备的领导能力，直接影响学校教育信息化整体建设与应用水平。在信息技术的教育变革价值日益凸显的时代背景下，提升校长的信息化领导力成为当前各中小学校长专业成长的必然要求。校长信息化领导力的提升由此也受到各级教育管理部门重视，从国家层面颁布的有关校长信息化领导力提升的政策文件，到地方教育部门组织实施的校长信息化领导力发展实践，再到学术界对校长信息化领导力提升的探索，教育工作者已经在不断思考如何提升校长的信息化领导力。

从国家层面上来看，教育部于2014年印发的《中小学校长信息化领导力标准（试行）》明确指出，校长是学校教育信息化建设工作带头人、组织者与实践者，信息化领导力是信息时代校长必须具备的核心能力，并从规划设计、组织实施、评价推动三个方面提出具体要求。教育部于2016年印发的《教育信息化"十三五"规划》再次强调校长信息化领导力的重要作用，要求各级各类学校要建立由学校领导担任首席信息官（CIO）的制度，全面统筹学校信息化的规划与发展。在区域的层面上，以广东省为例，从2018年起广东省开始在"强师工程"省级培训项目中增设"中小学校长信息化领导力提升专项"内容，要求采用集中面授、参观见学、交流研讨、学校教育信息化规划与指导（现场教学）等形式进行。在学术界，相关领域研究者主要从内涵界定、评价指标与发展对策等方面对校长信息化领导力展开研究。例如，孙祯祥等基于领导力五力模型构建学校中层管理团队信息化领导力评价体系。[①] 庞敬文等设计

---

① 孙祯祥，任玲玲. 学校中层管理团队信息化领导力评价体系研究 [J]. 现代远程教育研究，2016（5）：61-67.

中小学校长信息化领导力混合式培训模式。① 教育部于2018年发布的《教育信息化2.0行动计划》（以下简称《行动计划》），提出教育信息化2.0概念，标志着我国教育信息化建设已从过去的1.0时代迈进崭新的2.0时代。从本质上来讲，教育信息化2.0时代是1.0时代教育信息化建设的转段升级，在建设理念、建设方式、建设内容与应用模式等方面都发生深刻变化。正如杨宗凯等所指出的，起步、应用、融合与创新是教育信息化发展的四个阶段，在过去1.0时代，我国教育信息化已基本完成"起步"与"应用"两个阶段，进入2.0时代后，工作重心要转移到"融合"与"创新"两个新阶段，实现信息技术对教育的变革作用，而要顺利完成2.0时代教育信息化发展任务，我们不仅要树立全新的发展理念，还要探索全新的发展模式。② 不过我们必须注意到，作为学校信息化发展的决策者、管理者与引领者的校长，随着教育信息化2.0时代战略重心转移和目标任务升级，其信息化领导力的内涵与结构必然发生新的变化，其信息化领导力的培养方法也必然面临新的转型。已有研究者开始关注该问题，但还只是停留在理论层面的探讨。究竟如何培养教育信息化2.0时代的校长信息化领导能力，目前理论研究不足，也没有相关实践，尤其是针对农村校长的研究。分析2.0时代农村校长信息化领导力的内涵结构，探索2.0时代农村校长信息化领导力提升方法，是非常有必要的。

二、2.0时代教育信息化战略转向与农村校长信息化领导力内涵演变

（一）2.0时代教育信息化发展战略转向

《行动计划》是指导2.0时代教育信息化发展的政策性文件，并没有涵盖教育信息化2.0的全部内涵，有关教育信息化2.0的内涵特征、发展目标等方面都需要深入探讨。发布初期，国内众多学者从宏观视角对2.0时代教育信息化发展的理念、路径与目标等方面进行全面解读。例如，任友群认为2.0时代教育信息化要坚持时代引领、应用驱动、深度融合与教育治理。③ 祝智庭等认为2.0时代教育信息化是以智能技术为核心技术、以智能教育为实践路径、

---

① 庞敬文，高琳琳，唐烨伟，等. 混合学习环境下中小学校长信息化领导力培训对策研究 [J]. 电化教育研究，2016（6）：20-27.
② 杨宗凯，吴砥，郑旭东. 教育信息化2.0：新时代信息技术变革教育的关键历史跃迁 [J]. 教育研究，2018（4）：16-22.
③ 任友群. 走进新时代的中国教育信息化——《教育信息化2.0行动计划》解读之一 [J]. 电化教育研究，2018（6）：27-28，60.

以智慧教育为航标。[①] 胡钦太等认为2.0时代的教育信息化是以大数据和智能技术为触点，建设重心在于关注人的全面发展，目标任务在于重构教育生态。[②] 综合众多学者的观点我们可以发现，2.0时代的教育信息化是在继承1.0时代教育信息化成果基础上的深入发展。为了实现2.0时代教育信息化发展目标，我们要更新发展理念、调整发展定位、创新发展手段、把握发展重心。结合《行动计划》相关内容以及众多学者的相关观点，本研究从技术形态和发展重心、任务、方式、目标、愿景等几个方面对1.0时代与2.0时代教育信息化的发展进行比较。具体见表5-1。

表5-1　1.0时代与2.0时代教育信息化发展比较

比较维度	教育信息化1.0时代	教育信息化2.0时代
技术形态	以计算机、半导体技术等传统信息技术为主，建设数字校园	以大数据、人工智能等新型智能信息技术为主，建设智慧校园
发展重心	以物为重，重视信息基础设施建设	以人为本，重视师生素养全面发展
发展任务	以应用为导向，促进信息技术与教育深度融合	以创新为导向，引发教育教学由融合向创新发展
发展方式	将信息技术作为外生变量，全面推动教育现代化	将信息技术作为内生变量，支撑引领教育系统性变革
发展目标	教育教学过程网络化与数字化，重构教育流程	教育教学过程智能化与个性化，形成教育新生态
发展愿景	面向国情教情，探索具有中国特色的教育信息化发展道路	走向世界前列，为国际教育信息化提供中国智慧和中国方案

通过对比可以看出，从1.0时代到2.0时代，随着信息技术不断发展与教育教学改革不断深化，教育信息化在技术形态和发展重心、任务、方式、目

[①] 祝智庭，魏非. 教育信息化2.0：智能教育启程，智慧教育领航 [J]. 电化教育研究，2018 (9)：5-16.

[②] 胡钦太，张晓梅. 教育信息化2.0的内涵解读、思维模式和系统性变革 [J]. 现代远程教育研究，2018 (6)：12-20.

标、愿景等方面都发生了战略转向。1.0时代教育信息化发展是以计算机、半导体技术等传统信息技术为核心技术，以数字校园建设为载体，而2.0时代教育信息化发展是以大数据、人工智能等新型智能信息技术为核心技术，以智慧校园建设为载体。不同于1.0时代的发展重心以物为重，重视信息基础设施建设，2.0时代的教育信息化注重以人为本，重视师生素养全面发展，其发展方式是将信息技术作为内生变量，支撑引领教育系统性变革，目标是实现教育教学过程智能化与个性化，形成教育新生态。在发展愿景方面，1.0时代教育信息化是要面向国情教情，探索具有中国特色的教育信息化发展道路，而2.0时代的教育信息化是要走向世界前列，为国际教育信息化的发展提供中国智慧和中国方案。

（二）2.0时代农村校长信息化领导力内涵演变

校长信息化领导力的发展是一个动态的过程，其内涵总是随着信息技术不断发展与教育信息化不断推进而发生改变。正如 Avolio、Kahai 和 Dodge 等研究者所指出的那样，信息技术与领导力是双向互动作用的，信息技术为领导力发展创设一种新的实践环境，从而改变领导者的知识结构与领导者的领导力性质，而领导力同时也影响信息技术应用及其效果，领导者的信息化领导力正是在这种互动中相互建构而形成的。对于校长信息化领导力内涵发展的研究，孙祯祥等人分别从技术发展与领导力主体角色变化两个角度对国外校长信息化领导力内涵发展与蜕变进行归纳。沈书生基于信息化领导力发展轨迹与词义分析，从信息化愿景、信息化空间、信息化团队与信息化效益四个方面探讨信息化领导力内涵的演进轨迹与逻辑走向。校长信息化领导力是面向未来与实践的信息化力量。就发展的未来而言，祝智庭等指出，智慧教育是教育信息化2.0发展的航标，教育信息化2.0发展目标的实现，需要我们从系统视角进行思考，并从顶层设计、环境建设、能力建设、应用发展与保障体系等方面整体推进。就性质而言，信息化建设属于实践范畴，学校是教育信息化建设的主要实践场所，学校信息化建设具体涉及顶层设计、环境建设、应用推进、人才发展与绩效评估等核心环节，2.0时代教育信息化建设，需要将各种理念与要求体现在学校信息化建设的各个环节。综合考察宏观层面的信息化发展战略转向、推进路线和微观层面的学校信息化实践，本研究构建了如图5-2所示的教育信息化2.0时代农村校长信息化领导力结构模型。其中最为核心的是技术驱动的教学创新与教育治理引领能力和技术支持的师生核心素养发展指导能力。

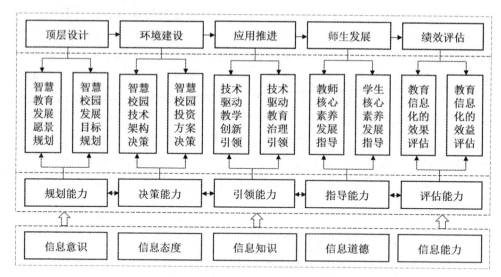

图 5-2 教育信息化 2.0 时代农村校长信息化领导力结构模型

1. 顶层设计：关注校长规划智慧教育与智慧校园发展目标的能力

智慧教育与智慧校园首次在国家发布的规划文件中被提出，并被当作 2.0 时代教育信息化发展的八大行动之一。这充分表明，智慧教育与智慧校园必将成为 2.0 时代教育信息化发展的重点，引领着 2.0 时代教育信息化的发展。从 1.0 时代教育信息化的发展经验来看，校长作为学校信息化发展的领导者与决策者，其对教育信息化发展所做的顶层设计是推动学校信息化快速、持续发展的重要引擎。因此，面对 2.0 时代教育信息化发展核心任务，校长需要具备从全局的视角对学校智慧教育与智慧校园发展的方向、目标与路径进行总体规划与设计的能力。正如澳大利亚校长中心在谈及校长能力时所指出的那样，校长是愿景文化的建构者，为了实现该愿景，校长需要建立领导团队、制订领导计划。校长在智慧教育与智慧校园方面的顶层设计能力涉及两个方面：一是要建立清晰的智慧教育与智慧校园发展愿景；二是要制订明确的智慧教育与智慧校园短、中、长期发展的目标与计划。在愿景计划的制订方面，校长既要结合学校实际情况，也要联合学校的信息化管理团队成员和学科骨干教师共同商讨，同时还要通过各种途径将智慧教育与智慧校园发展的美好前景向所有师生员工展现；在规划制定方面，综合考虑教育改革与信息化发展的整体趋势，从总体上对智慧教育与智慧校园的发展进行思考和把握。具体来讲，校长需要根据学校当前教育信息化发展现状、学校特色与条件，提出智慧教育与智慧校园发展的总体目标、基本思路、实施方案以及建设内容，等等。

2. 环境建设：关注校长决策智慧校园技术架构与投资方案的能力

良好的教学环境是高效教学得以顺利开展的基础和前提。信息化教学环境建设历来都是学校信息化发展的核心内容。相应地，校长在信息化教学环境建设方面的组织、管理与决策等能力，也一直都是评估校长信息化领导力的重要指标。进入 2.0 时代以后，随着智慧教育发展不断推进，作为支持学校层面智慧学习活动开展的智慧学习环境，智慧校园的设计与构建必然成为 2.0 时代教育信息化发展的重要工作任务。黄荣怀认为智慧学习环境是一种能够感知学习情景、识别学习者特征，能够为学习者提供合适的学习资源与便利互动工具，并能够自动记录学习过程和评测学习成果，以促进学习者有效学习的场所。由此可见，智慧校园是传统的数字校园随着信息技术不断发展而出现的一种高端形态的学习环境，在技术工具、功能结构与应用方式等方面比传统数字校园都要复杂。智慧校园建设当前在国内还处在初步探索阶段，既没有成熟的行业标准，也没有成功的建设与应用案例可供借鉴。在进行智慧校园建设的过程中，校长必须综合考虑学校对智慧校园功能需求、智慧校园建设经费预算与后续使用和运维等多方面因素。因此，究竟要建成什么样的智慧校园，如何选择适合学校的技术架构，如何安排建设、应用与运维等环节的经费比例，以建成能够满足师生多元化学习需求的智慧校园，这些都是智慧校园建设过程中必须考虑的现实问题。

3. 应用推进：关注校长引领技术驱动教学创新与教育治理的能力

在教育信息化 1.0 阶段，由于教育管理部门与学校管理者都非常重视技术投资与设施引进等工作，学校信息化基础设施已经基本建成，信息技术在教学活动中的经常性、普遍性应用已经基本得以实现。但是，作为变革教育系统的内生性变量，信息技术对教育教学的"革命性影响"还没有充分体现出来。这主要体现在两个方面：一是信息技术改变教学与学习方式的成效不显著；二是教育管理信息化水平有待进一步提高。针对前者，《行动计划》将"坚持融合创新"作为 2.0 时代教育信息化基本原则，提出要推动教育信息化从融合应用走向创新发展。针对后者，《行动计划》将"教育治理能力优化"列为八大行动之一，提出要全面提高利用大数据支撑保障教育管理、决策和公共服务的能力，探索信息时代教育治理新模式。由此可见，2.0 时代的教育信息化不能仅仅关注基础设施建设，而要在充分利用已有发展条件的基础上，将投入的重心从硬件设施建设转移到教学与管理的应用上来。与此同时，校长对教育信息化关注的焦点也需要作出相应的调整，即需要思考如何将信息技术深度融入学校具体工作，系统推进学校教学、管理变革。对于校长在教育信息化应用方面的作用，有研究者指出，校长在技术融入教学过程中起着非常重要的作用，但这种作用的重要性往往被低估。Schmeltzer 认为，具有信息化领导力的校长能够亲自在教学实践中应用技术，以帮助教师理解如何将技术应用到课堂上。因此，校长在教育信息化应用中的作用更多体现的是"示范"或"引领"。这里之所以使用"引领"，是强调校长在教育信息化应用中不仅是领导者，而且还是实践者。校长在工作中需要积极使用信息技术，亲自引导和带领全校师生开展教育信息化应用，具体包括技术驱动的教学创新与教育治理两个方面。

4. 师生发展：关注校长指导师生信息化时代核心素养发展的能力

学生的发展是教育的根本目的。创设有助于学生学习的信息化学习环境，促进学生全面发展始终是教育信息化规划与发展的出发点。而广大教师是信息化教学实施的最基层执行者，培养高素质的信息化教师队伍是高效推进学校信息化发展的关键。因此，校长需要同时关注如何让教师和学生在教育信息化推进过程中获得更好的发展。提出教育信息化 2.0 的目的之一就是要发挥信息技术在创新型人才培养中的作用。《行动计划》也对该问题作出了回应。首先提出 2.0 时代的教育信息化要坚持育人为本的基本原则，要构建以学习者为中心的全新教育生态，以促进人的全面发展。《行动计划》还把"信息素养全面提升行动"列为八大行动之一，提出要大力提升教师和学生的信息素养。由此可见，信息素养已经成为信息时代人才竞争的关键因素，教育信息化 2.0 时代是全面培养师生信息素养的重要时期，我们不仅要注重信息化的教育应用，还要注重师生信息素养的提升。其目的是让教师的信息化教学与学生的信息化学习成为常态行为，进而提高师生信息化时代的核心素养，如合作能力、创新能力与数字胜任力等。而校长则要在理念上从学校管理者定位向学校师生发展指导者定位转变，基于服务全校师生全面发展的视角发展学校信息化，构建有助于全校师生全面发展的物质环境、制度环境、文化环境，指导全校师生理性理解与适应信息化，主动支持全体教师提升信息化教育教学能力，积极鼓励全校学生应用适当的技术手段来开展学习。

5. 绩效评估：关注校长评估教育信息化建设的效果与效益的能力

2.0 时代的教育信息化涉及云计算、大数据、人工智能与虚拟现实等新兴技术，其建设与应用过程需要花费大量人力、财力与物力。学校教育信息化建设成效如何？教师信息化教学与学生信息化学习开展程度如何？这是学校校长要关注的问题。因此，校长需要从效率与效果等层面对教育信息化的各个环节进行系统考虑与全面评估，以诊断教育信息化建设过程中存在的问题、总结教育信息化建设的成功经验，为教育信息化的可持续发展提供反馈信息。校长的信息化评估能力由此也成为其信息化领导力中非常重要的一环，要求校长具备对教育信息化问题与成效作出价值判断的知识与能力，我们也需要关注校长的信息化绩效评估能力发展，使其形成信息化绩效评估思想，掌握信息化绩效评估方法。

三、基于转化学习理论的农村校长信息化领导力提升模式设计

（一）转化学习理论及其对农村校长信息化领导力提升启示

教育信息化2.0是建立在1.0时代教育信息化发展历史成就基础之上的。对于2.0时代教育信息化的发展，我们需要基于"历时性"的视角。因此，对于2.0时代校长信息化领导力的探讨，我们要尊重和体现校长在1.0时代已经具备的信息化领导力。如何引导校长对原有信息化领导力进行总结与反思，并通过学习、实践等方式形成适应2.0时代信息化发展的新型信息化领导力，是我们要思考的问题。校长是已经就业的成年人，校长信息化领导力提升首先需要考虑的是成人教育教学的特征。在成人教育研究领域，由美国著名的成人教育研究者杰克·麦基罗于20世纪70年代提出的转化学习理论被认为是世界范围内成人学习领域影响最为深远的理论。该理论认为，学习者总是习以为常地应用先前所掌握的知识或所积累的经验，对外界事物形成个人看法或解释，并以此作为认识参照体系，对认识新的生活经验作出习惯性诠释。转化学习就是要引导学习者对自己原有认知体系里知识、经验与观点等进行批判性反思，进而建立能够指引个人行为并具有开放性、包容性的全新知识结构，形成对事物或自身行动更加正确合理的理解和看法。总而言之，转化学习是一个不断修正学习者已有观点及其背后认知体系的过程。学习者已有经验、批判性反思和与他人理性对话是转化学习形成的三个关键因素，而且是三者缺一不可的。其中，学习者已有经验是转化学习形成的前提基础，对已有经验的批判性反思是转化学习形成的根本动力，与他人的理性对话是转化学习发生的助推力。

转化学习理论对于2.0时代校长信息化领导力提升具有十分重要的启发意义。从转化学习理论视角来看，2.0时代校长信息化领导力提升本质上就是校长在面临全新教育信息化发展环境时，通过质疑、反思与对话等方式转化自己原有的对教育信息化发展的思维参照模式，进而不断调整对待教育信息化的态度、行为与价值观。校长信息化领导力转化是多种因素共同作用的结果，其中最为核心的是要重视校长原有的教育信息化发展经验，注重引导校长对原有经验进行批判性反思，加强校长与他人的理性对话。

（二）指向转化学习的农村校长信息化领导力提升模式

依据转化学习理论的基本观点，成人转化学习的形成是一个按照特定步骤

不断进行理性探索的过程。校长信息化领导力从 1.0 时代向 2.0 时代转化的过程也必然如此。因此需要分析转化学习应用于校长信息化领导力提升的过程及路径。麦基罗将转化学习的形成过程划分为触发事件、质疑假设、理性对话与重新整合四个不同阶段。结合转化学习过程要素分析与信息化发展特征，本研究设计了如图 5-3 所示的农村校长信息化领导力提升模式。

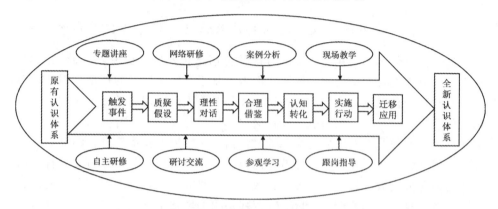

图 5-3　农村校长信息化领导力转化提升模式

提升校长信息化领导力的转化学习，通常要经过由触发事件、质疑假设、理性对话、合理借鉴、认知转化、实施行动与迁移应用等阶段组成的循序渐进过程。这一过程体现了校长信息化领导力提升的社会性、互动性与情境性的特征。由于 2.0 时代的教育信息化发展战略已经发生转向，校长面临的是全新的教育信息化情境与任务，校长原有的关于教育信息化发展的认识体系显然已经不再完全适用，致使校长感到困惑或迷惘，并由此引发一系列触发事件，如：智慧教育怎么规划？智慧校园怎么建设？如何应用技术驱动教学创新与教育治理？如何应用技术促进师生核心素养发展？面对教育信息化发展的新情境与新问题，校长需要充分利用内外优势条件，并将自我批判性反思与他人的合理性引导结合起来。在自我反思方面，校长必须对原本已形成的教育信息化发展经验或认知结构进行审视和质疑，分析自己在认识方面的局限性与明确问题所在。在他人引导方面，校长需要和高校教育信息化领域专家或其他同伴进行理性的对话、交流与讨论，以突破固有认识的局限性，获得新观点或新认知，并及时修正自己的观念和行为。在此基础之上，校长需要通过案例分析、参观学习与现场考察等方式合理吸收其他学校教育信息化发展的成功经验。此外，校长还需要形成问题解决方案，将所学的新观点与新认识应用到教育信息化发展实践中并进行检验。当然，并不是所有提升校长信息化领导力的转化过程都必须依次经历上述几个阶段，一部分校长的转化过程可能是渐变式的，也有另一部分校长的转化过程可能是突变式的。转化学习的发生还需要根据校长学习的成人性特征,综合使用多种培训模式,以满足不同学习风格的校长学习需求。

四、2.0时代农村校长信息化领导力提升模式应用实践与反思

(一)项目背景

为了加强新时代农村中小学校长队伍建设,广东省委、省人民政府于2018年颁布的《关于全面深化新时代教师队伍建设改革的实施意见》指出,要转变培训方式,改进培训内容,加强培训支持体系建设,大力开展提高培训和高端研修,以提升农村校长办学治校能力,培养一支业务精湛、治校有方的农村校长队伍。为贯彻落实该文件的相关精神与要求,广东省教育厅在每年的"强师工程"项目中增设农村中小学校长省级培训项目。基于校长信息化领导力对推进学校信息化建设与应用的重要意义,有关农村中小学校长信息化领导力的培训近几年来被广东省教育厅列为中小学校长省级培训项目内容之一,提出要采取由集中面授、跟岗指导与网络研修等多种培训模式相结合的方式,每年面向全省培训150名农村中小学校长。

(二)实施过程

依据广东省教育厅有关实施省级培训项目的相关要求,我们组建培训项目管理团队,设置项目培训目标,制定项目实施方案以及操作流程等。在项目实施的前期,项目组首先以问题为导向,从智慧教育发展愿景与目标规划、智慧校园技术架构与投资方案决策、技术驱动教学创新与教育治理引领、技术支持的师生核心素养发展等方面对2.0时代农村中小学信息化发展过程中面临的问题展开调研,引导农村校长对自身已有教育信息化经验进行反思,形成激发校长参与信息化领导力培训的触发事件。在此基础之上,基于菜单式培训的思想理念,分别从内容需求、模式需求与师资需求三个方面对2.0时代农村校长信息化领导力培训需求展开调研,并据此制定培训课程内容框架、设计培训过程模式、确定培训师资队伍,以最大限度满足不同校长的不同需求。在项目实施期间,项目组依据校长信息化领导力转化学习发生的流程来组织培训进程,并依据各个转化阶段的不同特征合理安排培训内容、培训模式与培训师资。"触发事件"与"质疑假设"两个阶段主要采用专题讲座与自主学习两种培训模式,内容上更多侧重于理论层面分析,旨在帮助农村中小学校长进行批判性反思,掌握2.0时代教育信息化发展的相关概念与基本理论。其中,专题讲座是

以高校教育信息化专家为主，自主学习则是校长围绕专家提供的学习材料自主安排学习。"理性对话"阶段主要采用网络研修与研讨交流两种培训模式，旨在帮助农村校长深化对教育信息化发展理论的理解，引导农村校长突破固有认知的局限性，促进观念与行为的转变。其中，网络研修在网络学习环境下进行，研讨交流在面对面学习环境下进行，对话可以在有着相似经验的参训校长之间展开，也可以在校长与高校教育信息化领域专家之间展开。"合理借鉴"阶段主要采用案例分析与参观学习两种培训模式，其中，前者主要围绕国内外教育信息化发展与应用典型案例展开，后者主要带领校长到湛江市及其周边教育信息化发展先进学校参观考察。"认知转化"阶段采取以专题讲座为主、以研讨交流为辅的培训模式，帮助农村校长内化信息化领导力相关理论。在项目实施的后期，组织教育信息化领域专家深入农村中小学，指导校长开展信息化发展与应用，帮助农村校长在真实信息化场景中实现知识迁移，现场教学与跟岗指导是该阶段的两种主要培训模式。

（三）实践反思

从调研统计的结果来看，近两年来的校长信息化领导力提升培训实践成效获得参训校长的广泛认可。2018年的统计结果显示，参训校长对培训模式、培训师资与培训组织的满意度分别约为98%、95%和97%。2019年参训校长对该三项的满意度分别约为96%、98%和95%。来自中山市的黄校长认为，培训内容既前沿，又能够贴切中小学信息化发展实际需要，有助于推动2.0时代中小学教育信息化更好的发展，特别是对于农村地区；来自茂名市的李校长认为，整个培训流程的设计非常合理、非常系统，能够做到一环衔接一环，逐层循序深入，而且培训模式也是非常灵活，能够满足校长学习需求，对提高校长信息化领导力是非常有效的；来自湛江市的王校长认为，培训师资主要由高校教育信息化专家与中小学一线校长组成，这种师资配置是非常科学合理的，既可以接受高校专家的理论引领，又可以借鉴中小学一线校长的教育信息化发展经验。通过项目组走访也发现，近两年来的培训也给多数参训校长所在学校的教育信息化发展带来显著变化。例如，茂名市某小学通过教育信息化的发展与应用，学校教育教学质量得到普遍提高，该校成为信息化发展与应用的优秀典型。不过，通过调研我们也发现近两年来培训实践也存在一些问题，如：怎样更好调动校长参加培训的积极性与主动性？如何发挥网络在培训中的作用？这将为后续的培训模式改进与优化指明方向。

第三节 同步互动课堂主讲教师教学胜任力模型及提升对策

同步互动课堂在教学环境、教学对象与教学过程模式等方面与传统课堂有很大不同,对任课教师的教学能力提出了全新要求。城市学校主讲教师作为承担同步互动课堂教学任务的中坚力量,重视并研究其同步互动课堂教学胜任力,建设一支能充分胜任同步互动课堂教学要求、践行同步互动课堂教育理念的师资队伍,既是深入推进同步互动课堂应用的关键举措,又是促进城乡教育优质均衡发展,实现让每个农村儿童都能享有公平而有质量教育的重要保障。从文献分析来看,当前国内外学术界对于教师胜任力这一领域的研究已有一定基础,但专门针对同步互动课堂教学环境下教师教学胜任力研究非常少。具备什么样知识与技能的教师才能够胜任同步互动课堂教学任务?教师所具有的这些知识、技能之间又有什么样的结构特征?这些问题都值得我们进行深入探讨。

一、洋葱模型理论及其对同步互动课堂教学胜任力研究启示

(一)胜任力与胜任力洋葱模型

国外对于胜任力的研究具有较为悠久的历史,最早可以追溯到"科学管理之父"泰勒的"管理胜任力运动"。但真正引起人们重视并引发胜任力研究热潮的是美国哈佛大学社会心理学家麦克利兰于1973年发表在《美国心理学家》杂志上的《测量胜任力而非智力》一文。在该文中,麦克利兰首次提出"胜任力"概念,认为胜任力是个体所具备的,能够导致个体在特定工作岗位或组织环境中与他人不同工作绩效水平的个人系列深层次特征,例如个人的知识、技能、能力、特质与动机等。自那以后,胜任力问题引起人力资源管理、组织行为学、教育学与心理学等学科领域众多研究者的研究兴趣。随着胜任力研究的不断深化,其研究范围也逐步扩展到教育、政府、企业与医学等领域。对于胜任力内涵的界定,学术界目前存在特征观与行为观两种不同倾向,但比较一致的看法认为,胜任力是指能对某一具体工作情境中工作者表现优秀与否进行区分的个人潜在特质。这种特质既包括了显性的知识储备与能力水平,同时也包

括了隐性的情感、态度、动机以及价值观等。胜任力通常具有以下四个方面的重要特征：其一，胜任力是个体一系列内在特征的有机组合；其二，胜任力与工作绩效密切相关，不仅可以用于区分工作绩优者与绩平者，还可以预测员工未来的工作绩效；其三，胜任力与具体的工作情境或工作任务息息相关，即某一岗位的胜任力特征是与该岗位的具体需求有关；其四，可以通过有效手段对胜任力进行测量并加以改进。

胜任力模型是个体承担某一特定职位角色时获得高绩效所必备胜任特征的总和。胜任力模型能够较为清晰地描述个体从事特定岗位时应当具备的一系列能力。学术界比较认可的典型胜任力模型主要有麦克利兰提出的冰山模型和查德·博亚特兹提出的洋葱模型。其中，冰山模型将个体的胜任力依据表现形式的不同分为"冰山之上"与"冰山之下"两个部分。位于"冰山之上"的是胜任力的外显要素，具体包括个体在完成任务时必须具备的知识、技能及其表现出来的行为特征，这些要素易于观察和测量，可以通过短期的学习和培训而获得。而位于"冰山之下"的是胜任力的内隐要素，具体包括个体角色定位、自我认知、特质与动机等。这些内隐要素不容易观察和测量，但对个体的工作绩效起着决定性作用。洋葱模型在冰山模型基础上将胜任力特征按照稳定性程度的不同分成三个层次，形成由三个同心圆组成的框架结构。处在最外层的是个体的知识与技能，这两个因素最容易受到外界影响并改变，可以通过学习或后天努力而提升。处在中间层的是个体的自我认知、态度和价值观，其稳定性位于最外层因素与最内层因素之间，在最外层与最内层之间起到中介作用。处在最内层的是个体较难测量、评价与发展的特质与动机。

（二）同步互动课堂教学胜任力及其结构

洋葱模型的特点在于根据胜任力特征"内隐-外显"程度的不同对其进行划分。相对于冰山模型而言，洋葱模型对胜任力特征的描述具有更为丰富的层次关系，结构特点也更为直观，而且能够比较清晰地区分胜任力要素获得与改变的难易程度。总体来看，洋葱模型相对具有更强的适切性。根据这一认识，本研究将以洋葱模型作为理论基础，分析同步互动课堂教学环境下城市主讲教师教学胜任力的内涵及其组成结构。基于对胜任力概念的理解，结合同步互动课堂教学的实践特征及其对教师提出的要求，本研究认为同步互动课堂教学胜任力是教师在同步互动课堂教学环境下逐渐形成并体现出来的能够胜任同步互动课堂教学工作的系列个人特征，是教师胜任同步互动课堂教学岗位工作所必备的条件，可以用于判断一位教师能否胜任同步互动课堂教学工作任务，也是决定并区分教师同步互动课堂教学开展效果差异的个人特征。同步互动课堂教学胜任力模型是教师能够成功实施同步互动课堂教学这一工作所需要具备的系列特征的组合，包括知识、技能、态度、价值观、特质与动机等。根据可观察性与培养难易程度，同步互动课堂教学胜任力模型可以分为三层，具体如图5-4所示。

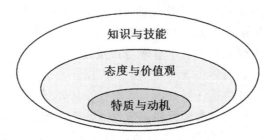

图 5-4　同步互动课堂主讲教师教学胜任力模型组成结构

同步互动课堂主讲教师教学胜任力模型三层结构之间相互影响、相互制约，从外向里逐层深入，越往里层稳定性越高，习得和发展的难度越大，所需要的时间也越长。外层部分包括教师的知识与技能，是教师开展同步互动课堂教学的基础，可以用于区分同步互动课堂教学工作的合格者与不合格者，在短期内可以习得和发展；处在中层部分的是教师的态度与价值观；处在内层部分的是教师的特质与动机，这两部分胜任力是区分同步互动课堂教学工作表现优异或普通的关键特征，对教师同步互动课堂教学的行为表现起到决定性作用。相对于外层的知识与技能来讲，同步互动课堂教学胜任力模型的中层、内层这两层组成部分更为稳定，持续性也更强。

二、同步互动课堂主讲教师教学胜任力模型构建

（一）相关研究文献分析

与同步互动课堂建设实践快速发展相比，我国关于同步互动课堂教学环境下教师教学胜任力的相关研究较为滞后。但目前教师胜任力研究已经取得丰硕的成果，与此同时，已有研究者开始关注信息化环境、数字化学习环境、混合学习环境、慕课学习环境、翻转课堂环境与智慧学习环境等环境下的胜任力概念、指标体系构建等内容。这些文献对同步互动课堂教学胜任力构建具有一定参考价值。为从已有相关文献中寻找支持性理论与实证研究证据，本研究对被CSSCI收录且论述主题为"教师胜任力"的论文按相关性进行梳理与筛选，总共收集到112篇相关文献（检索截止时间为2023年8月）。通过对相关文献分析不难发现，尽管教育领域针对同步互动课堂教学胜任力的研究仍然较少，但有关主讲教师教学能力要求在同步互动课堂其他主题研究中被提及，即当前对于同步互动课堂教学中教师应具备的能力的研究较为分散，大多散述于同步互动课堂其他主题研究中。这些文献对同步互动课堂教学胜任力模型构建同样具有指导意义。

在与信息化教学环境相关的教师胜任力方面，郭春才认为信息化环境下教师胜任力包括媒介素养、组织素养、学习素养和媒传素养四个方面。① 周榕构建教师远程教学胜任力模型，具体包括 11 项通用胜任力与 5 项岗位序列胜任力。② 颜正恕提出教师慕课教学胜任力模型，包括教学人格、信息素养、晶体能力、教学影响、教学互动与教学管理等维度。③ 廖宏建等构建了教师 SPOC 混合教学胜任力模型，具体包含专业知识、讲授能力、信息素养等 3 项基准性胜任特征与 13 项鉴别性胜任特征。④ 郝兆杰等从知识、技能、特质与动机、态度与价值观四个维度构建教师翻转课堂教学胜任力模型。⑤ 赵忠君等构建了智慧学习环境下的高校教师胜任力模型，包含五大维度 15 项胜任要素及 31 个胜任指标。⑥ 万昆等探讨教师在线教学胜任力，认为在线教学胜任力包括在线教学方法胜任力、在线师生交互胜任力与在线教学技术胜任力 3 个维度。⑦

在教师同步互动课堂教学要求方面，雷励华等从情感态度、思想意识、业务能力等维度较为系统地提出了一系列要求。其中，情感态度上要具备较强责任心、奉献精神以及参与同步互动课堂教学实践的意愿，思想意识上要具备教学改革意识与全新教学理念，业务能力上要具备过硬的普通话水平、深厚教育教学理论功底、较强信息化教学能力、丰富的教育教学实践经验与课堂组织管理经验以及熟悉计算机及多媒体设备操作。⑧ 杨俊锋等的研究指出，教师需要具备以下素养：其一，在教学活动上要考虑两地学生需求，能够有针对性地开展教学；其二，熟悉相关教学设备使用，能够应用信息技术与两地学生进行互动，在多媒体设备发生故障时能够很好地处理；其三，拥有丰富的教学经验，能够应对课堂中发生的各类状况，能够根据学生接受状况适时调整教学进度；其四，能够设计班级之间或学生之间交互；其五，教学态度要比传统教学方式

---

① 郭春才. 信息化教育环境下教师胜任力研究 [J]. 中国远程教育，2012 (17)：65-69.
② 周榕. 高校教师远程教学胜任力模型构建的实证研究 [J]. 电化教育研究，2012 (11)：86-92.
③ 颜正恕. 高校教师慕课教学胜任力模型构建研究 [J]. 开放教育研究，2015 (6)：104-111.
④ 廖宏建，张倩苇. 高校教师 SPOC 混合教学胜任力模型——基于行为事件访谈研究 [J]. 开放教育研究，2017 (5)：84-93.
⑤ 郝兆杰，潘林. 高校教师翻转课堂教学胜任力模型构建研究——兼及"人工智能+"背景下的教学新思考 [J]. 远程教育杂志，2017 (6)：66-75.
⑥ 赵忠君，郑晴，张伟伟. 智慧学习环境下高校教师胜任力模型构建的实证研究 [J]. 中国电化教育，2019 (2)：43-50, 65.
⑦ 万昆，饶宸瑞，饶爱京. 后疫情时期何以发展教师在线教学胜任力 [J]. 电化教育研究，2021 (8)：93-100.
⑧ 雷励华，左明章. 面向农村教学点的同步互动混合课堂教学模式研究 [J]. 电化教育研究，2015 (11)：38-43.

更为积极。①周玉霞等的研究发现，教师能够根据不同的教学策略需求设计资源与活动序列，两地教师在同步互动课堂教学中要进行密切交流与合作。②王觅等对教师提出四点改进同步互动课堂师生交互的策略：一是优化课堂提问方式；二是强化两地教师协同备课教研；三是适时调整课堂组织模式；四是要强化教师的信息技术应用。除此以外，很多研究还提到了教师的课堂组织能力、交互能力与协同能力。

（二）研究方法与过程

在文献分析基础上，通过文献定量分析、关键行为事件访谈法与德尔菲法等研究方法构建同步互动课堂主讲教师教学胜任力模型，并使用 SPSS、AMOS 等量化工具进行验证。

在文献定量分析阶段，根据胜任力洋葱模型，首先，指定两名研究人员使用"0/1"编码形式对收集到的文献进行胜任力指标频次计量统计，具体包括 112 篇以"教师胜任力"为主题的参考文献和 37 篇以"同步课堂""专递课堂""三个课堂"为主题的参考文献，其中"1"表示有被提及，"0"表示未被提及。其次，结合同步互动课堂本质特征对部分指标进行重新描述，对部分含义相近的指标进行归纳与合并，并依据各指标的含义进行重新归类。最后，以胜任力指标频次统计结果为依据，结合定性分析结果，保留各维度中出现频次较高的指标，最终得到由 32 项胜任力指标项组成的同步互动课堂教学胜任力初始模型。

在关键行为事件访谈阶段，采用方便取样与目的取样相结合的方法，从广东、福建、浙江与湖北等地选取 48 名对同步互动课堂教学具有实践经验的城市学校主讲教师和 16 名从事区域同步互动课堂建设与应用推广的教育管理人员作为访谈对象。其中，主讲教师访谈对象中，男性教师 17 名，女性教师 31 名；中级职称教师 23 名，高级职称教师 25 名。具体涉及英语、语文、音乐与美术等学科。所有这些样本教师同时具备以下特征：一是近两年内作为主讲教师至少完成 2 个学期的同步互动课堂教学任务，讲授总课时不少于 128 学时；二是同步互动课堂教学质量良好，得到农村学校与城市学校师生广泛好评；三是在区域内同行间具有一定影响力。以麦克利兰等的访谈提纲为参考，并结合同步互动课堂学习环境、教师胜任力等核心问题确定本研究的访谈提纲，主

---

① 杨俊锋，崔丽霞，吴滕，等. 混合同步网络课堂有效性的实证研究 [J]. 电化教育研究，2018（12）：50-56，77.

② 周玉霞，朱云东，刘洁，等. 同步直播课堂解决教育均衡问题的研究 [J]. 电化教育研究，2015（3）：52-57.

要包括三个方面的内容：一是教师的基本信息，例如教师个人信息、教育背景、工作内容、工作现状以及对当前工作满意程度；二是同步互动课堂教学胜任力特征，让教师回忆自己与同步互动课堂教学相关的教学经历，基于 STAR 法对自己认为最为成功（精彩）和最为失败（遗憾）的三件教学事件或教学环节进行讲述，具体包括事件发生的情境（situation）、需要解决的任务（task）、采取的关键行动（action）、事件处理后的结果（result）以及这件事件所产生影响；三是教师对同步互动课堂建设与教学应用以及对主讲教师同步互动课堂教学胜任力培养的期待与建议。结合访谈研究结果，保留 30 个主讲教师教学胜任力指标项，最终形成同步互动课堂教师教学胜任力修正模型。

在专家意见征询阶段，采用德尔菲法对国内部分研究同步互动课堂的专家学者进行独立意见征询。具体做法如下：在同步互动课堂教学胜任力修正模型基础上编制专家咨询问卷，要求他们对修正模型自身的合理性与模型各项胜任力指标项的重要性进行判断。另外还要求专家补充修正模型中没有提及的同步互动课堂教学胜任力指标。根据同步互动课堂教学胜任力修正模型编制专家咨询问卷，对每个胜任力指标项进行描述，并要求咨询专家利用李克特量表法对每个胜任力指标项的重要程度进行打分。数字 1~5 代表该指标项在胜任力模型中的重要程度，其中 1 代表特别不重要，2 代表不重要，3 代表一般重要，4 代表比较重要，5 代表非常重要。另外，为了提高胜任力指标项的合适程度，问卷还设置有"修改意见"一栏，如果有专家认为某项胜任力指标需要进行修改或删除，要求在"修改意见"处提出具体修改意见。

本研究从广东、浙江、湖北、福建与河南等地选取 13 名专门从事同步互动课堂建设与教学应用研究的专家作为咨询对象。在遴选的专家中，男性 8 名，女性 5 名；教授职称 6 人，副教授职称 7 人，所有专家均具有博士学位。从总体情况来看，所选取的专家群体普遍具有专业代表性、地域代表性与权威性。问卷调查采用邮件发放形式进行。项目组先后发放 13 份问卷，回收问卷 13 份，所有问卷都是有效的，即问卷回收率和有效率均为 100%。对回收的问卷进行均值、方差等统计分析，并依据均值对专家对胜任力指标项意见的集中程度进行判断，以均值大于 3.75 为基准。为了获得专家对胜任力指标项认可的离散程度，我们还分析了其变异系数。评判标准：如果变异系数低于 0.15，那么说明数据分布是均衡的；如果变异系数大于 0.5，说明数据分布明显不均衡。从数据统计的结果可以看出，30 个胜任力指标项的得分为 3.83~4.93，均大于基准值 3.75，且变异系数为 0.08~0.18，满足数据分布均衡的最低要求，说明专家对模型的胜任力特征项设计还是比较认可的。不过专家也从模型框架结构设计、各维度指标项设计与指标项表述等方面有针对性地提出具体的修改意见。

(三) 研究结论

主讲教师是同步互动课堂教学的主体力量，实施同步互动课堂教学自然要求主讲教师具备相应胜任力。研究结果发现，主讲教师同步互动课堂教学胜任力模型是一个由 28 个胜任力指标项组成的多层次、多维度有机整体。纵向上依据稳定性、习得难易程度与功能作用不同，胜任力特征项从内向外分为外层、中间层与内层三个层次，以及动机、特质、态度、价值观、技能与知识等六个维度；横向上依据与同步互动课堂教学环境密切程度不同分为通用胜任力与核心胜任力两大类。知识维度的核心胜任力指标包括信息化教学知识、城乡学生差异知识、远程教育知识，技能维度的核心胜任力指标有驾驭课堂能力、信息技术应用能力、灵活应变能力、课堂交互能力，价值观维度的核心胜任力指标项有对同步互动课堂应用教学价值认同、关注乡村与乡村教育事业，态度维度的核心胜任力指标项有积极参与同步互动课堂教学意识，特质维度的核心胜任力指标项有奉献精神、责任心、善于接受新事物，动机维度的核心胜任力指标项有主动承担同步互动课堂教学意愿、同步互动课堂教学成就动机。主讲教师同步互动课堂教学胜任力模型结构，如表 5-2 所示。

表 5-2 主讲教师同步互动课堂教学胜任力模型结构

胜任力层次	胜任力维度	通用胜任力指标项	核心胜任力指标项
外层	知识	学科专业知识、实践性知识	信息化教学知识、城乡学生差异知识、远程教育知识
外层	技能	语言表达能力、协作能力、教学研究能力、学习活动设计能力	驾驭课堂能力、信息技术应用能力、灵活应变能力、课堂交互能力
中间层	价值观	公平对待城乡学生	对同步互动课堂应用教学价值认同、关注乡村与乡村教育事业
中间层	态度	爱岗敬业	积极参与同步互动课堂教学意识
内层	特质	认真严谨、耐心、亲和力	奉献精神、责任心、善于接受新事物
内层	动机	专业成长动机、自我实现动机	主动承担同步互动课堂教学意愿、同步互动课堂教学成就动机

三、提高主讲教师同步互动课堂教学胜任力的对策

主讲教师同步互动课堂教学胜任力模型在回答了同步互动课堂建设从试点应用到大规模推进转变背景下,我们需要什么样的主讲教师的同时,也为我们如何遴选、招聘、培训、优化同步互动课堂主讲教师提供了借鉴和启示。同步互动课堂主讲教师教学胜任力提升既不是自然生成的,也不是一蹴而就的结果,而是一项复杂的系统工程,需要根据不同胜任力指标项的稳定性与习得、发展难易程度的不同而有针对性地采取相应措施。

(一)构建基于"实践-引领-反思"取向的主讲教师培训与培养模式

处在模型外层的知识与技能,相对于其他层次的胜任力来说是最容易在短时间内习得与发展的胜任力。美国心理学家波斯纳提出的教师成长公式"经验+反思=教师成长",强调实践与反思对教师成长的重要性,认为只有经过反思才能将教师的经验上升到一定高度。该理论对于同步互动课堂主讲教师知识与技能维度胜任力的获得同样具有指导意义。主讲教师要积极参与同步互动课堂教学实践、主动开展教学实践反思。地方教育部门要引导主讲教师将教学实践与教学反思有机融合,构建有助于主讲教师开展本地化反思性实践的环境与机制。但同步互动课堂是一种信息技术支持的新型课堂形态,其教学实践与反思不能缺少专家引领。因此可以构建基于"实践-引领-反思"取向的同步互动课堂主讲教师培训、培养模式。可以定期组织主讲教师开展集中式培训活动,邀请国内相关领域的专家学者或实践经验丰富的一线同步互动课堂主讲教师为参训教师传授经验与理念;同时还可以发挥区域教研员和教学名师工作室的重要作用。例如,由相关学科教研员带头定期开展同步互动课堂教学研修活动或设置专门的同步课堂教学教研员岗位,成立专门的同步互动课堂教师名师工作室或将主讲教师作为成员纳入教学名师工作室。国内已有部分地区开始尝试这项工作并且取得良好效果,如广东省湛江市的"城乡教育一体化背景下的专递课堂"项目。

(二)构建有助于激发教师积极参与同步互动课堂教学意识的机制

态度与价值观维度的胜任力除了可以通过教学实践、专家引领与教学反思等方式引领主讲教师积极转变之外,区域教育部门与主讲教师所在学校需要构建有助于激发教师主动关注乡村教育事业热情、积极参与同步互动课堂教学意识的体制机制,如在职称评审、职位晋升与福利待遇等方面向主讲教师倾斜。

已有研究表明,近85%的受访者认为有必要建立激发教师参与同步互动课堂积极性与主动性的管理体制,62%的受访者对当前的激励措施不满意。美国心理学家克托·弗鲁姆所提出的期望理论也认为,激发力量(M)是完成目标的可能性(E)、完成目标所获得的报酬对于个人的重要程度(V)和完成目标后获得报酬的可能性(I)三者的乘积,当个体能够预测到某种行动有助于实现某个目标,并且该目标对其具有吸引力,能够满足其某方面需求,那么个体就会被激励起来实施这一特定行动。

(三)构建具有"农村属性"导向的职前教师培养课程体系与模式

特质与动机维度的胜任力作为最为关键但也是最为难以习得与发展的部分,需要着眼于教师的整个职业发展生涯。特别是在教师的职前教育阶段,作为培养地方师资主力军的地方师范院校,在职前教师培养中要在课程设置、培养模式等方面涉及农村相关内容,以培养专业情感、专业理念、专业知识与专业能力等方面具备"农村属性"的教师。国外已有相关案例,例如,澳大利亚学习与教学委员会组织的项目"农村学校职前教师吸引与留任策略",通过开发职前教师农村相关课程学习模块、安排职前教师到农村学校实习、建立大学与农村社区合作关系,使得职前教师提前了解、理解与认同农村,致使更多职前教师选择留在农村。当然,对于主讲教师同步互动课堂教学胜任力的提升,还要重点关注其核心胜任力部分,例如协作能力、城乡学生差异知识、信息技术应用能力与灵活应变能力等。这部分胜任力对于同步互动课堂教学是至关重要的,在关键行为事件访谈阶段的频次统计结果和专家意见咨询阶段的均值统计结果可以得到体现,从部分主讲教师的访谈记录中也可以得到验证。例如,对于协作能力,有教师认为"同步互动课堂教学讲究团体合作,对主讲教师的沟通合作能力要求更高,包括和技术人员的沟通、和辅助教师的沟通等";对于灵活应变能力,有教师认为"老师的应变能力要非常好,在交流过程中如果出现学生不会的问题,老师要有怎么去应对的能力"。

第四节 农村学生同步互动课堂临场感及其提升路径

在线临场感是学习者在网络教学环境下自身建立存在关系的一种能力。国内外学者已经注意到在线临场感对远程教育学习者学习绩效和感知的影响,并开展大量实证研究。例如,理查德森研究发现,在线临场感能够促进在线学习者学习感知与提高在线学习者对教师的满意度。李海龙研究揭示了临场感对在线学习者学习认知具有正向影响。因此,对同步互动课堂教学环境下农村学生在线临场感进行研究,探讨其提升策略,对于当前实践具有重要价值。

一、农村学生同步互动课堂临场感的组成结构

(一)探究社区理论模型与分析框架

在网络学习社区研究领域,加拿大学者加里森于 2000 年提出了如图 5-5 所示的探究社区理论模型。该理论认为,学习者在网络学习社区中的在线临场感是一个复杂的复合结构,具体由认知临场感、社会临场感与教学临场感三个要素组成,只有在这三个要素都达到某种程度时,深度而有意义的学习才可能发生。其中,认知临场感是指学习者在任何特定网络学习社区中通过持续沟通而获得的意义建构与理解的程度;社会临场感是指学习者在友好的学习支持环境下进行情感化和社会化表达的能力;教学临场感是指为了促进具有个人意义和教育价值的学习成果达成,而对学习者学习认知与社交过程所进行的设计、促进与指导。

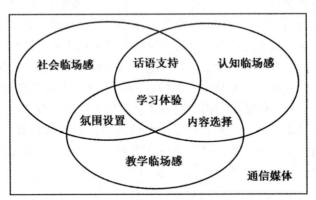

图 5-5 探究社区理论模型

认知临场感、社会临场感与教学临场感在探究社区理论模型中是相互影响的。认知临场感是理论模型的核心,对提高学习者的网络学习效果有着重要作用;社会临场感既是认知临场感和教学临场感发生的基础,同时也是网络学习能够取得成功的基本条件;教学临场感则在创设与维持学习者社会临场感、认知临场感方面具有重要价值。

（二）农村同步互动课堂临场感结构

探究社区理论框架所包含的三类临场感，能够直观表征网络学习社区中学习者的在线学习状态与教师的教学状态。因此，自从该理论被提出以来，就被广泛应用于远程教育、在线学习与网络虚拟社区构建等领域的研究。其成果对于具备远程教育属性特征的农村同步互动课堂临场感研究具有一定指导价值。相对于一般意义的远程教育来说，农村同步互动课堂教学具有两方面的显著特征：一是教学对象为基础教育阶段的低龄学生；二是教学环境为由农村本地课堂与城市网络课堂相结合的混合式课堂。由此可见，农村同步互动课堂临场感组成结构比远程教育临场感丰富。具体来讲，首先需要考虑与城市学校教师、学生的情感认同以及学习过程中形成的各种情绪对农村学生学习的影响；其次要考虑混合式课堂环境下农村学生自身内在因素对其学习成效影响，如学生的自我效能感、自我调节能力等。正如有学者所指出的，探究社区理论过于注重外部环境因素对学习者学习的影响，而忽视学习者自身的因素。基于以上两点思考，在探究社区理论基础上，本研究将情感临场感与学习临场感也纳入考察范畴，并构建了如图 5-6 所示的农村同步互动课堂临场感组成结构。

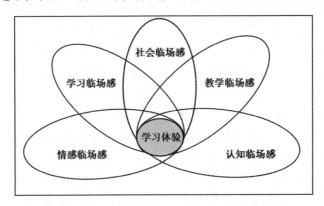

图 5-6　农村同步互动课堂临场感组成结构

农村同步互动课堂临场感包括社会、认知、教学、学习、情感等方面要素。这些要素并不是单独存在的，它们总是相互融合、相互影响，对农村学生的知识学习发挥各自独特的作用，推动农村学生知识学习过程不断提升。社会临场感具体表现为农村学生感受到城市学校学生与教师存在的心理感知。良好的社会临场感有助于拉近农村学生与城市学校学生、教师之间的心理距离，获得与传统面对面教学相近程度的真实感，进而激励农村学生积极参与问题的讨论，社会临场感由此也成为其他临场感形成的基础；认知临场感所反映的是农村学生的认知水平，具体指农村学生在知识建构过程中通过运用批判性反思，将新的知识融入已有的知识体系中,高水平的认知临场感有助于提高农村学生同步互动课堂参与度;教学临场感是教育者的临场感,具体是指农村学生在同步互动课堂环境下能够感受到城市教师对其的关心与指导,能够帮其解决学习中的困难,教学临场感对于同步互动课堂中的社会临场感与认知临场感的营造与维护有重要的意义;学习临场感是指农村学生在知识学习过程中的各种行为的总体表现,代表农村学生同步互动课堂环境下的自我效能以及支持自我调节过程中的认知、行为与动机等方面的构成要素;情感临场感是指农村学生在同步互动课堂环境下与城市教师、学生交流时,与城市教师和学生之间在感觉、情绪与情感等方面的外在表现,情感临场感是指学生社会化学习的支持因素,情感认同是其形成的基础。

二、营造同步互动课堂临场感的主要措施

(一)研究方法选择

探究社区理论非常注重网络学习环境下学习者的学习体验与教育者的教学经验。这决定了农村同步互动课堂临场感的研究必须综合使用问卷调查、访谈调查与内容分析等多种研究方法。其中,问卷调查以农村学生与城市教师为对象,用于获取调查对象基本信息、了解农村学生和城市教师对同步互动课堂临场感的感知、城市教师在教学实践中为学生营造课堂临场感的普遍做法等。访谈调查主要用来收集农村学生的学习满意度与学习绩效、城市教师的教学效能感以及影响城市教师提高农村学生同步互动课堂临场感的因素等。访谈方式主要以面对面访谈为主,少部分教师使用网络交流访谈或电话访谈等方式进行。内容分析法对访谈调查阶段所获得的访谈记录做定量的统计描述,揭示农村学生同步互动课堂临场感影响因素的统计特征。在具体分析时,根据研究目的与专家建议,结合农村同步互动课堂的临场感结构与教学特征进行反复的修改与调整,最终形成适合本研究的内容分析框架。

(二)研究对象确定

城市学校教师是同步互动课堂主讲教师,承担同步互动课堂的具体教学任务。农村学校教师作为辅助教师,一方面要辅助城市学校教师有效开展教学,另一方面要对农村本地课堂的教学秩序进行组织与管理。另外,地方教育管理部门相关工作人员是同步互动课堂建设与应用的组织者与推进者,其对同步互动课堂教学应用效果提升起至关重要的作用。因此,本研究对广东、湖北、福建与浙江等省份部分县市从事同步互动课堂教学的城市教师、农村教师与从事

同步互动课堂建设的教育管理部门人员进行调查。在具体调查时，我们制定了调查对象的选择依据。其中，对城市学校主讲教师与农村学校辅助教师提出以下要求：首先是要具备高度的责任心与奉献精神，拥有较强的承担同步互动课堂教学的意愿；其次是要具备较强的教学改革意识；最后要具备丰富的一线教育教学实践经验。

（三）研究工具设计

1. 调查问卷设计

教师在同步互动课堂教学中需要关注认知临场感、教学临场感、社会临场感、学习临场感与情感临场感的创设。根据已有研究，每种类型临场感具有不同的组成结构。加里森认为认知临场感的创设包括触发事件、协作探索、信息整合与问题解决四个子维度。触发事件是指教师需要为学习者提供共同解决的问题情境或任务，以唤起学习者对问题的认识，引起学习者的困惑；协作探索是学习者共同合作以加深对问题的认识、获得问题解决方法的过程，教师需要为学习者提供适于探索的建议与资源；信息整合是学习者对协作探索阶段所形成的观点进行意义建构，并达成共识，要求教师在过程中要给予指导与反馈，必要时还要为学习者提供学习支架；问题解决是学习者对观点或假设进行验证，要求教师引导学习者总结并分享个人经验，并对个人的学习效果与收获进行反思。Shea等认为教学临场感包括设计与组织、促进对话、直接教学与评价反馈等类别。其中，设计与组织是指教师要对课程结构、教学过程、课堂互动与教学评价等方面进行相应的计划与设计；促进对话是指教师要在承认学习者个人贡献的基础之上，鼓励学习者参与集中讨论、分享个人观点；直接教学是指教师要向学习者提供引导，并共享学科知识；评价反馈是指教师要对学习者的话题讨论或其他任务提供清晰、准确的反馈与评价。加里森认为社会临场感包括情感表达、开放沟通与群体凝聚力三种类型。其中，情感表达是学习者自由表达学习体验的能力与自信，表现幽默与自我流露是教师促进情感表达的主要策略；开放沟通是学习者之间、学习者与教师之间相互信任的沟通交流，相互理解、认识与认可并尊重每个人的贡献，是促进开放沟通的主要策略；群体凝聚力是指学习者对班集体的向心力，教师需要设计能够建立与维持群体情感认同的活动，如鼓励合作、帮助与支持等。Shea等认为学习临场感包括构思学习计划、监控学习与策略的使用等三个维度。构思学习计划方面要求教师指导学生设定学习目标与制订学习计划；监控学习方面要求教师指导学生对自己的学习过程进行监控；策略使用方面要求教师指导学生选择合适的学习策略。Stenbom等认为情感临场感包括活动情感、定向情感与结果情感三个维度。其中，活动情感反映学习者在学习活动中的情绪表现，定向情感反映学习者在学习活动中对自身或同伴情绪的识别与分享，结果情感反映的是学习者对学习过程的价值预期或面对真实效果时的情绪表现。

根据研究目的与专家建议，借鉴上述学者提出的临场感分析维度，分别从认知临场感、教学临场感、社会临场感、学习临场感与情感临场感等方面编制初始问卷。为了保证问卷具有较高的信度与效度，选取部分教师在小范围内对问卷进行测试，并依据测试的结果对问卷结构的合理性、内容的完整性与措辞的严谨性等进行反复的完善与修改，相继修订部分表述不清、选项不全的题项，同时还剔除若干冗余问题，最终形成完整调查问卷。该问卷包括教师个人信息和教师提高课堂临场感的措施两部分。其中，教师个人信息具体包括年龄、性别、学历与工作单位等；教师提高临场感措施包括认知临场感、教学临场感、社会临场感、学习临场感与情感临场感等5个维度，共计17道题。

2. 访谈提纲设计

访谈调查分别从教育者和学习者的视角出发，针对农村学生和城乡教师在同步互动课堂教学中的疑问和感知来设计访谈提纲。其中，面向学生的访谈问题包括：你是否对同步互动课堂的教学效果很满意？你是否能够理解城市教师所讲的内容？城市教师哪些做法有助于加深你对知识的理解？你的学习过程容易受到哪些因素影响？面向教师的访谈问题包括：你觉得同步互动课堂教学效果如何？你觉得哪些因素影响你对农村学生同步互动课堂临场感的提升？你觉得哪些措施有助于提升农村学生的同步互动课堂临场感？为了能够获得更加客观、全面的访谈数据，本研究在访谈问题的设置上遵循从非结构化到半结构化再到结构化的基本思路，将每次访谈过程中所出现的新问题加入现有的半结构化访谈提纲，对后面的访谈对象进行提问，依此类推，逐渐加深访谈问题的闭环程度。

3. 分析框架设计

教师、学生、教学信息与教学媒体是教育信息化时代课堂教学的四大基本要素。相对于传统的面对面课堂教学来说，同步互动课堂教学具有以下显著特征：一是教学应用过程涉及城市学校、农村学校、教育管理部门与教育信息化企业等多个主体，需要对现有的教育教学管理体制进行创新，使其与同步互动课堂教学应用相适应；二是同步互动课堂教学设施作为连接农村课堂与城市课堂的中介，其性能的稳定性、功能的完备性与操作的方便性对教学效果的影响起决定性作用；三是教学过程比传统面对面课堂要复杂很多，需要教师采取适当措施对课堂教学过程进行组织、管理与协调。因此，在思考哪些因素影响教师提升农村学生临场感的问题上，除了要考虑教育信息化2.0时代课堂教学的四大基本要素以外，还要考虑同步互动课堂硬件设施、教学管理体制以及教学管理措施等方面。据此，本研究从教师、学生、教学信息、同步互动课堂技术设施、教学管理体制以及教学方法等方面对访谈内容进行分析。

（四）课堂临场感营造措施分析

在同步互动课堂教学环境下，农村学校学生能否形成课堂临场感以及形成何种程度的课堂临场感，是确保同步互动课堂教学能否有效开展的重要因素。因此，参与同步互动课堂教学工作的各学科教师以增强农村学生学习体验为核心，采取各种措施为农村学生营造良好课堂临场感，提高农村学生学习成效，具体统计结果如表5-3所示。

表5-3 同步互动课堂临场感营造措施调查统计结果

临场感类型	临场感营造措施	问卷选项及所占百分比		
		经常使用	不经常使用	不确定
认知临场感	触发事件	89%	7%	4%
	协作探索	81%	14%	5%
	信息整合	27%	52%	21%
	问题解决	79%	13%	8%
教学临场感	设计与组织	91%	6%	3%
	促进对话	82%	10%	8%
	直接教学	80%	12%	8%
	评价反馈	84%	9%	7%
社会临场感	情感表达	43%	48%	9%
	开放沟通	71%	13%	16%
	群体凝聚力	81%	11%	8%
学习临场感	构思学习计划	49%	46%	5%
	监控学习	78%	17%	5%
	策略使用	73%	16%	11%
情感临场感	活动情感	83%	11%	6%
	定向情感	37%	44%	19%
	结果情感	77%	12%	11%

表 5-3 的调查统计结果显示，农村同步互动课堂临场感营造措施的应用现状体现以下特征：首先，设计与组织、触发事件、评价反馈、活动情感是教师最常使用的几种营造措施，占调查样本的比例分别为 91％、89％、84％、83％。通常情况下，这几项措施是传统课堂教学环境下教师用以优化学生学习效果的普遍做法。同步互动课堂与传统课堂相比较在教学环境、师生关系与课堂结构等方面存在显著差异，对教师的教学方法与措施提出新的要求，这充分表明了大部分承担同步互动课堂教学任务的教师尚未熟练掌握同步互动课堂的特征与教学要求，将传统课堂的教学方法与措施向同步互动课堂简单迁移。其次，情感表达、构思学习计划与定向情感等几项营造措施较少被教师使用，占调查样本的比例分别为 48％、46％、44％。通过进一步访谈发现，这些措施的高效实施需要有完善的技术条件与较强的教师课堂教学能力作为支撑。但当前这两方面都有待于持续优化。再次，部分教师对于是否在同步互动课堂教学中使用相关措施持不确定态度，其中，信息整合、定向情感与开放沟通这三项措施的不确定较为突出，占调查样本的比例分别为 21％、19％、16％。部分教师反映，其对于同步互动课堂五种类型临场感内涵的理解与提升措施要求的把握还存在显著不足，有待于加强其对临场感类型与提升措施的认知。最后，能够经常使用四项教学临场感营造措施的教师占调查样本的比例分别为 91％、82％、80％、84％，明显高于学习临场感营造措施。由此可见，相对于学习临场感，教学临场感更受教师重视。这也充分表明了当前农村同步互动课堂教学的重心还没有从城市教师的"教"向农村学生的"学"转变。

三、影响城市教师提高农村学生同步互动课堂临场感的因素

通过使用内容分析法对访谈所获得的数据进行统计，得到如表 5-4 所示的结果。从表中所呈现数据可以看出，农村学生在同步互动课堂环境下所能获得临场感的水平，不同程度地受到城市教师、农村教师、农村学生自身、教学信息内容、同步互动课堂技术设施、教育教学管理体制以及教学组织与管理措施等因素的影响。

表 5-4　同步互动课堂临场感影响因素访谈分析结果

分析维度	样本数量（份）	出现频次（次）	所占比值
城市教师	46	44	96％
农村教师	46	21	46％

续表

分析维度	样本数量（份）	出现频次（次）	所占比值
农村学生	46	26	57%
教学内容	46	14	30%
技术设施	46	39	85%
管理体制	46	37	80%
教学措施	46	18	39%

近96%的访谈对象认为城市教师是影响农村学生同步互动课堂临场感的重要方面。具体来讲包括城市教师的信息技术应用能力、教学理念与教学方法，以及城市教师承担同步互动课堂教学任务的积极性与主动性等。尤其是在信息技术应用能力方面，同步互动课堂教学本身对教师信息技术应用能力提出较高要求，临场感提升措施的使用同时也需要有教师的信息技术应用能力作为支撑。从访谈来看，尽管部分区域已经为教师组织过专门的应用培训，但还有待强化。有85%的访谈对象谈到同步互动课堂技术设施对农村学生课堂临场感的影响。总结起来主要有三个方面的问题：一是设备操作复杂，不易于教师掌握与使用；二是设备功能不稳定，使用过程中容易出现各种故障；三是设备的功能还不能满足高水平临场感的教学。正如某音乐老师在接受访谈时所讲述的那样，"如果技术做得好的话，可以弥补我们和农村学生因为物理空间分离而产生的隔阂感，让农村学生感受到在传统面对面课堂上教学的感觉，也就是你们说的课堂临场感。但现在技术还是有些问题，操作太复杂，经常出现各种问题，能把课上完都已经不错了"。80%的访谈对象从管理体制角度分析影响农村学生同步互动课堂临场感的因素，大多数教师认为有必要对现有区域教育管理体制进行创新，构建有助于推进同步互动课堂建设与应用、提高农村学生课堂临场感的各项管理制度，规范同步互动课堂运行秩序，规定参与各方的权利与义务，激发城市学校校长与教师参与同步互动课堂教学的积极性与主动性。部分教师建议结合同步互动课堂临场感的内涵与提升措施制定相应的操作规程，用以指导教师课堂教学应用。也有部分访谈对象从农村学生、农村教师、教学措施与教学内容等方面分析，所占比例分别为57%、46%、39%、30%。其中农村学生方面因素有农村学生学科知识基础、认知能力、学习态度与信息素养等，教学内容方面因素主要有教学信息的传播媒介、表征方式与难易程度等，教学措施方面因素有任课教师的课堂组织措施、知识强化与迁移措施等。

四、提升农村学生同步互动课堂临场感的路径

对于农村学生同步互动课堂临场感的培养与建立，我们不仅要综合考虑5种类型临场感之间内在的逻辑关系，还要重点关注制度、课程与技术等各种因素的影响。因此，我们既要从全局的角度去把握农村学生在同步互动课堂中的学习过程，也要从整体性的角度去设计临场感提升路径。系统性、开放性、整体性与动态性由此成为农村同步互动课堂临场感提升路径设计的重要原则。课堂生态从生态学的视角审视课堂教学过程，认为课堂教学是由学习群体与其所处的外部环境通过物质、能量与信息的循环和交流而形成的具有开放性、整体性与动态性特征的生态系统。课堂生态为同步互动课堂研究提供全新的视角，借助于课堂生态的思维，可以将同步互动课堂教学活动看作以农村学校师生、城市学校主讲教师等生命有机体为生态主体，以技术设施、管理体制、教学措施与资源等外部环境因素构成的整体为生态环境，以教学信息传授作为物质、信息、能量交换的生态系统。从课堂生态的视角来看，要想提升农村学生同步互动课堂临场感，关键在于如何提升生态群体在同步互动课堂场域下的核心能力、优化各种限制性生态因子的不利影响，最终构建如图5-7所示的农村学生、城乡教师、技术设施、管理制度与教学措施"五位一体"同步互动课堂教学新生态。

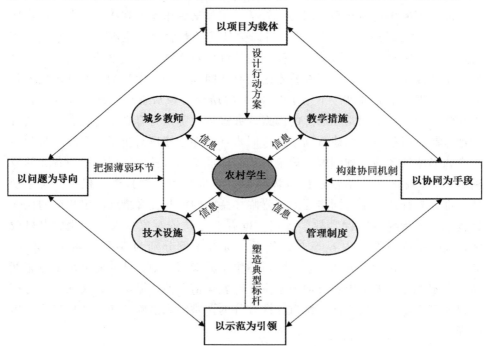

图5-7 提升同步互动课堂临场感的生态化路径

(一) 以问题为导向，把握制约课堂临场感提升的薄弱环节

明确问题本质与致因是解决问题的前提。探索同步互动课堂临场感的提升，不仅要关注内涵结构与路径设计等方面，还要针对实践中存在的问题发力。可以认为，坚持以问题为导向是推进同步互动课堂临场感提升的重要思维方法。只有坚持问题导向，才能够在教学实践中做到有的放矢，切实把同步互动课堂临场感提升措施落到实处。正如马克思所说的，"主要的困难不是答案，而是问题"。具体来说就是要按照"发现问题、分析问题、解决问题"逻辑展开方式，通过对参与同步互动课堂教学实践的诸多要素与教学实践整个过程进行系统性的剖析，总结出影响同步互动课堂临场感的因素，进而精准把握制约同步互动课堂临场感及其提升的薄弱环节。从调研情况来看，当前限制同步互动课堂临场感提升的薄弱环节集中在农村学生、城乡教师、技术设施、管理制度等方面。

其中，农村学生方面需要解决的问题主要有三个方面：一是如何缩小城乡学生在学科基础知识与认知能力等方面的差距；二是如何培养农村学生与同步互动课堂环境相适应的核心素养，如掌握同步互动课堂学习方法、具备同步互动课堂学习能力、具有较高的信息素养、对待同步互动课堂环境具有较为端正的学习态度等；三是如何增强农村学生的课堂临场感意识。

与农村学生类似，城乡教师方面需要解决的问题是如何培养其与同步互动课堂教学环境相适应的教学素养，具体包含以下四个方面：一是熟练掌握同步互动课堂的特征与教学要求；二是充分理解每种类型课堂临场感的内涵特征与提升措施，并能在实践中灵活应用；三是形成同步互动课堂教学环境下的信息技术应用能力、教学理念与教学方法；四是具备较强的教师课堂教学能力。

技术设施方面需要解决的问题是如何提高教学设备功能简易性、稳定性与完备性，为实现技术与教学深度融合提供支撑。简易性要求设备操作简单，方便教师熟练掌握与灵活使用；稳定性要求设备功能运行稳定，故障率不高；完备性要求设备功能完备，能够高效支持各种课堂临场感提升策略。

管理制度方面需要解决的问题主要有三个方面：一是要制定激励机制，调动城乡教师参与同步互动课堂教学的积极性与主动性；二是要制定同步互动课堂运行秩序管理规定；三是要构建支撑临场感的同步互动课堂教学"脚手架"模型，为教师的同步互动课堂教学提供策略和方法指导。

(二) 以项目为载体，设计解决课堂临场感问题的行动方案

项目是在特定资源与条件限定下，为实现特定目标或解决某一特定问题而

实施的一次性工作任务。通过对项目进行设计、评审、组织与管理等各个环节任务的实施，有助于实现有限资源的最优化配置，具有目标明确、结构合理与运作高效的特征。如何以项目建设为载体，对同步互动课堂临场感及其提升所存在问题的解决途径进行规划与管理，并将复杂的问题求解全过程分步骤、分阶段地进行，以形成科学合理的行动方案，是实现同步互动课堂临场感提升有效推进的关键所在。对于教育部门来说，项目设计是一个十分重要的问题。要求所设计的项目要具备以下特征：一是具有一定代表性，尽管一个项目无法反映课堂临场感某类问题的全部特征，但要能够体现其最本质特征；二是具备一定实用性，项目最好来源于同步互动课堂教学应用实际工作需要，尽可能选择与同步互动课堂临场感提升需要相结合的项目；三是规模适中，规模过大的项目，研究团队难以把握，难以在既定时间内如期完成，规模过小的项目则难以涵盖同步互动课堂临场感提升所面临问题，同时也缺乏整体性与挑战性；四是注重项目团队成员结构，最好由参与同步互动课堂教学的教师担任项目负责人，由主讲教师结合自己的教学工作实践，确定需要解决的课堂临场感提升问题，并以此作为研究的内容，让主讲教师在具体的研究实践过程中通过自身不断的体验、反思和感悟，以实现对课堂临场感的理解和运用，推动教学与科研的深度融合。为了保证项目能够顺利实施，还需要根据问题解决过程各阶段不同的特征，分别从人力、物力与财力等诸多方面给予有层次、有重点的支持，以达到更为有效地对有限资源进行优化集成。具体可从两个方面进行：一是确定若干重点项目、若干一般项目，并给予经费支持，对于重点项目，需要加大支持力度，进行重点扶持；二是将项目研究与教师职称评审、年终考核等结合起来，激发教师参与积极性。

（三）以协同为手段，构建推进课堂临场感项目的协同机制

同步互动课堂临场感提升项目建设涉及资金、人才、技术与政策等诸多要素，体现出较强的复杂性、专业性与综合性。仅依靠地方教育管理部门或学科教师的力量是难以有效完成的。协同理论认为所有研究对象都是由若干个子系统相互作用而构成的更大的复杂系统。有序与无序是系统的两种状态。一个系统究竟处于哪种状态，决定于其内部各子系统之间相互作用的程度。如果系统内部各子系统相互作用较强，各子系统的独立性在系统就会较弱，那么此时系统就处于有序状态。否则系统就处于无序状态。对于任意复杂系统来说，当外在力量的作用或物质的积累达到某个阈值时，其内部的各子系统之间就会产生协同作用，并形成内驱力，推动系统从无序状态向有序状态转变，同时产生协同效应。协同理论的观点对于同步互动课堂临场感提升项目建设具有一定的启发意义，我们必须将地方教育管理部门、高等师范院校、教育信息化企业与城

区优质学校等多方利益主体联合起来，充分发挥各类主体的优势，构建"以教育管理部门为主导，由高等师范院校、教育信息化企业与城区优质学校共同参与"的同步互动课堂临场感提升项目多主体协同推进机制。教育管理部门需要发挥主导作用，具体表现为：首先，组织各参与方对多主体协同制度进行顶层设计，规定各参与方的责任与权益，充分调动各参与方的积极性；其次，对项目设计、申报、审批、评估等各个环节进行组织与管理，为项目建设提供资金与政策上的支持；最后，统筹协同各参与方在项目建设过程中可能出现的各种问题。高等师范院校需要发挥人才优势，为项目建设提供人力支持，如可以安排相关领域专家为教育管理部门的多主体协同机制设计以及项目设计、评审与评估提供咨询，为各项目组的项目建设过程提供指导，同时也可以安排相关专家作为项目组成员，支持项目建设。教育信息化企业一方面要发挥其在资金方面的优势，为教育管理部门的项目管理与项目组的项目建设提供经费支持；另一方面要发挥其在技术方面的优势，为技术相关项目建设提供指导与帮助。城区优质学校作为同步互动课堂教学师资提供方，需要主动配合教育管理部门做好项目设计与建设工作，积极调动教师参与同步互动课堂教学与承担项目建设的积极性与主动性。

（四）以示范为引领，塑造优化课堂临场感水平的典型标杆

同步互动课堂临场感的提升不是一蹴而就的，而是要经过一个持续推进的动态过程，当前实践领域也没有成功的案例可以供我们参考与借鉴。因此，不适合在整个区域范围内全面推进。在《现代汉语词典》中，词语"示范"被定义为"做出榜样或典范，供人们学习，起示范作用"。依据"示范"的词义解释，"示范校"可以被理解为一个能够发挥榜样引领作用的特定学校。由此可见，以示范校创建活动为主要抓手，树立高水平临场感同步互动课堂建设的标杆引领，加大推广普及力度，不断将具有高水平临场感的同步互动课堂建设向纵深推进，是保证区域层面整体提升同步互动课堂教学临场感的关键所在。示范性是高水平临场感同步互动课堂教学示范校的存在意义和核心所在，也是示范校能否真正全面带动区域内所有学校同步互动课堂临场感整体提升的检验标准和衡量尺度。为此，我们需要遵循有序推进、重点突出、特色鲜明、成效显著的思路，加强对创建工作进行统一部署与规划，确保示范校建设的示范效应。首先要突出特色选好示范校。教育管理部门需要对所有下属学校近几年来的教育教学现状进行摸底排查，掌握若干教学基础设施完善、师资力量较强、教学质量较好、社会影响力较大、典型作用突出的学校，确保示范校建设工作具有代表性与示范性。其次要严格按照标准建好示范校。教育管理部门需要将示范校建设与标准化学校建设紧密结合，制定出高规格、可操作的示范校建设

目标要求与建设标准，使得示范校建设不但有整体设计与细节规范，同时也能够满足学校标准化建设要求。最后要注重实效、用好示范校。教育管理部门需要采取组织相关学校赴示范校现场观摩学习、定期召开经验交流会等形式，将示范校的经验做法从点到面向整个区域推广，以充分发挥示范校的典型引领与辐射带动作用。教育管理部门要将示范校和个人的示范作用发挥情况作为年度考评的重要依据，持续推动高水平临场感同步互动课堂教学应用示范校建设工作高效运行。与此同时，教育管理部门还可以利用各种新闻媒介，大力宣传推广示范校建设工作中所取得的好做法与好经验，在区域范围内营造浓厚的学习与应用氛围，开创同步互动课堂教学应用的新局面。

第五节　农村师资供给侧结构性改革的社会学审视与技术治理逻辑

一、供给侧结构性改革理念与农村师资供给侧结构性改革

农村教育是我国教育事业发展的薄弱环节，发展农村教育的核心工作在于加强农村学校师资队伍建设。国务院办公厅于 2015 年印发的《乡村教师支持计划（2015—2020 年）》明确指出，乡村教师队伍是影响乡村教育发展的关键因素，必须把乡村教师队伍建设摆在优先发展的战略地位。因此，我国各级教育管理部门一直以来都非常重视农村师资队伍建设，并在拓宽补充渠道、提高待遇水平与加强职业培养等方面相继出台一系列措施。学术界众多研究者就如何加强农村师资队伍建设展开深入探讨，取得丰富理论成果。从已有文献来看，我国农村师资队伍建设在数量与质量等方面都获得较大突破，一定程度上扭转了农村教师资源短缺的局面。但由于城乡经济社会发展极不平衡，城乡学校在教育资源配置、工作生活环境、工资待遇水平、医疗卫生条件、公共基础设施与交通便利程度等方面存在较大差距，致使高等师范院校毕业生不愿意到农村学校任教，农村学校职称较高或教学业务能力较强的骨干教师不断外流，农村师资队伍建设当前依然面临着"下不去、留不住、教不好"的不良局面。如何创新农村师资队伍建设思路，为农村学校提供一支数量充足、结构合理与素质过硬的专业化师资队伍，成为当前我国农村教育改革与发展的重大理论与现实问题。

农村师资供给现状是影响其师资需求满足程度与教育质量的决定性因素。提高农村师资供给水平，能够从源头上解决农村师资队伍数量不足、结构不佳、质量不高等问题。经济领域的供给侧结构性改革理念能够为农村师资队伍建设提供新思路，我们可以将供给侧结构性改革理念引入农村师资队伍建设，实现师资队伍建设由注重需求侧的"有没有"向注重供给侧的"好不好"方向转变。2018 年中共中央、国务院发布的《关于全面深化新时代教师队伍建设改革的意见》提出，要"推进教师培养供给侧结构性改革，为义务教育学校侧重培养素质全面、业务见长的本科层次教师"。国内已有学者开始关注该领域研究。例如，刘善槐提出要将供给侧结构性改革作为优化农村学校教师编制结构的基本策略。杨卫安提出要把教师培养供给侧结构性改革当作乡村小学教师补充的重要方向。信息技术在信息资源共享与统筹、精准适配与工作协调等方面具有的技术创新与机制创新的独特优势信息化全域赋能作用为农村师资供给侧结构性改革带来全新机遇，使得供给侧结构性改革能够在农村师资队伍建设中发挥关键作用。如何应用技术手段促进农村师资供给侧结构性改革是迫切需要解决的课题。

二、面向供给侧结构性改革的农村师资供求矛盾调研

农村师资供给侧结构性改革是公共服务领域的供给侧结构性改革，借助于经济学对供给侧结构性改革的内涵分析，其重点在于如何从供给侧入手，破解农村师资供给过程中存在的结构性与制度性问题。具体来讲，就是要根据农村学校发展的特定需求，通过拓宽供给来源、优化供给质量与创新供给机制等手段，以改善供给效率、提高供给结构对需求变化的灵活性与适应性。如何拓宽供给来源、优化供给质量与创新供给机制，由此成为农村师资供给侧结构性改革的三大核心任务。本研究基于供给侧结构性改革视角，从供给来源、供给质量与供给机制等方面对河源市参加 2020 年广东省"三区"教师全员轮训项目的所有教师展开调研。调研对象涉及河源市的和平、连平和龙川三县部分农村学校，具体包括 251 名农村教师和 362 名城镇教师。调研采用问卷调查和访谈调查两种方法。项目组收到问卷 592 份，其中有效问卷 576 份，问卷有效率为 97.3%。通过使用 SPSS 22.0 数据分析工具对调研所得数据进行统计分析，结果显示问卷的 Cronbach's α 系数为 0.852。项目组使用分层抽样法从调查对象中选取 48 名农村教师和 102 名城镇教师作为访谈对象，开展访谈调查。通过调研，我们认为面向供给侧结构性改革的农村师资供求矛盾主要集中在以下方面。

（一）供给来源不充分

来源情况在很大程度上决定农村师资的数量与质量。对于农村师资短缺困境改变，我们既要考虑农村师资来源的最佳途径是什么，同时也要考虑究竟哪些人适合在农村学校当教师。围绕这些问题，国家先后采取多种措施拓宽农村教师补充渠道。例如，2004年启动"农村学校教育硕士师资培养计划"、2006年启动"农村义务教育阶段学校教师特设岗位计划"、2014年启动"县（区）域内义务教育学校校长教师交流轮岗制度"以及2015年启动"乡村教师支持计划"，等等。本研究从身份类型、属地来源与教育背景对农村师资供给来源进行调研。数据统计结果表明，在身份类型方面，农村师资队伍主要由在编教师、特岗教师、临聘教师、支教教师与轮岗教师等不同类型教师组成。其中，在编教师与特岗教师所占比例较大，分别为79.8%和11.4%，支教教师与轮岗教师所占比例较小，分别为1.7%和1.3%，而临聘教师占比为5.5%。在属地来源方面，农村教师主要来源于本地，调研显示，48.5%的教师所任教学校与父母家庭同属一个镇或乡，37.2%的教师所任教学校与父母家庭同属一个县或县级城市，5.9%的教师所任教学校与父母家庭同属一个地级城市，6.9%的教师所任教学校与父母家庭同属一个省份，而仅有1.5%的教师所任教学校与父母家庭不在同一个省份。在教育背景方面，毕业于重点本科院校与普通本科院校的教师所占比例分别为12.3和24.8%，教育背景是本科院校的所有教师中，师范生与非师范生的比例分别为67.1%和32.9%。

（二）供给质量不符合

高质量的教育需求要以高质量的教师供给作为保障。只有在教师供给质量得到提升的前提下，我们才有可能实现农村师资供给侧结构性改革的质变。因此，农村师资供给侧结构性改革最终还是要落实到供给质量优化上来。相对于城市学校，农村学校在社会环境、工作条件与教育对象等方面具有自身独立特性。这对农村教师在专业情感、专业知识与专业能力等方面提出"农村属性"要求。从调研结果来看，由于职前教育阶段在课程设置、培养模式等方面坚持以城市教师培养为方向，忽视农村教师工作、生活情境的农村属性特征，导致农村教师在专业情感、专业知识与专业能力等方面与农村学校实际需求不符。在专业情感方面，浓厚的乡村教育情怀是农村教师热爱农村教育、扎根农村学校的必备心理条件。但数据统计显示，23.4%的农村教师认为自己具备一定的乡村教育情怀，热爱和关心农村教育与农村学生，愿意扎根农村；对于到农村学校任教的原因，36%的农村教师表示是"学校离家近"，37%的农村教师表示是"同级学校间正常调动"，表示是"自愿服从分配"和"主动投身农村教育事业"的农村教师所占比例仅分别为11%和16%。对于农村教师离职意愿的调查，80%的农村教师表示有机会的情况下非常愿意调往城市学校工作，由此可见，愿意留在农村学校任教的教师偏少。对于农村任教能否实现其人生价值的调查，仅28%的农村教师持肯定态度。对于农村教师职业认同感的调查，只有14%的农村教师表示能为在农村学校任教而感到自豪。由于家庭教育与关爱不到位等原因，农村学生普遍存在学业基础差、学习能力弱以及学习习惯不良等问题，尤其是对那些处境不利的留守儿童与单亲子女，这要求农村教师在专业知识方面不仅要了解农村社会和农村教育，还要具备帮助与疏导农村学生的专业管理知识。数据统计结果表明，26.5%的农村教师被分配到农村学校时就比较熟悉农村学校所在的社会生活环境与学校工作条件，能够适应农村社会生活；87.8%的调查对象认为农村教师必须具备帮助与疏导农村学生的专业管理知识，但仅有15%的农村教师能够了解农村学生的心理特征，知道如何去关心、帮助与疏导农村学生。农村学校普遍是小规模班级，部分学校还存在复式教学情况，这要求农村教师在专业能力方面要具备小班化教学、复式教学与全科教学等技能。89.5%的农村教师认同这些专属技能的重要性，但仅有13.8%的农村教师认为刚到农村学校时就应具备小班化教学、复式教学能力，21.4%的农村教师认为刚到农村学校时就应具备全科教学能力。调研同时也发现，非师范生由于未进行系统的教育教学理论知识学习，他们在教学设计、教学组织实施与教学评价等方面能力明显不足。

（三）供给机制不完善

要使农村师资队伍建设能够高效、高质与可持续地运转，必须以规范、完善的体制机制环境为保障。因此，农村师资供给侧结构性改革的核心在于建立和优化与农村师资供给需求相适应的体制机制环境。从实践情况来看，我国农村师资供给的机制体制框架已经初步形成，农村师资结构性缺失在某种程度上得到缓解，但从调研情况看，农村师资供给领域的机制还不够完善。其主要表现在以下方面：首先是尚未建成完善的农村教师发展社会服务体系。74.7%的农村教师认为，完善的社会服务体系有助于汇聚各种社会力量，为农村教师提供鼓励、服务与支持，这对帮助农村教师解决教学中难题、克服专业发展过程中的心理障碍、增强农村教师职业幸福感以及提高农村教师留任意愿等方面都是有利的。但有92.0%的农村教师认为这种体系还未建立起来。当农村教师过去遇到极困难情况时，从配偶、朋友与同事得到安慰和关心的占比分别为32.3%、67.0%和50.6%，而从社会团体得到安慰和关心的占比仅为1.9%。教学上遇到的疑难问题，77.0%的农村教师是向学校有经验老师请教，20.9%的农村教师是个人钻研，而向县内名师和县内学科教研员请教情况仅为

2.1%。其次是缺乏加强农村师资队伍建设的长效机制。80.2%的农村教师认可近几年来我国以项目、工程、计划等形式出台的一系列农村教师建设政策,认为这些政策目标明确、针对性强。但也有89%的农村教师认为这些政策时间过短,存在临时性、变动性与可持续性不足等问题,不利于农村师资队伍建设。再次是农村教师激励措施弹性较弱,对学校所在地的艰苦边远差异程度考虑不足。94%的农村教师认为近几年来我国采取的各种激励措施,能够充分调动农村教师工作积极性,但87%的农村教师认为这些激励措施过于统一,无法适应不同农村学校之间显著的艰苦边远差异,给农村教师带来心理落差,不利于激发农村教师到艰苦边远地区任教的意愿。刘善槐等的研究也证实了这一点。最后是高等师范院校、地方教育行政部门与农村学校三者之间协同不畅。96.4%的农村教师认为加强高等师范院校、地方教育行政部门与农村学校三者之间的协同与合作,充分发挥各方优势,对于农村师资队伍建设是十分重要的。但调研也同时发现,当前大多数农村学校与高等师范院校没有建立任何沟通渠道,高等师范院校学生的培养模式基本处于封闭状态,农村学校对教师的数量与质量需求无法及时得到满足。

三、基于场域理论的农村师资供求矛盾审视

(一)场域理论及其对农村师资供给启示

教师是一种人力资源,与办学条件、教育经费等其他物质类型教育资源在能动性方面体现出显著差别。办学条件与教育经费不具有能动性,只要配置合理或者使用到位就可以发挥其功效;而教师则具有能动性,能够根据自身内在专业成长的需要与外在生存环境的变化而作出适当反应。因此,农村师资队伍建设不但受到教师个体内在主观因素影响,同时还受到外部客观环境因素的制约。农村师资供给侧结构性改革要摒弃传统的主客二元对立思维模式,既要关注农村教师动机、认知、心理和行为等内在个体性因素,又要注重政策支持、制度创新等外在社会性因素。由法国社会学家布迪厄提出的场域理论认为,场域是一个关系性概念,即场域是在各种位置之间存在着客观关系的一个网络或一个构型。依据布迪厄的观点,场域具有以下特征:首先,场域是关系的系统,场域中的行动主体会依照各自占有资本的类别和数量来决定其在场域中权力与位置,进而形成特殊的客观关系;其次,场域是一个相对独立的社会空间,不同场域都有不同的逻辑与必然性;再次,场域是一个斗争的场所,作为各种力量位置之间客观关系的结构,场域中各种位置的行动主体会利用各种方法提升或捍卫他们在场域中的位置;最后,场域是一种形塑的中介,外在决

因素对场域中行动者的影响并不是直接的,而是通过场域的特有形式和力量的特定中介环节来影响场域中的行动者。

作为一种关系性思维方式的理论,场域理论超越了传统认识论的主观与客观对立,突破传统方法论的整体与个体割裂。场域理论对于理解农村师资供给矛盾具有重要价值,正如刘生全教授所认为的,场域理论对于我们观察、理解和分析教育活动和教育现象有着非常重要的本体论和方法论意义。我们可以把农村教育看成教育场域的子场域,并从场域理论的全新视角对农村师资供给的本质及其矛盾进行重新定位和解读。依据场域理论主要思想,农村教育场域是指在农村教师、农村校长、教育管理者、教师教育者以及其他参与农村教育研究的各行动主体间形成的一种以教育教学知识与技能生成、传播、应用和反馈为依托,以加强农村师资队伍建设、推动农村教育高质量发展为旨归的客观关系网络。就其表现的特征而言,农村教育场域是农村社会场域的子场域,与农村社会的其他子场域具有关联性,但同时也有其自身独立的逻辑和规则。农村教育场域的主要资本是文化资本,但经济资本与社会资本也参与并影响甚至决定着农村师资供给场域的运行过程。

(二) 农村师资供给矛盾的场域理论解释

场域理论还有"惯习"与"资本"两个核心概念。"惯习"是指场域中行动主体所具有的一种开放性的性情倾向或秉性系统;"资本"既是行动主体用以竞争的工具,同时也是行动主体竞争的目标。对于场域、惯习与资本三者的关系,布迪厄使用了一个非常生动的比喻来表征:假如把场域当作一场游戏,那么惯习和资本就是游戏中的王牌,因为惯习和资本为场域中的行动者规定了可能的本质属性,决定游戏的形式和结果。具体来说,场域一方面塑造着惯习,使得惯习按照场域的规则进行行动,成为场域中固有的属性;惯习同时也在构建着场域,使其成为一个能够满足主体需要并且具备建构性、能动性特征的意义世界。每个场域都有自身独特的资本,这些资本只有在特定的场域内才能起作用。

1. 基础性因素:农村社会场域制约与农村教育场域局限性

依据布迪厄的观点,作为农村社会场域的子场域,农村教育场域运行受到农村社会场域中经济场域、文化场域等其他类型子场域影响。尤其是在我国加快城镇化进程以来,随着大量劳动力人口持续从农村向城镇转移,我国农村社会发展面临诸多困境与挑战。例如,经济场域中长期存在的产业基础薄弱、整体经济发展水平不高,并由此带来了农村社会基础设施薄弱、交通不便、信息闭塞、生活条件艰苦等问题;文化场域中普遍存在的村民思想文化落后、教育程度不高以及尊师重教氛围不浓等问题。这在一定程度上制约着农村教育场域的良性运作。数据统计结果显示，63％的农村教师认为当前农村尊师重教氛围不如以前浓厚。收入水平低、居住条件差和文化基础薄弱是教师从事农村教育时面临的主要困境，所占比例分别为49％、46％和38％。调研数据显示，交通不便离家远、学校硬件条件差、工资待遇水平低是当前导致农村教师流失的三大主要原因，教师占比分别为78％、59％和53％。

农村教育场域尽管是一个相对自治的结构，具有自身的逻辑与必然性，但在外部场域的作用下也逐步形成了自身局限性，具体表现在以下方面：首先，农村学校作为农村教育场域的物理空间，随着农村劳动人口向城镇转移，农村学校普遍存在着办学规模小、教学基础设施落后、办学经费不足、教学质量不高等突出问题；其次，作为农村教育场域中重要行动者的农村教师相对于城镇教育场域中的教师来说，长期面临职业吸引力不足、社会地位不高、工作条件艰苦、社会融入困难、工资待遇不高与人际交往匮乏等困境，部分农村教师还要遭受能力素养的信任危机；最后，农村学生相对于城市学校学生而言，以留守或单亲儿童居多，他们在生活习惯、个性养成以及心理发展等方面相对城市学生来说更容易偏离正常轨道，其学习能力、学习基础等方面也会存在一些问题。

2. 关键性因素：教师原有惯习与农村教育场域要求不适应

作为人类的一种性情倾向系统，惯习在一定程度上对特定社会群体的思想观念与行为取向发挥着极其重要的影响作用。布迪厄认为，个体行动者所具有的惯习与新场域相遇时会出现三种不同情况：第一种情况是新场域与其形成惯习的原有场域非常相似，惯习在这种情况下能够自发地进行同原有场域相近似的社会实践并实现再生产；第二种情况是新场域与形成惯习的原有场域有差别但不显著，这时的场域会凭借自身的适应能力跟随着场域的变化而调整，但调整的速度由行动者在场域中的位置以及所占用资本的数量来决定；第三种情况是新场域与形成惯习的原有场域存在显著不同，惯习与新场域的关系在这种条件下会出现不配套的情况，惯习同时也会产生一系列不适应的行为。不过由于自身的可适应性，惯习会主动随着经验而改变，并最终与新场域要求相适应。农村教育场域在外部环境、内在条件等方面存在的局限性对农村教师在惯习方面提出特殊要求，即要求农村教师要具有乡村教育情怀，具体来说就是要热爱农村教育事业、认同农村教师身份、立志扎根农村。但从现实来看，农村教师是在城市学校接受城市化取向的专业教育，长期受到城市文化的熏陶，具备城市文化情结与城市文化价值观，并形成与城市教育场域相适应的惯习。根据惯习与场域相遇时的第三种情况，当新的农村教育场域与教师惯习最初被内化的城市教育场域存在显著不同时，教师惯习与农村教育场域之间就会出现"不吻合"现象，如果把教师在城市教育场域中形成的惯习简单移植到农村教育场域中，那么必然会造成教师惯习"水土不服"。尽管教师惯习可以主动去适应农村教育场域，但教师惯习具有创造性与主观能动性，这个适应过程的长短，取决于农村教师在新的农村教育场域中的位置以及所掌握的经济资本、文化资本、符号资本与社会资本的数量。在当前历史条件下，农村教师对于新的农村教育场域的适应过程体现出滞后性的特征，部分农村教师还可能不会对农村教育场域进行主动适应。

3. 重要性因素：教师资本数量与农村教育场域需求不匹配

布迪厄将场域的资本分为经济资本、社会资本、文化资本与符号资本四种类型。其中，经济资本是指可以直接转为货币或财产的资本，在农村教育场域中特指教师的工资收入与各种福利待遇；社会资本是指社会关系组成的网络体系，对于农村教师来讲就是指教师个人拥有的长期稳定的交往关系网；文化资本是指包括教育资历在内的各种文化商品与服务，我们可以理解成是农村教师所具备的专业知识、专业能力，以及农村教师得到的各种教育头衔、业绩与证书等；符号资本是指上述三种资本被社会认可和接受后而出现的资本形式，对于农村教师来讲就是其个人荣誉、身份或威望等。根据资本与场域关系，农村教育场域与教师资本是彼此依存、相互界定的范畴，农村教育场域的局限性对农村教师资本数量与结构提出更高需求。但从调研结果来看，尽管农村教育落后面貌随国家教育经费投入持续增加而有所扭转，农村教育场域依然存在经济资本有限、社会资本脆弱、文化资本缺位以及符号资本失效等问题。

在经济资本方面，尽管我国农村教师的工资收入与福利待遇自改革开放以来总体上得到了极大改善，尤其是在《乡村教师支持计划（2015—2020年）》颁布之后。从调研结果来看，由于地方政府财政供应不足、生活补助标准过低或不到位等，农村教师相对于城镇教师或其他行业从业人员来说，总体收入水平不高，经济地位并没有得到根本性改变，且部分农村教师认为当前一些外出务工人员的收入都远超农村教师的收入，这给农村教师带来了心理上的冲击。除此以外，涉及农村教师切身利益的医疗、住房与养老等社会保障体系都不完善。农村教师社会资本脆弱主要体现在社会信任不高与关系网络窄化两个方面。

在社会信任方面，虽然现阶段新入职的农村教师大多数为高等师范院校或非师范院校毕业的本专科生，但由于农村学生的学业成绩不如城市学校，受社会民众和家长原有惯习的影响，他们对农村教师的刻板印象与教学能力的片面认识并没有得到根本性的改变，他们会固执地认为农村教师是"差教师"，其教学能力与水平不如城市教师。而在关系网络方面，从访谈情况来看，由于农村学校大多数地理位置偏僻、交通不便、信息闭塞，农村教师大多生活单调，交往圈子小，缺乏与他人交往的机会，其关系对象除亲属关系之外大多集中在农村教育系统内部与农村社区内部。

在文化资本方面，首先，农村教师普遍学历较低，专业基础较为薄弱，需要借助外力进行支援与帮扶。其次，由于职称评审条件未体现城乡差异，绝大多数农村教师职称晋升困难，中高级职称教师在农村占比极小。最后，当下高校师范生的课程设置以城市学校为标准，缺乏对农村教师角色和职业发展的思考，导致农村教师缺乏与农村教育相关的专业知识与专业技能，不具备"教得好"的条件。例如，专业知识层面不了解农村文化、农村教育和农村学生，专业能力层面缺乏全科教学能力、小班化教学能力、复式教学能力与农村特殊学生辅导能力等。

在符号资本方面，农村教师社会地位自改革开放以来整体上已经获得了显著提升，但与公务员、国企职工等甚至与城市教师相比，其社会地位还有很大差距。调研发现，现有诸如学科骨干教师、学科带头人等教师荣誉称号，一方面数量偏少，获得荣誉称号的教师占比偏小；另一方面，在数量分配上存在向县城倾斜的失衡问题，相对于城市教师来说，农村教师获得荣誉称号的机会更少，获得高一级的荣誉称号更难。近几年国家实行乡村教师荣誉制度，有效提升了乡村教师的荣誉感，但农村教师对乡村教师荣誉制度满意度不高，认为乡村教师荣誉制度含金量不高，没有配套优惠政策，激励作用不大。

四、信息化助力农村师资供给治理逻辑框架

农村师资供给侧结构性改革的目标是为农村学校提供能够扎根农村、热心从教、安心从教以及精心从教的高质量、专业化教师。技术治理思想的出现，与近年来诸如互联网、大数据与云计算等现代信息技术广泛普及应用是密切相关的。技术治理作为社会治理的一种有效工具或方法，目前在经济学、社会学等领域中经常被提及，其内涵主要体现在两个方面：一是指政府部门通过应用现代信息技术手段来提高社会治理效率；二是指政府部门的治理方式与管理手段日益技术化。本研究基于第一层意思来理解与阐释技术治理的内涵，认为农村师资供给的技术治理是教育管理部门在农村师资供给治理工作中综合应用各类现代信息技术，充分发挥信息技术在农村师资供给治理应用中的价值，实现供给来源从封闭供给向开放供给转变，供给方式从粗放供给向精准供给转变，供给质量从劣质供给向优质供给转变，供给效率从低效供给向高效供给转变。

农村师资供给的技术治理具有较强的专业性与综合性，需要技术、资金、人才与政策等要素作为支撑，仅仅依靠县级教育部门是难以实现的。结合农村师资供给侧结构性改革的目标分析、农村师资供给技术治理的内涵解读与特征，本研究依托技术应用创新，以大数据技术为支撑，提出如图5-8所示的多方协同参与的农村师资供给技术治理框架。

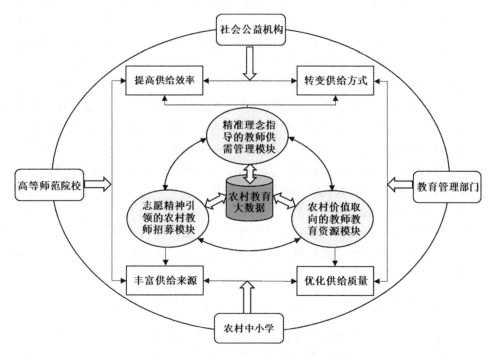

图 5-8　多方协同参与的农村师资供给技术治理框架

（一）搭建志愿精神引领的教师招募模块，丰富师资供给来源

义务教育的公益属性特征与公办中小学教师的公共属性特征，决定了当前农村教师补充主要是在编制体制内完成，但我们不能认为所有的教师补充都只能通过编制来实现。在编制调节手段仍然无法满足农村教师补充需求的情况下，我们应当充分发挥市场和社会力量在农村师资配置中的重要作用，并将其作为农村教师补充的辅助手段。2020年7月教育部等六部门联合发布的《关于加强新时代乡村教师队伍建设的意见》提出要采用多种方式配备乡村教师，"结合乡村教育需要，探索构建招聘和支教等多渠道并举，高端人才、骨干教师和高校毕业生、退休教师多层次人员踊跃到乡村从教、支教的格局"。该文件同时指出，"教师配置尚未达标的地区可通过政府购买服务等多种形式支持

乡村教育事业，鼓励体育社会组织和专业艺术人才为乡村中小学提供体育、艺术教育服务"。国内已有部分地区开始探索编制外的辅助手段，如北京、陕西、湖北等省份的部分地区通过购买社会服务的方式成功解决学校包括安保、宿管员等在内的后勤保障人员配备问题，为农村教师腾出工勤人员所占的编制。为解决因女教师扎堆生育而出现的缺岗问题，广西某区还专门设立专项资金用来聘请临时的顶岗人员。由此可见，农村师资队伍建设需要全社会共同关注、参与和支持，各种社会力量能够为农村师资队伍补充提供源泉。例如，邀请在校生的家长作为教师，向学生介绍其所从事的职业，从实践层面向学生介绍社会实践经验；在特定纪念日聘请当地老革命、企业家以及劳动模范等优秀人物为社会辅导员到学校开展活动；采用岗位聘任制的方式招聘热心从教的退休教师、具有教师资格的志愿者与社会爱心人士等相关人员作为非在编教师；邀请社会公益人士为农村学生开设特色课程。以互联网技术为代表的现代信息技术在信息共享与资源汇聚等方面具有天然优势，如何利用好互联网技术，组织动员具有乡村教育情怀的社会各界人士积极参与农村教育，形成农村教师补充的强大合力，是信息时代农村师资队伍补充的重要途径。为此，我们可以搭建面向社会的农村教师招募信息模块，将各种社会力量通过平台向农村学校汇聚，以拓展农村教师供给来源。不过需要注意的是，通过招聘平台招聘的教师是从编制体制外补充的教师，教育部门或用人学校既可以通过直接聘用的方式，也可以通过向第三方购买教育服务的间接聘用的方式。

（二）开发农村价值取向的教师教育资源，优化师资供给质量

鉴于农村社会与教育的独特性，农村学校所需要的师资不能等同于一般学校的师资，而是需要专门准备或培养，即要求农村教师在培养内容与方式等方面具备独特性，这对于引导更多职前教师到农村学校任教具有重要意义。国外已有实践证明了这一点。例如，澳大利亚学习与教学委员会组织的项目"农村学校职前教师吸引与留任策略"，通过开发职前教师课程学习模块、安排职前教师到农村学校实习、建立大学与农村社区合作关系等手段，使得职前教师提前了解、理解与认同农村，致使更多职前教师选择留在农村。这一成功案例的启示是，在培养职前教师的课程体系中设置一定比例的农村教育相关课程，具有一定的重要性与必要性。但从调研情况来看，我国当前培养职前教师的课程体系几乎没有专门针对农村教育而开设的课程，那些已经开设的大部分课程也没有涉及并体现农村教育属性，即使是农村定向培养生的培养计划也是如此。这种课程体系与农村学校对教师的实际需求明显脱节，无法培养出与农村教育相适应的真正"农村教师"。我们需要建立一套与农村教育相适应的职前教师培养方案。针对该需求，可以基于农村师资智慧化供给平台，以培养职前

教师特有的核心素养为目标,开发农村教育价值取向的教师教育资源模块,为职前教师提供与农村教育相关的网络课程资源,并作为现有课程体系的补充。该功能模块要满足职前教师以下需求。首先是在专业情感方面,要向职前教师宣传农村教育中的先进人物与典型事迹,为他们树立榜样,进而不断激发他们服务和奉献农村教育的激情,最终形成"热爱农村教育事业、认同农村教师身份、立志扎根农村"的乡村教育情怀。另外还要及时向职前教师传达国家有关农村教育发展与师资队伍建设的政策,以培养他们的责任感。其次是在专业知识方面,要为职前教师提供与农村自然条件、农村社会环境与农村教育等相关的能够正确认识农村的乡土课程,让还未到农村学校的职前教师能够对农村各个方面有更加全面、深刻与多元的理解与感受,帮助他们消除对农村环境的陌生感与恐惧感,使其走上工作岗位后能够更好融入农村社会与农村学校。最后是在专业能力方面,要为职前教师提供课程教学、复式教学以及多学科跨年级教学等相关课程,让职前教师掌握农村学校所需教学能力,培养其对农村教育的信心与兴趣。

(三)构建精准理念指导的供需管理模块,完善师资供给机制

美国经济学家诺斯在论及制度与经济绩效关系时认为,不同经济的长期绩效差异从根本上来讲是受制度演化方式影响的。师资供给机制用以统筹协调师资供需两侧的主体,并为师资供给工作的各个环节有序推进提供保障。依据诺斯的观点,如何应用信息技术手段完善农村学校师资供给机制,以转变供给方式、提高供给效率,就显得尤为重要。首先要基于大数据分析技术建立农村教师供需精准对接机制,即教育管理部门根据区域农村学校数量变化与农村学龄人口变化趋势,利用大数据技术对农村教师需求的规模与结构进行动态监测与科学预测,为高等师范院校的农村师资培养提供依据,使得农村师资供给与需求信息对接耦合更为密切,增加农村师资供给的灵活性与适应性。农村教师长期面临工资待遇不高、工作压力大以及发展机会稀缺等困境,他们需要社会各界给予关心与帮助,有针对性的社会支持服务对他们而言显得特别重要。因此需要利用互联网技术为农村教师建立全方位、立体化的社会支持服务体系。正如 Cassel 所言,社会支持在个体的压力与健康之间起到中介变量作用,当个体有了压力之后,社会支持能够帮助缓解或抵御压力所带来的负面影响,促使个体恢复健康身心。农村教师社会支持服务是农村教师通过网络从他人或社会中得到一般或特定的支持性资源。例如,心理学家通过网络为农村教师开展心理咨询活动,为农村教师化解心理健康问题,教育专家可以通过网络引导农村教师制定符合自身特征的专业发展规划等。作为一种支持性资源,健全的社会支持服务体系能够帮助农村教师缓解心理压力,促进身心健康,形成良好社会

关系与社会交往；针对农村教师激励措施弹性不足的问题，根据农村学校所在地的自然条件、气候环境与基础设施等因素，利用计算机技术构建体现边远艰苦程度的差额津贴补助测算模型，形成差别化的教师待遇补偿标准，使得地理位置越不利的教师所得待遇补偿越高、岗位吸引力越强。由于培养教师的高等师范院校与应聘教师的教育管理部门在行政上不具备隶属关系，因此统筹农村教师供给与需求双方的信息交流机制不健全，农村教师供求双方难以达到信息呼应。我们要基于信息技术构建由高等师范院校、地方政府、城市学校与农村学校共同构成的农村教师"四位一体"协同培养机制，打破师范院校、地方政府与基层学校的体制机制壁垒。例如，为职前教师提供线上教学观摩，让其能够全方位体验农村教师教学过程；实行由高等师范院校教师与农村学校优秀教师共同指导职前教师教育实践的双导师制；利用互联网技术建立和完善有助于农村教师发展的网络学习社区，形成有效的城乡教师协作环境与氛围，促进农村教师专业成长。

第六节 人工智能赋能高质量农村教师队伍建设框架与路径

一、人工智能赋能价值与高质量农村教师队伍建设

人工智能教育应用为农村教师教学赋能增效的同时，也为优化农村教师队伍建设质量提供技术支撑。在高质量发展理念引领下，如何应用人工智能赋能高质量农村教师队伍建设，成为新时代构建高质量农村教育体系、推动城乡教育优质均衡发展、实现城乡教育共同进步的必然要求与重要保障。2020年7月教育部等六部门联合发布的《关于加强新时代乡村教师队伍建设的意见》提出，要发挥5G、人工智能等新技术助推作用，大力推进乡村教师队伍建设高效率改革和高质量发展，培育符合新时代乡村教育高质量发展要求的高质量教师队伍。2021年9月，教育部在前期试点建设基础上发布《关于实施第二批人工智能助推教师队伍建设行动试点工作的通知》，将人工智能支持乡村学校与薄弱学校教师发展列为地市和区县六大重点推进工作之一，提出要形成人工智能助推教师队伍建设的新路径和新模式。从国内学界研究来看，已有研究者从高质量发展的视角探索农村教师队伍建设。例如，周晔在分析农村教师队伍"高质量"内涵基础上，提出推进高质量农村教师队伍建设的具体措施。赵明

仁借鉴国际社会中农村教师队伍高质量发展所采取措施与取得经验，尝试构建我国农村教师队伍高质量发展的策略。刘义兵基于"输入-输出"一体化视角对高质量农村教师队伍建设应然逻辑、培养体系与存在的问题进行深入剖析，指出我国农村教师队伍高质量建设的未来路向。也有研究者从支持农村教师队伍建设角度探讨传统信息技术应用。例如，孙众从实践导向、发展环境与支持服务体系三方面提出基于互联网的农村教师发展协同互助机制。郭绍青从智力资源服务生态构建角度思考技术赋能农村教师队伍建设途径。刘善槐探索信息技术对农村教师编制需求结构的调节作用，提出纳入课程信息化程度的农村教师编制测算模型。还有研究者将农村教师队伍建设探讨置于智能时代环境下。例如，王丽娟分析了智能时代农村教师队伍建设困境、人工智能助力农村教师队伍建设的着眼点与保障对策。柳立言与闫寒冰梳理了农村教师在智能时代专业发展面临的新机遇，并提出创新路径。但关于如何将高质量发展理念与人工智能技术特征结合，应用人工智能赋能高质量农村教师队伍建设的探索尚未引起足够关注。在人工智能教育应用持续深入与高质量发展理念不断深化的时代背景下，如何将人工智能与高质量发展理念融合，充分发挥人工智能的赋能作用与高质量发展理念的引领作用，形成应用人工智能助推高质量农村教师队伍建设对策，以满足农村广大人民群众对公平而有质量教育的迫切需求，具有十分重要的理论意义与实践价值。

二、农村教师队伍建设现状及其对人工智能赋能价值诉求

（一）高质量发展语境下农村教师队伍建设现状审视

我国农村教师队伍建设取得了阶段性成就，多元化的农村教师补充渠道初步形成，政策体系趋向完善，专业发展机会不断增加。但从高质量发展理念视角来看，当前依然面临数量规模不充足、人员结构不合理、学科知识不扎实、能力水平不显著、队伍组成不稳定、支持体系不健全、培训供给不适切、治理机制不完善等突出问题，离高质量特征还存在很大的差距，难以支撑农村教育高质量发展。其一，个人专业发展意识淡薄，缺乏提高自身职业发展水平的内在动力，对待工作与学习缺乏热情与上进心。例如，项目组在福建走访时发现，近60%的农村教师存在比较严重的情绪枯竭问题，参加外部提供的培训或进修等活动的积极性不高。柳立言调查发现，农村教师缺乏专业发展计划，尤其缺乏对智能时代教育发展变革的预判意识。其二，教育理念滞后，知识体系更新缓慢，教学能力水平偏低，信息素养与信息技术应用能力不高。以信息技术应用能力为例，项目组在广东调研发现，农村教师对于信息技术应用处在

浅层次应用阶段，仅分别有15.8%、25.6%和19.7%的农村教师尝试过利用信息技术开展新课程标准所提倡的合作学习、自主学习与探究学习。张妮等在西部调研时也得到类似结论。其三，岗位性缺员严重，农村教师在日常工作中普遍存在承担超负荷工作的现象。有研究人员在四川、甘肃与河南等地调研发现，农村教师每周课时量普遍在20节以上，最多者甚至还达到每周28节。另外一项研究结果显示，70.8%的农村教师承担过两门以上的课程，而承担过三门以上课程的农村教师比例达到25.7%。其四，教师学科结构、年龄结构、学历结构与职称结构不均衡。具体表现为副科教师数量不足，老龄化问题严重，第一学历水平偏低，职称结构呈现梯度性断层。以学科结构为例，由于音乐、体育、美术等学科教师严重短缺，迫使这些课程要么无法正常开设，要么只能由语文或数学等学科教师兼任，致使学科教师所学专业与所教科目"学教"不对口问题突出，仅能做到"开齐课"，无法满足"开好课"的要求。有研究表明，2020年我国农村教师中52.52%的英语教师、54.99%的美术教师、55.08%的音乐教师和51.39%的体育教师没有接受过相关课程的系统学习。其五，留教意愿不强，年轻与优质教师流失的情况依然严重。例如，王艳玲等在云南的调查显示，离职意愿强度在中等及以上农村教师占51.8%，而表示具有非常强烈离职意愿的农村教师高达26.7%。其六，支持农村教师专业发展的完善服务体系尚未建成。项目组调查发现，在需要帮助的极困难情况下，仅有1.9%的农村教师是从社会团体中获得安慰或关心，而从配偶、朋友与同事获得安慰或关心的占比分别为32.3%、67.0%和50.6%。对于教学中的疑难问题，向学校有经验教师请教的农村教师占比77.0%，教师个人钻研占比为20.9%，少有教师向区域内的名师或学科教研员请教。其七，以城市为导向的数字化学习资源开发与培训模式设计，由于缺乏考虑城市学校与农村学校差异而难以满足农村教师专业学习现实需求。例如，王丽娟等研究指出，有近一半农村教师对自身培养模式不满意，认为理论与实际脱节，不切合农村教师实际需要。其八，农村教师队伍建设决策及其调整，过于依赖教育部门管理者经验判断与主观评估，缺乏必要的数据和科学方法作为支撑，其科学性、可持续性与有效性也都受到不同程度的影响。

利用人工智能等新兴信息技术助力高质量农村教师队伍建设，首先要从制约农村教师队伍建设的突出问题着手。当前我国农村教师队伍建设之所以面临一系列深层次、根本性难题亟须破解，究其原因主要是我国长期实施的城乡二元经济结构与快速发展的城镇化进程，并由此引发农村社会层面经济文化落后、交通信息闭塞、生活环境艰苦，以及农村学校办学经费投入不足、办学条件简陋以及教师工资待遇低等问题。与城市便捷的生活、完善的设施与丰富的资源相比较，农村教师在生活品质、事业成就、职业发展以及子女接受良好教育机会等方面都受到严重影响,进而降低了农村教师这一岗位的职业吸引力。

(二) 高质量农村教师队伍建设对人工智能赋能价值诉求

赋能是来自积极心理学领域的一个概念,意指赋予某一领域、产业、行业或主体某种能力和能量,目前广泛应用在商业营销与组织管理等方面。随着信息技术的井喷式发展以及对行业的颠覆性创新,赋能越来越多地被用来描述新一代信息技术作为一种内生性驱动力量为当代社会各个领域、产业与行业的创新变革和发展所带来的影响。以知识图谱、模式识别、机器学习、自然语言处理、生物特征识别、人机交互、计算机视觉以及虚拟现实、增强现实等为核心技术的人工智能具备认知智能、感知智能与计算智能,能够模拟人的思维与行为。因此,人工智能已经超越传统信息技术简单的工具属性,并在智能化、自动化与拟人化等方面相对于其他信息技术有着质的提升,能够提高人们的工作效率,减轻人们的工作负担,甚至还能够执行人们无法完成的任务。由此可见,人工智能具备赋能价值属性,并通过理念重塑、要素重组与流程重造等方式外化出来。人工智能的赋能价值属性必将在社会各个领域掀起一场系统化变革。正如赫拉利所指出的,人工智能是整个21世纪人类历史上最重要的一个演变,它全面颠覆着人类社会的传统发展方式。具体到农村教师队伍建设领域,人工智能作为生产力要素,能够改变农村教师队伍建设发展的基础,使得农村教师队伍建设的组织形态、运行方式与内部结构发生根本性变革,成为驱动农村教师队伍建设的重要因素。人工智能赋能高质量农村教师队伍建设是在"互联网+"环境下,通过人工智能技术、大数据挖掘技术与农村教师队伍建设融合,为高质量农村教师队伍建设目标的实现提供智能方法和手段。实质上是人工智能借助移动互联网、大数据分析等技术,模拟辅助、替代、扩展与增强农村教师队伍建设的主体能力和动能,为提升农村教师队伍质量提供内源性动力与技术支持的教育数智化过程。具体表现在监测对象、优化进程、辅助决策、预测趋势与提高效率等方面。

三、高质量:农村教师队伍建设从外延向内涵提升转变

自改革开放以来,我国农村教师队伍建设先后经历了从"以规模为主"到"规模与质量并存"再到"以质量提升为主"的三个不同发展阶段。其中,第一阶段自20世纪80年代开始普及九年义务教育至21世纪初,发展取向在于为农村学校配备一支数量充足、合格稳定的农村教师队伍,以满足"普九"义务教育对教师数量规模要求;第二阶段自21世纪初至"十三五"规划末期,

发展取向在于推动农村教师队伍规模扩张与质量提升并进,从数量与质量两个方面满足城乡教育均衡发展对教师需求;第三阶段是从"十四五"规划开始,发展取向在于为农村学校建设一支数量充足、结构合理、素质优良的高质量教师队伍,以支撑乡村教育高质量发展。关于什么是高质量农村教师队伍问题,我国已有多项政策文件给出指向。比如2020年教育部等六部门印发的《关于加强新时代乡村教师队伍建设的意见》提出,要"努力造就一支热爱乡村、数量充足、素质优良、充满活力的乡村教师队伍"。国内也有研究者对其进行分析。例如刘善槐从群体特征、素质结构与职业人格三个层次提出新时代农村教师队伍建设的目标结构,群体特征表现为数量充足、结构合理与流转通畅,素质结构表现为师德高尚、业务精湛与善于学习,职业人格表现为具有乡土情怀、创新精神与现代理念。但目前仍处于探索中,尚未形成明晰概念。作为宏观政策话语的高质量农村教师队伍,是社会经济领域中的高质量发展理念在农村教师队伍建设中的具体化与问题化,强调要统筹"质量第一"与"效益优先",通过质量变革、效率变革与动力变革推动农村教师队伍建设由高数量发展或高速度发展阶段转向质量提升阶段的重大转变。作为微观学术话语的高质量农村教师队伍,是对当前阶段农村教师队伍建设现状的理性反思与发展诉求话语表达,植根于我国农村教育事业整体性、系统性与协调性发展的顶层设计中,强调要从注重规模扩张、学历达标的外延式发展向注重结构优化、素养提升与活力激发的内涵式发展转变,形成更具创新性、协调性、高效性、共享性与开放性的新发展生态。农村学校外部发展环境、当前发展现状以及内在发展需求等方面与城市学校不同,这决定了农村教师队伍建设在工作取向、重点与目标等方面与城市学校不同。高质量农村教师队伍内涵理解,既要借鉴普遍意义上高质量教师队伍内涵的相关研究结果,也要体现农村教育的特征。此外,教师的职业劳动具有个体性与群体性特征,教师专业发展相应地具有个体专业发展与群体专业发展两个层次。结合国家相关政策文件内容及精神、学术界已有的研究观点以及上述几点思考,本研究构建了如图5-9所示的高质量农村教师队伍的内涵结构。

四、人工智能赋能高质量农村教师队伍建设的理论框架

科学理性认识人工智能对于农村教师队伍建设赋能机制,需要从全局视角深度分析人工智能与教师本质及两者关系,进而明晰智能时代特征以及人工智能影响农村教师队伍建设的作用机理。技术现象学从关系的层面理解人类与技术关系,认为技术是处在人与世界之间的一种中介,人是通过技术与世界打交道的。人与世界关系是"人-技术-世界"。唐·尹德作为技术现象

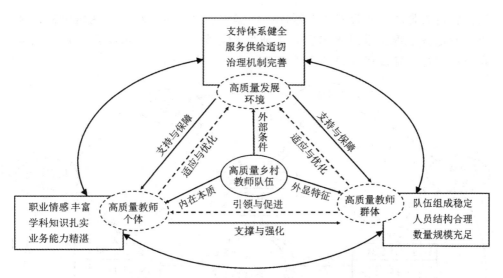

图 5-9　高质量农村教师队伍的内涵结构

学的典型代表，从人类的日常经验出发，将人、技术与生活世界的关系划分为具身关系、诠释关系、它异关系与背景关系四种不同意向性结构关系。其中，具身关系中的技术被看成人类身体的延伸，体现为人类部分器官的功能，意向性公式表示为"（人-技术）→世界"；它异关系中的技术是一个完全独立于人类的具有自主性的它者，能够直接对人的思维、情感与态度形成直接作用，甚至还能重构与人的交往关系，意向性公式表示为"人→技术-（世界）"；诠释关系中的技术是世界的文本，具有语言和解释能力，如科学仪表、温度计与测量仪等"可读的技术"应用在人类与世界的关系中，可以指示世界或帮助人们解读世界，意向性公式表示为"人→（技术-世界）"；背景关系中的技术从人与世界关系的主要位置转移到幕后，成为人类不可或缺但又被忽视的生活背景，意向性公式表示为"人→（技术）-世界"。技术现象学的关系分析视角突破了传统人文技术哲学只关心人类历史境遇而过于强调人类的自由和解放，以及工程技术哲学只关心技术而忽视技术对人类生活的终极关怀的局限性，有效克服以往单一客体或主体研究视角的困境。技术现象学因此能够为认识人工智能与农村教师的本质以及两者之间的关系，提供科学的解释分析视角。

人工智能赋能农村教师队伍建设的过程既是教育主体把客观存在的技术融入实践活动中，同时也是特定环境下客观存在的技术融入教育主体生命结构。把人工智能赋能高质量农村教师队伍建设放在"教育-技术"系统框架之下，通过动态考察来系统分析人工智能技术、农村教师与世界三者所构成的共进关系，有助于清晰呈现人工智能赋能农村教师队伍建设的内在机理。

结合农村教师队伍建设对人工智能赋能需求、高质量农村教师队伍内涵以及唐·尹德技术现象学维度考察，本研究构建如图 5-10 所示的人工智能赋能高质量农村教师队伍建设的理论框架。

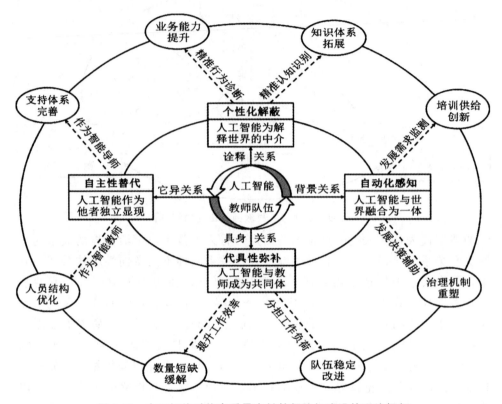

图 5-10　人工智能赋能高质量农村教师队伍建设的理论框架

五、人工智能赋能高质量农村教师队伍建设的路径设计

（一）研究重心：高质量发展目标与智能时代高质量农村教师队伍建设

我国农村教师队伍建设的重心已经从过去总体数量补充、学历达标提升的外延式发展，向专业能力提升、人员结构优化与创新活力激发的内涵式、高质量发展转变。2018年中共中央、国务院出台的《关于全面深化新时代教师队伍建设改革的意见》提出，要"造就党和人民满意的高素质专业化创新型教师队伍"。因此，建设高质量农村教师队伍、支撑教育高质量发展是新时代我国实施教育强国战略、推进教育现代化、办好人民满意教育的必然要求。朱旭东认为，只有建设强大教师队伍，才能真正实现教育强国，因此要加强高质量基

础教育教师队伍建设的重大部署。程建平等提出基础教育高质量教师队伍建设的任务和路径。但当前我国农村教师队伍建设仍面临质量、结构、配置以及管理体制机制等方面的挑战，不能满足高质量农村教育发展需求。正如教育部教师工作司前司长任友群所说的，"当前，我国农村教师队伍建设整体正在大踏步前进，有了长足的发展，但是建设一支支撑高质量发展的教师队伍，还需要不懈努力。'十四五'期间将持续破除教师发展深层次体制机制障碍，实现农村教师队伍从基本支撑向高质量支撑转型"。

人工智能技术具有强大的数据采集、处理与分析能力，已经超越了传统信息技术简单的工具属性，并在智能化、自动化与拟人化等方面有了质的提升。人工智能在教育中应用，可以扩展教育时空范围、突破人类的认知局限，在减轻教师工作负担、强化教师队伍结构、提升教师能力素养、优化农村教师队伍建设机制等方面为农村教师队伍建设赋能。在人工智能应用持续深入与高质量发展理念影响不断深化的时代背景下，如何结合农村教师队伍建设现状与教育高质量发展需求，将人工智能与高质量发展理念有机融合，探索智能时代高质量农村教师队伍内涵与人工智能赋能高质量农村教师队伍建设机制，形成应用人工智能助推高质量农村教师队伍建设的对策与路径，充分发挥人工智能赋能作用与高质量发展理念引领作用，满足人民群众对公平而有质量教育的迫切需求，具有十分重要的理论意义与实践价值。

（二）研究视角：人类发展生态学与智能时代生态化农村教师队伍建设

人工智能赋能支持下的高质量农村教师队伍建设是一项极具艰巨性、综合性与系统性特征的复杂工程，既要考虑教师个体对智能技术的接受与适应，又要考虑教育内部关于教育与教师队伍建设的各种变革与创新，还要考虑外部社会条件的支持，需要进行缜密的系统设计。鉴于人工智能助力高质量农村教师队伍建设的复杂性特征，正确的取向是要摆脱就教育谈教育的传统思想限制，立足于更为整体、系统、综合的研究视角，将智能时代农村教师队伍建设问题放置在整个社会系统中去分析，不仅要做好农村教师队伍建设的顶层设计与统筹规划，从全局与整体的视角谋划推进，还要高度关注农村教师队伍建设的协同性，从更高层次去协调与督促落实。布朗芬布伦纳于1979年提出的人类发展生态学理论，从个体与环境关系出发来理解个体与环境相互作用以及这种作用对个体成长的影响，认为任何个体成长是外部多因素、多层次环境综合作用的结果。布朗芬布伦纳根据交互频率与密切程度不同，将外部环境由里向外依次分为微观系统、中观系统、外观系统与宏观系统四个相互嵌套的子系统。人工智能助力农村教师队伍建设的最终目的是促进教师成长，其本质是人的成长问题。从这个角度看，我们可以借助人类发展生态学理论来研究智能时代农村教师队伍建设问题。基于人类发展生态学理论，教师及其成长环境是一个生态系统，教师及其群体是这个系统的生态主体，教师所在学校与所在地方教育系统及社会，乃至整个国家社会是这个系统的生态环境，教师及其群体的成长是生态主体与生态环境相互作用的结果。人工智能助力高质量农村教师队伍建设，实质就是应用人工智能优化农村教师队伍建设生态，打造优质规划体系、提升体系、支撑体系与保障体系，使得教师队伍获得内生性成长。对于生态主体的教师群体，要按照 2018 年中共中央、国务院出台的《关于全面深化新时代教师队伍建设改革的意见》关于"教师主动适应信息化、人工智能等新技术变革"目标要求，关注教师对人工智能技术及其环境的适应。对于农村教师所在学校，要探索如何利用人工智能构建集"学科素养、师德素养与能力素养"三者于一体的专业提升体系；对于区域教育部门，要探索如何利用人工智能构建集"机构系统、课程系统与评价系统"三者于一体的支撑体系；对于区域社会层面，要探索如何利用人工智能构建集"经济发展、教育发展与教师发展"三者于一体的规划体系；对于国家层面，要探索如何利用人工智能构建集"政治地位、社会地位与职业地位"三者于一体的保障体系。

（三）研究范式：循证教育理念与智能时代循证取向农村教师队伍建设

当前探讨人工智能助力教师队伍建设的研究范式主要以思辨研究为主。我们不可否认这种思辨研究范式对于演绎推理价值观点、澄清思想认识等方面都有着非常重要价值。但必须看到，由于缺乏客观证据的支撑，部分思辨研究存在为思辨而思辨的弊端，致使研究者、实践者与政策制定者相互分离而存在分明的壁垒，无法形成相互支持。源于循证医学的循证教育是循证实践理念在教育领域的具体体现。剑桥大学 David Hargreaves 教授于 1996 年首次提出"循证教育"概念，认为教育学的研究和实践也应该像循证医学一样，严格遵守循证研究证据，来改进教育实践。牛津大学 Philip Davies 教授于 1999 年进一步明晰了"循证教育"概念，认为循证教育意味着将个人教学和学习专长与经由系统研究的最佳外部证据结合。总而言之，循证教育强调将教育者已有实践经验、实践智慧与最佳证据有机融合，避免因过于依赖教育者个人直观经验或从业经历体验而造成的教育决策与实践偏失，从而提高教育决策与实践的科学性与有效性。循证教育理念已经深入教育各个领域，成为教育改革发展的主流话语之一。教育部于 2018 年颁布的《教育部关于实施卓越教师培养计划 2.0 的意见》提出，建立完善基于证据的教师培养质量全程监控与持续改进机制，从国家层面上提出循证教师教育实践的现实需求。人工智能强大的数据收集、分析、处理能力，能够最大程度挖掘教师教育实践活动蕴藏的最佳证据，帮助教师建立基于证据、遵循证据、通过证据的活动方案。人工智能在教师队伍建设中应用因此必将为循证教师教育实践提供重要依据与支撑，加速推进循证教师教育实践发展。如何充分挖掘人工智能的循证价值，为循证取向教师队伍建设提供最佳证据，改进人工智能时代循证取向教师队伍建设实践，发掘形成一批人工智能助力教师队伍建设的典型案例，是当前人工智能助推教师队伍建设应当研究的现实课题。

第六章

优质均衡视角下教育信息化促进农村教育生态建设评估

第一节 信息技术支持的教育优质均衡督导评估

教育优质均衡督导评估是一项数据密集型实践活动,高度依赖于客观数据以及对数据的统计分析。信息技术在数据采集、处理与挖掘数据背后潜在价值等方面都具有天然优势,将信息技术应用于教育优质均衡督导评估,有助于更加及时、全面与客观地反映教育优质均衡发展状况。信息技术支持的教育优质均衡督导评估是在督导评估中全面、深入应用现代信息技术,推进信息技术与督导评估深度融合,创新督导评估手段与方式,重构督导评估体系与流程的过程。随着大数据、人工智能与区块链等新兴信息技术出现并快速融入教育领域,信息技术支持下的教育优质均衡督导评估的研究与探索,近几年成为政策制定、学术研讨以及实践探索的热点。我国政府非常重视教育督导评估信息化转型。2020 年中共中央办公厅、国务院办公厅印发的《关于深化新时代教育督导体制机制改革的意见》提出要"构建全国统一、分级使用、开放共享的教育督导信息化管理平台,逐步形成由现代信息技术和大数据支撑的智能化督导体系,提高教育督导的信息化、科学化水平"。

部分国际组织和发达国家也都积极开展将信息技术应用于教育监测、评估和决策的探索与实践。例如,联合国教科文组织开发的数据采集与分析工具 eAtlas,能够对全球 200 多个国家和地区的教育监测数据进行可视化处理,并以教育数据地图形式呈现全球文盲率;经济合作与发展组织开展的 PISA 测试项目,通过对学生应用知识与技能解决问题能力进行监测,并以数字地图形式显示全球学生能力分布与成长趋势。在学界层面上,司晓宏提出要树立数据驱动的评估认定理念，建立数据常态化采集机制，以科技赋能教育优质均衡督导评估；杨宗凯探讨利用信息技术促进教育教学评价改革的途径与措施，认为改革与创新智能时代教育教学评价需要强化过程评价、优化增值评价以及健全综合评价；宋乃庆探讨大数据赋能新时代基础教育评价改革的路向，提出要构建大数据赋能的基础教育评价观、完善评价改革的智力支持、重组数据评价资源样态以及驱动教育评价体系重构。

对于信息技术支持的教育优质均衡督导评估，现有相关政策能够为其提供方向引领，已经取得的研究成果能够为其提供理论指导，而国外实践探索所积累的经验能够为其提供丰富的参考借鉴。不过从各地实践情况看，当前对于教育优质均衡督导评估还是完全依赖于传统人工作业的方式，信息技术应用不充分问题突出，致使存在评估过程费时费力、评估结果的科学性与时效性难以保证等弊端，不适应新时代教育督导评估思想的要求。

从上述文献分析结果也可以看出，尽管当前国内已有研究者开始关注信息技术在教育、教学评价中的应用，但针对教育优质均衡督导评估领域的研究文献数量并不多，研究内容也不够深入，大多作为一种解决对策在其他主题文献中被提及，即尚未针对如何应用信息技术促进教育优质均衡督导评估变革进行深入、系统的探讨。科学的督导评估依赖于可靠的数据来源与科学的评估方法。大数据技术日益成熟与教育信息化基础设施不断完善，为推动教育优质均衡督导评估体系创新提供了契机。在大数据技术教育应用不断深入的当前，如何借助大数据技术的最新发展与教育督导评估领域最新研究成果，更新评估理念、优化评估模式、改进评估手段，并对现有的督导评估机制进行重构，建立与新时代教育督导评估思想相适应的教育优质均衡督导评估新体系，是大数据时代教育优质均衡督导评估面临的重要课题。

第二节　大数据与教育优质均衡督导评估体系变革

一、优质均衡：教育均衡从资源均衡向质量均衡转段升级

在基本均衡目标初步实现以后，近几年来我国提出要以提高教育质量、促进教育内涵发展为重点，逐渐推动教育从基本均衡向优质均衡转变。教育优质均衡目标实现，是在人民群众"有学上"问题得以解决基础上满足其"上好学"的新需求，同时也是"办好人民满意的教育"的必然追求。

关于什么是教育优质均衡问题，国内已有部分研究者从不同视角对其进行了解读。冯建军认为教育优质均衡是在资源均衡基础上追求教育质量的提升。尹玉玲认为教育优质均衡具有高级均衡、整体均衡、特色均衡和全程均衡的特征。杨清溪认为教育优质均衡就是教育以均衡的样态，朝着提高质量的方向持续发展的过程。朱德全等认为教育优质均衡的基本要义在于优质教育资源公平分配，核心要义在于优质教育资源按需供给，优质均衡不是同质化、同步化与平均化。雷励华等认为教育优质均衡是以均衡教育质量为工作重心，以提升农村教育质量为核心任务，提出要主动调整农村教育发展的方式、机制与方向，以实现城乡教育内涵式、特色化与内生性发展。尽管不同研究者对教育优质均衡内涵的理解各有侧重，但都提及"教育质量均衡"这一核心要义。由此可见，教育均衡是一个从非均衡到低层次均衡再逐步过渡到高层次均衡的动态过程。教育优质均衡是相对教育基本均衡来说的，是在基本均衡阶段教育资源均衡配置基础上追求教育质量均衡。优质教育资源均衡配置是在教育优质均衡实现的关键，而教育优质均衡是教育基本均衡已实现基础上提出的更高层次均衡发展目标。与基本均衡相比，优质均衡在发展重心、目标、方向、方式以及理念等方面都有更丰富的内涵，具体如表 6-1 所示。

表 6-1 教育优质均衡与基本均衡比较

比较维度	教育优质均衡	教育基本均衡
发展重心	关注教育质量差距缩小	关注教育资源均衡配置
发展目标	满足人民群众"上好学"需求	满足人民群众"有学上"需求
发展方向	实现人的可持续发展	实现办学条件的有效改善
发展方式	依靠内部力量培养的内生性发展	依靠外部资源引入的依附性发展
发展理念	强调多元化、差异化与特色化发展	强调标准化、同一化与同质化发展

二、体系重构：教育优质均衡督导评估对大数据应用诉求

督导评估可以为教育优质均衡发展决策提供直接依据。如何确保督导评估结果的时效性与科学性，对于缩小教育质量差距、实现教育优质均衡至关重要。经过近十年的实践与探索，我国已经建起一套程序上包含"县级人民政府自评、地市级复核、省级督导评估并公示、申请国家评估审核备案"四个环节

的完整督导评估模式，并取得了显著成效。在这种督导模式中，不管是地级市复核还是省级督导评估或国家评估审核等环节，数据采集与分析主要采取完全依赖人工作业的方法。例如，常用数据采集方法有阅读事先准备好的资料、听取汇报或约谈领导、召开现场座谈会进行师生大面积访谈、现场听课以及走访学校进行实地考察等；常用统计分析方法是由督导专家根据国家相关督导评估办法中规定的评估内容与标准，结合自身专业知识与经验对收集的材料或数据作出均衡价值判断。

教育督导评估具有涉及面广、程序复杂、任务繁重等特征，这种基于人工作业的评估方式由于收集数据不全、分析技术滞后等原因，在数据采集、统计分析、价值判断以及结果反馈等环节面临较大挑战，容易造成教育价值判断失真，进而影响督导评估结果的客观性、全面性与可靠性。

首先，在数据采集阶段，受人工采集方式限制，督导人员只能抽取部分学校作为样本，而且督导人员进驻学校后也只能接触部分教职工和学生，致使样本数量偏少、数据采集量不足、信息收集不全面。人工采集方式容易受到人的主观性因素影响，如督导人员和被访谈者的认知水平、数据录入操作是否有误以及非自然状态下被访谈者能否客观如实反映事实，等等，致使采集的数据容易出错，其可靠性与有效性也是难以保证。教育均衡是一个动态发展过程，人工采集方式往往需要较长时间跨度，容易造成所采集的数据时效性不强，难以满足常态化的跟踪监测需求，对教育政策制定与资源配置缺乏及时的参考价值。其次，在数据分析阶段，由于驻校时间有限，再加上采用以人工作业为主的信息处理手段，督导人员无法对采集到的数据进行即时统计和分析，只能依赖自身的专业知识与已有经验对数据进行分析、评估与打分，然后给出判断。这种基于人工作业的统计分析方式，费时费力，给督导人员带来较大的工作负担。再次，在价值判断阶段，由于采用以主观分析为主的方式，过于依赖经验判断或主观评价，督导评估结果往往缺乏数据和科学方法作为支撑，其说服力与公信力自然也会受到不同程度的影响。最后，在评估结果反馈与应用阶段，受到评估技术限制，督导评估报告主要以宏观定性描述为主，笼统模糊，缺乏可视化交互呈现，难以直观展示教育优质均衡各个方面的情况，超出个体接受和处理信息的阈值，容易造成认知负荷。决策者无法准确把握教育动态变化信息资料，也无法对教育优质均衡趋势和政策制定的预期效果作出客观判断，容易在政策制定过程中带入个人的主观经验判断，进而制约督导评估效用的发挥。

究其原因，主要是当前以人工作业为主的督导评估模式在理念、模式、方法与手段等方面都明显落后于信息时代的监测、评估和决策方式，致使督导评估结论无法准确反映教育发展真实样态。大数据的价值在于通过对海量、多维的数据进行深度挖掘与系统分析,揭示隐含在数据背后的关系或知识。大数据技术寻找关联性思维方式切合教育优质均衡督导评估对有效证据与充实依据的本真需求。将大数据技术应用于教育优质均衡督导评估,可以采集真实状态下评估对象全部样本的评估数据,有助于将督导评估从以往的基于小样本数据或片段化数据的推测向基于全方位、全过程数据的证据性决策转变,能够客观揭示更有价值的教育发展特征,使得教育优质均衡评估实践更加精准与深入。正如库克耶所说的,大数据开启了一次重大的时代转型,就像望远镜让我们遥观宇宙,显微镜让我们观察微生物一样,大数据正在改变我们生活与理解世界的方式。全面推进大数据与教育优质均衡督导评估深度融合,提高评估精准性、时效性、覆盖面、影响力、科学性与公信力,是大数据时代深化教育优质均衡督导评估改革与有效履行督导评估职能的迫切需要。

三、智慧督导:大数据时代教育优质均衡督导评估新样态

大数据具有客观性、连续性、实时性、巨量性、广泛性与复杂性等特征。大数据技术使得我们对数据进行全自动、全过程与全样本的采集与分析成为可能。将大数据技术渗透到教育优质均衡督导评估,必将赋予督导评估更多理念、内涵与特点,促使督导评估在各个工作环节都可以实现"智慧运行",推动督导评估从传统的人工作业方式真正走向智慧督导。图灵奖获得者吉姆·格雷把科学研究划分为实验科学、理论科学、计算科学与数据密集型科学四种范式。其中的数据密集型科学是由前三种范式整合并从计算科学分化出来的第四种范式,强调以数据为中心,通过使用软件工具对数据进行采集,并对收集到数据进行整理、分析和可视化处理。数据密集型科学的思想对大数据时代教育评价具有启发意义,有研究者据此提出"数据密集型评价"新范式,认为数据密集型评价是基于对全样本、全过程与全景式的教育大数据进行数据挖掘与学习分析,这种评价范式将教育评价推向智能化阶段。

由此可见,智慧督导是一种数据密集型评价,是要充分应用大数据对活动、措施、环境与资源等各种与优质均衡发展相关的过程要素状态信息进行持续采集、动态跟踪、智能分析、客观描述与及时反馈,并依据优质均衡目标对教育活动是否按预定优质均衡发展计划执行、向预定的优质均衡发展目标靠近等运行轨迹作出实时的监测、预警与预测,并为多元主体提供价值判断与科学决策的依据,进而确保优质均衡发展目标有效实现。作为一种数据密集型评价,智慧督导能够对优质均衡现状进行全面性的质量监测、全员性的主体关照、全方位性的数据收集与全域性的监督跟踪。智慧督导增强督导评估的过程性、时效性、全面性、准确性、综合性与科学性等特征,提倡依赖数据驱动、

注重质量提升、加强状态描述、关注多元主体参与、体现地域特色、重视学生成长与强调持续改进等评估理念，强化评估的动态监测、实时预警与科学预测等功能。大数据技术支持的教育优质均衡智慧督导的基本样态如图6-1所示。

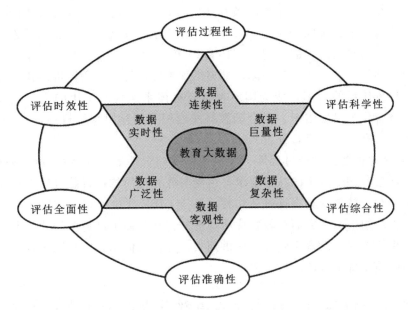

图 6-1 大数据技术支持的教育优势均衡智慧督导基本样态

第三节 数据驱动下教育优质均衡智慧督导模型设计

一、职能定位：CIPP评价与智慧督导的发展性功能

教育优质均衡发展总是表现出阶段性的特征，即前一阶段均衡发展的结果是后一阶段发展的基础，而后一阶段发展又是对前一阶段的继承与发展。这决定了以优质均衡为对象的智慧督导是一个活动的、持续的、发展的过程。一方面要保证智慧督导的发展性，即要求每个阶段督导结果都可以为下个阶段优质均衡发展方案或政策调整、完善提供重要信息；另一方面要保证督导的全程性，即要求督导工作始终贯穿于整个教育活动的全过程。

CIPP评价模式又被称作决策导向或改良导向评价模式，最早是由美国评价专家斯塔弗尔比姆于20世纪60年代提出的。针对传统的泰勒行为目标评价模式存在"注重结果、忽视过程"的弊端,该模式认为教育评价不能以评判教育目标是否达成作为最终导向,主张教育评价不仅仅是为了证明教育目标是否实现,更主要的是要通过评价来改进教育方案,进而提高教育质量。因此,教育评价是全过程的评价,完整的教育评价过程应该包括背景评价、输入评价、过程评价与结果评价四个层次。只有这样才能系统反映教育全貌,避免评价出现注重结果而忽略过程的情况。CIPP评价模式是一种融合形成性评价、诊断性评价与终结性评价三者于一体,并突出评价发展性功能的评价模式,被广泛应用于评价体系的探索,成为国际教育指标体系建构所采用的主要模式。例如,经济合作与发展组织、联合国教科文组织等国际组织和机构都基于CIPP评价模式对有关项目进行评价。

CIPP评价模式的全过程性、发展性以及综合性等方面特征既能够符合我国新时代教育评价改革的总体要求,也能与教育优质均衡智慧督导需求及特征相适应,对智慧督导具有良好适切性。基于CIPP评价模式,可以从背景、投入、过程与结果四个方面对教育优质均衡的行动与结果进行全程性与系统性评估,为决策者完善教育实施方案提供翔实、确切的信息,使其能够有效利用现有资源以满足特定群体的特定需求。

二、价值取向:教育生态与智慧督导的生态化理念

正确的价值取向是教育督导评估的首要而关键的原则,能够直接影响督导评估工作的效果与教育改革的发展方向。正如美国著名决策理论大师西蒙在谈及价值取向对决策重要性时所说的那样,决策是基于价值假设和事实假设作出的。教育督导评估的价值取向是指对教育督导评估活动价值的认识与选择,具体表现为督导评估所确立的价值标准、所建立的价值目标以及所采用的评价体系。

生态教育思想是依据生态学开放性、整体性、关联性与多样性等原理与方法,将特定时空范围内的教育与影响教育的外部环境看成一个有机整体,重点研究教育系统内部各要素之间以及教育系统与外部环境之间的相互联系与作用,其目的是通过优化教育生态主体与教育生态环境之间的关系,提高教育质量、促进师生健康成长、保障教育活动持续开展。

数据驱动的智慧督导作为一种发展性的督导评估,需要把促进学校和师生的发展作为核心目标。为了实现这一目标,在具体督导评估实践中需要协调好多重关系,如教育与社会关系、教育评估与教育发展关系以及不同利益相关者在教育评估活动中的关系等。

由此可见,生态教育思想与智慧督导在发展旨归上具有共同的聚焦点。生

态教育思想能够为智慧督导实践提供全新视角,即智慧督导应该以构建良好区域教育生态作为价值取向,适应教育发展生态性要求。智慧督导除了要满足新时代教育评价思想所倡导的加强状态描述、注重过程评价与强调持续改进以外,更多是要充分利用大数据技术的优势并结合教育优质均衡的本质内涵,在督导手段、督导重点、督导主体、督导内容、督导结果、督导目标及督导方式等方面融入生态化督导理念,具体内涵如表6-2所示。

表6-2 生态化的智慧督导理念

评估要素	评估理念	具体内涵
督导手段	依赖数据驱动	树立让数据说话的思维习惯,通过深度的数据分析以揭示教育优质均衡状态的要素特征、结构关系与变化趋势,形成以数据为支撑的评估结论
督导重点	注重质量提升	在均衡配置教育资源基础上,全面提高城乡学校教育质量,实现均衡与质量的统一,为城乡儿童提供适切而有效的高质量教育
督导主体	重视多元参与	建立"教育部门主导、多方协同参与"的督导机制,使相关利益群体参与评估的设计、实施与监督,实现督导的价值判断多元化,增强督导开放性
督导内容	体现地域特色	督导指标体系设计要兼顾统筹国家标准与地方特色,既要严格执行国家相关统一标准,同时也要考虑区域发展特点,因地制宜,彰显地方特色
督导结果	关注师生成长	从关注"物"到关注"人"的转变,对教师与学生综合素质的全面发展、特色发展、个性发展与可持续发展进行全面关注
督导目标	强调持续改进	通过督导为决策者改进教育优质均衡决策提供系统、全面的信息
督导方式	结合定性定量	以定量为主、定性为辅,定性与定量有机结合

三、体系框架:监测评估与智慧督导的立体化结构

作为信息时代教育评估新的实践形式,监测评估是指利用现代信息技术对能够反映教育系统内部各个要素、组成部分现状的数据进行持续收集与深入分

析，以直观的形式呈现教育发展状态，并为多元主体的价值判断、科学决策与持续改进提供客观依据的过程。监测评估依赖数据驱动，是一种数据密集型评价，从测量尺度上看具有时间尺度密集、空间尺度多样与价值尺度多元等特征。

因此，以大数据作为支撑的智慧督导，其体系架构是由时间、空间与价值三者相互融合而形成的"三位一体"立体化结构，具体如图6-2所示。其中，时间尺度反映教育优质均衡变化过程的时间分布与周期，可以使用年度、季度、月度等作为计量单位监控一段时间内教育优质均衡的变化情况。根据监测时间粒度不同，可以开展年度均衡督导、季度均衡督导与月度均衡督导等督导方式，并形成相应评估报告。空间尺度反映教育优质均衡发展要素及其结构的空间分布与延伸，具体表现为不同层次的教育优质均衡，具体包括不同省份之间、同省份内的不同地市之间、同地市内的不同区县之间、同区县内的城乡学校之间等。价值尺度反映客体对主体预期的满意程度，具体表现为对多元主体价值选择的尊重，即要保证不同利益相关者对教育优质均衡督导评估知情权、选择权与参与权的实现。

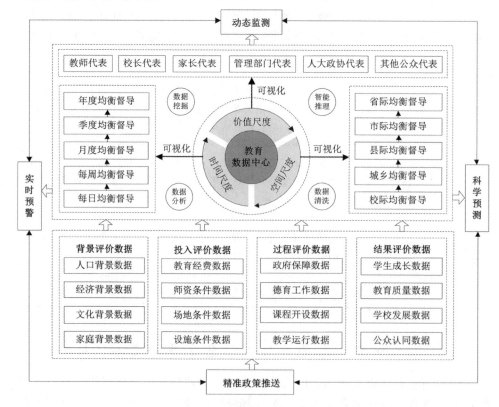

图 6-2 智慧督导体系架构

第四节　基于试点学校的智慧督导平台设计与应用实践

一、实践背景与过程

教育部统计的数据显示，作为全国（除直辖市外）城乡居民人均可支配收入最高、城乡收入倍差最小省份的浙江省，全省 90 个县（市、区）全部达到国家规定的义务教育发展基本均衡县（市、区）评估认定标准，即义务教育发展基本均衡在浙江省已经实现全覆盖。在共同富裕示范区建设背景下，促进义务教育从基本均衡向优质均衡迈进，实现公共服务优质共享，满足人民群众对优质教育的新需求，是浙江省各县（市、区）未来一段时间教育改革与发展的重大战略目标。为此，浙江省提出要将更多的政策和资源向山区 26 县和海岛县倾斜，以提高教育质量、巩固提高义务教育优质均衡水平。

T 县地处浙江省南部山区，是 W 市下辖的县级行政区，同时也被列为浙江省 26 个欠发达山区县之一。近年来，该县持续扩大义务教育优质资源供给，城乡教育质量差距在不断缩小，但由于地理位置偏僻、经济发展落后等原因，相对于其他发达县（市、区）来说，该县在教育优质均衡目标实现上要面临更为艰巨的任务。从督导评估的导向与诊断功能来看，如何客观、准确、全面反馈优质均衡现状，为及时调整教育发展政策提供支撑，是该县教育督导评估的现实需求。为此，项目组从该县选择 S 小学和 G 小学两所学校作为智慧督导平台建设与应用试点校。S 小学是一所农村完全小学。由于医疗卫生条件落后、公共基础设施不完善与交通不便利等方面原因，该校与其他大多数农村学校相类似，优质教师与优质生源流失严重，学校办学规模日益萎缩。全校目前总共有教师 4 人，在校学生 21 人，教学班级 3 个。而 G 小学是一所地处县城中心的重点学校，学校周边基础设施完善、交通条件便利，学校内部办学条件优越、师资条件雄厚、教学质量优质。全学目前共有专任教师 72 人，在校学生 1440 人，教学班级 36 个。

首先是依据中共中央办公厅、国务院办公厅印发的《关于深化新时代教育督导体制机制改革的意见》《深化新时代教育评价改革总体方案》，以及浙江省印发的《浙江省教育督导条例》等文件精神，明确智慧督导平台建设的总体方案与任务目标，提出以满足该县城乡教育优质均衡督导评估的现实需求为目的，充分利用互联网、大数据等新一代现代信息技术手段构建该县城乡教育优质均衡智慧督导大数据平台,通过对数据进行关联、挖掘与整合,实现对城乡教育优质均衡现状进行同比、环比、结构、趋势、预警与预测等多种监测,提高督导评估过程的智能化与督导评估结果的精准化,以提升该县城乡教育优质均衡督导评估现代化水平。

其次是协同试点学校组建保障智慧督导平台建设顺利推进的组织机构,并制定大数据赋能城乡教育优质均衡智慧督导的政策制度与标准规范。其中,组织机构根据职能的不同分设领导协调小组、技术开发小组、运维管理小组、信息安全小组与应用培训小组等;政策制度包括平台建设管理制度、各小组分工与主要职责、安全保障制度与应急处置机制等;标准规范包括管理规范、质量标准与技术标准等。

再次是智慧督导基础数据库建设。数据来源主要由三部分组成:一是整合学校现有信息管理系统的数据;二是通过网络问卷调查采集数据;三是由试点学校工作人员定期按照要求填报并完善数据。

最后是智慧督导大数据平台开发与应用推进。考虑到不同评估主体应用条件与规模上的不同,平台基于 B/S 三层结构来实现,后台采用 oracle 语言完成数据库管理,前台采用 NET 技术搭建。数据分析综合采用联机分析、机器学习与神经网络等方法。数据集中趋势与离散趋势使用平均值、极差、标准差与差异系数等统计量表示。指标体系的设计综合考虑了该县的社会经济发展水平与试点校的教学特色等多方面因素。具体如表 6-3 所示。

表 6-3 试点校智慧督导评估指标体系

一级指标	二级指标
经济背景	年人均国内生产总值、年人均地方财政收入、农民年人均纯收入、城镇居民年人均可支配收入
教育背景	城镇/农村中学数、城镇/农村小学数、城镇/农村班级数、城镇/农村学生数、城镇/农村教师数
人口背景	人口总数、农业人口数、学龄人口比例、人口受教育程度、文盲率、人均受教育年限
家庭背景	留守/贫困/单亲儿童比例、学生家庭经济收入状况、父母受教育程度、父母的职业背景
教育经费	生均预算内教育经费支出、生均教育事业性经费支出、生均公用经费支出、教师培训经费安排
师资条件	生均高于规定学历教师数、生均县级以上骨干教师数、生均体音美专任教师数、教师合格率

续表

一级指标	二级指标
场地条件	生均教学及辅助用房面积、生均体育运动场馆面积、生均音美专用教室数及面积
设施条件	生均教学仪器设备值、生均图书册数、生均拥有计算机台数、生均网络多媒体教室数
政府保障	学校规划布局、城乡学校一体化建设、学校学生规模、班额人数、教师工资保障、教师培训学时、教师交流轮岗、编制与岗位配置、就近划片入学率、留守儿童和随迁子女教育
德育工作	德育环境与资源建设、德育活动、德育工作者队伍建设、学生心理辅导、学生行为指导
课程开设	国家规定课程开齐开足情况、校本课程开发与教育资源建设情况、综合实践课程开展情况
教学运行	教学秩序规范情况、信息化教学设备利用率、教师使用信息化手段组织教学情况
学生成长	情感发展、学习态度、学习能力、身体素质、心理素质、道德人格、价值观念、个性特长
教育质量	生均各科学业成绩、家长对教学质量满意度、高一级学校评价、巩固率、辍学率、升学率
学校发展	办学理念、办学特色、校园文化、管理水平、区域影响力、社会声誉、学校信息化水平
公众认同	学生满意度、教师/校长满意度、家长满意度、人大代表/政协委员满意度、其他群众满意度

二、实践成效与不足

近三年的试点应用表明，基于智慧督导平台开展城乡教育优质均衡督导评估，是以大数据为核心的现代信息技术赋能教育督导评估的创新实践，有效推动督导理念、模式与手段发生根本性改变，并促使督导过程更加便携高效、督导结果更加科学准确。图 6-3 所示的是两所试点学校 2019 年入学学生三年来语文学科期末考试生均成绩的动态监测结果。

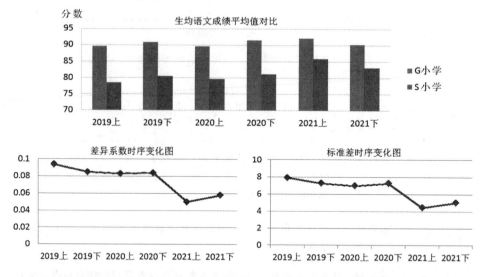

图 6-3　试点学校近三年语文期末考试生均成绩动态监测结果

首先，智慧督导平台充分利用互联网打破时空限制的优势，为时间上分散、空间上分离的各类督导主体与督导对象搭建一个协同工作环境，并将它们紧密联系起来，实现督导主体之间以及督导主体与督导对象之间交互作用，使得督导工作能够无时空限制地进行，既提高督导便利性，也避免督导过程中掺杂人为干预。其次，智慧督导平台基于大数据客观性、连续性、即时性、巨量性、广泛性与复杂性等特征，一方面能够将督导评估的结果及时反馈给教育管理部门，提高教育督导的时效性，使其不断调整教育政策，实现教育优质均衡动态、持续改进；另一方面能够实现对教育优质均衡进行长期性与系统性监测，将不同学校同一监测指标的多次监测数据及其统计分析结果进行纵向对比分析，使相关利益主体能够以科学、发展的视角去观察教育优质均衡过程的变化，实现对教育优质均衡的发展性评估。再次，依托大数据强大的数据采集、挖掘与分析能力，可以获得翔实的数据，能够更加科学准确地分析教育优质均衡现状，进而提高督导评估结果的科学性。最后，智慧督导平台借助于多媒体技术的可视化呈现功能，将督导评估的结果自动生成各种统计图或表格，并自动生成多种格式的报告文件，让督导评估结果更加清晰直观，强化督导评估的服务决策能力。

项目组以试点学校教师和校长作为调查对象，基于技术接受模型对平台近三年来运行状况进行调研。数据统计结果显示，89.7%的调查对象具备使用平台的行为意向，93.5%的调查对象认为平台具有"感知有用性"，90.2%的调查对象认为平台具有"感知易用性"，表明平台总体可接受度较高，平台在表征教育优质均衡状态方面功能的科学性、准确性与全面性以及平台设计方面操作的便利性、可靠性与合理性等都得到调查对象的广泛认可。例如 G 小学的梁校长认为，基于这样的平台，平时工作过程就是评估数据采集过程，不需要专门为了某次督导评估而去准备大量的材料和数据，减少基层学校应付督导评估的工作量，真正能够做到数据采集和督导评估常态化，平台也基本能够非常客观、直观呈现两所学校一些评估指标目前所处状态以及近几年来的变化走势，应该说这代表着信息化时代教育督导评估的趋势。S 小学的郑老师认为，平台可以在电脑端操作，也可以在手机端操作，使用非常方便，界面设计也非常科学与合理，如果能在教育评估中应用，必定会减少基层教师的工作量。调研分析结果也发现，制度、理念与素养是影响智慧督导平台使用行为意向的三大外部变量，同时也是制约智慧督导深入推进的三大客观性影响因素。例如，现有教育管理政策与制度不利于智慧督导良性运作，缺乏吸引利益相关者参与的方法与机制，部分人员对智慧督导理念和信息技术在督导评估中应用的重要性认识不到位，全社会信息素养、数据素养和评价素养有待提高，等等。

第五节 保障智慧督导可持续的生态化治理策略构建

以大数据技术推动教育优质均衡督导评估现代化、智能化是一个长期的、复杂的动态发展过程，既要着眼全局性的战略谋划和顶层设计，又要把握大数据应用背景下制度、理念与素养等关键性要素之间的关系以及对督导评估产生的影响。生态学提倡整体性、关联性与动态性等方法与原则。从生态学视角看，在区域层面上深入推进智慧督导平台可持续运行，需要构建智慧督导生态体系。本研究借助生态学的方法论与教育治理基本思想，并结合前期两所试点学校的实践经验，从以下三个方面提出保障智慧督导可持续的生态化治理策略。

一、制度先行：强化适合智慧督导运行的顶层制度设计

完备的管理机制可以为智慧督导实践提供重要保障，确保智慧督导高效、有序运转。在智慧督导实施过程中，教育管理部门需要结合区域教育发展实际，从顶层设计视角制定与智慧督导相适应的一系列配套政策与制度，不断完善与细化智慧督导的制度框架。

首先要统筹教育督导评估改革的各方力量，成立专门的组织机构，明确各方主体责任，对智慧督导进行管理与支持，组织专业化的相关技术人员为智慧督导提供技术支撑与服务保障，以确保智慧督导正常运行。其次要建立健全的智慧督导管理规范。具体来讲就是要对智慧督导进行整体规划，从建设目标、建设内容、实施方案与行动举措等方面制定智慧督导的相关政策，明确目标任务、推进策略与工作机制，统筹实施智慧督导评估的进度与具体安排，并加强各地督导落实。再次要制定智慧督导的技术标准规范，即需要了解大数据技术及其在智慧督导中应用的特点，制定大数据技术赋能教育督导评估的评价规范与技术标准，教育部门可以通过贯彻国家已有相关技术标准、借鉴国外应用成熟的技术标准和制定地方特色的技术标准三种形式构建智慧督导的技术标准体系。最后要在遵循国家及教育部相关标准文件精神基础之上，结合区域教育发展实际构建数据质量标准要求与教育质量标准体系。

二、理念引领：塑造面向智慧督导的教育数据治理思维

教育督导是教育治理现代化的内在需求与基本途径。中共中央、国务院印发的《中国教育现代化2035》指出，要健全教育督导体制机制，提高教育督导的权威性与实效性，推进教育治理体系与治理能力现代化。由此可见，智慧督导作为提升区域教育治理能力的重要工具，必须立足于区域内教育治理问题的应对，才能体现国家导向对督导评估赋予的新使命。随着大数据时代的到来，大数据技术已经被政府部门广泛应用于诸如交通、安全以及环境等各种监管领域，形成数据治理思维，推动治理实践科学化。数据治理思维是一种基于"用数据说话"的思维方式，要求政府、企业与其他社会组织要将数据作为组织治理的工具或方式，强调致力于通过对数据价值深度挖掘，为政府或组织的管理、服务与决策提供支撑，以实现善治的目标。在教育领域，教育大数据被认为是推动教育治理科学化、现代化的重要基石。以大数据技术作为支撑的智慧督导自然也要树立"循数而行"的数据治理思维，采取"依数而动"的数据治理模式，促成教育数据治理与智慧督导在内容与理念上的不断融合。

面向智慧督导的教育数据治理思维是数据治理理念在智慧督导领域的应用，要从督导评估的价值追求出发，遵循大数据的逻辑重塑区域教育内外部生态系统，将大数据作为依据、资源或工具来分析与解决区域教育优质均衡治理问题，以保证治理过程更为科学合理、治理结果更加客观有效。具体来讲就是要引导参与督导评估的人员主动适应大数据治理环境，充分认识智慧督导的新理念与新方法，迅速转变督导评估观念；另外要强化大数据应用思维，形成基于数据的客观性思维、动态变化的持续性思维和价值呈现的发展性思维等创新性技术思维。

三、智力支持：提升全社会融合大数据的教育评价素养

智慧督导的可持续运行，需要在社会层面上培养一支既熟悉教育评价业务又具备大数据相关知识与技能的督导评估队伍，这是智慧督导成为社会化活动的前提与关键。教育评价素养是个体或群体能够科学、客观与合理地评价教育活动，并作出事实与价值判断的最优状态，是个体或群体评价知识、能力、态度与理念等要素水平的综合反映。数据素养作为大数据时代的公民必备基本素养，是大数据技术快速发展背景下的信息素养的延伸与拓展，表示人们在收集、加工、管理、评价与使用数据时体现出来的知识与能力，具体包含数据意识、数据态度、数据知识、数据技能与数据思维等。融合大数据的评估素养是数据素养与评价素养的有机融合，具体表现为对大数据技术在教育评价中应用价值的认识，以及应用大数据技术去收集教育评价数据与开展教育评价的综合能力。

全社会融合大数据的教育评价素养提升，需要依靠国家、社会、高校、区域教育部门与中小学校等多方通力协作，充分发挥各自的力量与优势。比如，在国家层面上，一方面可以利用我国现有的科学普及体系，通过各科学协会所举办的科普活动在科技场馆、电视媒体与专题网站等平台传播有关大数据技术原理与教育评价等基础知识；另一方面可以建设应用大数据进行教育评价的案例库，以传播先进经验。在高校层面上，可以对学校现有的教育评价、教育测量等相关专业课程设置进行变革，一方面向内除加强统计学、测量学等课程学习之外，还可增设计算机编程、数据科学等相关课程，提高学生的数据素养；另一方面向外通过开设网络直播讲座、慕课课程等方式，为在职教育评价专业人员提供相关培训，提高其评价素养与数据素养。在中小学校层面，向内既要加强校长、学科教师等评估主体关于教育测量、教育评价等方面专业知识的培训，提高其实施教育评价能力，也要通过开展大数据、人工智能等相关培训与实践应用，提升其数据素养；向外则要利用学校现有的家长学校，采用专题讲座等形式帮助家长更新评价观念、提升认知水平。

参考文献

[1] 范先佐. 义务教育均衡发展与农村教育难点问题的破解 [J]. 2013 (2): 148-157.

[2] 郭绍青, 华晓雨. 教育数字化转型助推城乡教育公平的路径研究 [J]. 国家教育行政学院学报, 2023 (4): 37-46.

[3] 郭元祥. 对教育公平问题的理论思考 [J]. 教育研究, 2000 (3): 21-24, 47.

[4] 郝祥军, 顾小清. 技术促进课程创新: 如何走向教育公平 [J]. 中国电化教育, 2022 (6): 71-79.

[5] 何克抗. 教育信息化是实现义务教育优质、均衡发展的必由之路 [J]. 现代远程教育研究, 2011 (4): 16-21.

[6] 胡钦太, 张晓梅. 教育信息化 2.0 的内涵解读、思维模式和系统性变革 [J]. 现代远程教育研究, 2018 (6): 12-20.

[7] 纪德奎. 乡村振兴战略与城乡义务教育一体化发展 [J]. 教育研究, 2018 (7): 79-82.

[8] 金志峰, 庞丽娟, 杨小敏. 乡村振兴战略背景下城乡义务教育学校布局——现实问题与路径思考 [J]. 北京师范大学学报（社会科学版）, 2019 (5): 5-12.

[9] 雷励华, 左明章. 面向农村教学点的同步互动混合课堂教学模式研究 [J]. 电化教育研究, 2015 (11): 38-43.

[10] 李葆萍. 我国义务教育信息化建设均衡性研究——基于 2001—2010 年中国教育统计年鉴数据分析 [J]. 中国电化教育, 2012 (3): 37-42.

[11] 李玉顺, 安欣, 代帅, 等. 数字教育促进教育公平实践的反思 [J]. 开放教育研究, 2023 (3): 69-78.

[12] 梁林梅, 陈圣日, 许波. 以城乡同步互动课堂促进山区农村学校资源共享的个案研究——以"视像中国"项目为例 [J]. 电化教育研究, 2017 (3): 35-40.

［13］廖宏建，张倩苇．高校教师 SPOC 混合教学胜任力模型——基于行为事件访谈研究［J］．开放教育研究，2017（5）：84-93．

［14］林晓凡，胡钦太，周玮，等．信息化何以促进义务教育优质均衡发展——纵向追踪数据下基于广东省的大样本实证研究［J］．电化教育研究，2022（7）：41-47．

［15］刘雍潜，杨现民．大数据时代区域教育均衡发展新思路［J］．电化教育研究，2014（5）：11-14．

［16］柳立言，秦雁坤，闫寒冰．信息化促进教育公平典型案例分析：基于可持续发展的视角［J］．电化教育研究，2021（5）：32-39．

［17］庞敬文，高琳琳，唐烨伟，等．混合学习环境下中小学校长信息化领导力培训对策研究［J］．电化教育研究，2016（6）：20-27．

［18］秦玉友．乡村振兴视域下农村教育现代化自信危机与重建［J］．教育研究，2021（6）：138-148．

［19］任友群．走进新时代的中国教育信息化——《教育信息化 2.0 行动计划》解读之一［J］．电化教育研究，2018（6）：27-28．

［20］孙祯祥，任玲玲．学校中层管理团队信息化领导力评价体系研究［J］．现代远程教育研究，2016（5）：61-67．

［21］万昆，饶宸瑞，饶爱京．后疫情时期何以发展教师在线教学胜任力［J］．电化教育研究，2021（8）：93-100．

［22］汪基德，刘革．教育信息化促进基础教育均衡发展［J］．教育研究，2017（3）：110-112．

［23］邬志辉，秦玉友．中国农村教育发展报告 2017—2018［M］．北京：北京师范大学出版社，2019．

［24］肖正德．乡村振兴所需人才培养与大农村教育体系构建［J］．杭州师范大学学报（社会科学版），2021（2）：108-113．

［25］徐欢云，胡小勇．信息化促进基础教育公平：图景、焦点与走向［J］．现代远距离教育，2019（6）：29-34．

［26］徐继存．"互联网＋"时代教育公平的推进［J］．教育研究，2016（6）：10-12．

［27］杨东平．对我国教育公平问题的认识和思考［J］．教育发展研究，2000（8）：5-8．

［28］杨九民，黄磊，李文昊．对话型同步网络课堂中学生参与度研究［J］．中国电化教育，2010（11）：47-51．

［29］杨宗凯，吴砥，郑旭东．教育信息化 2.0：新时代信息技术变革教育的关键历史跃迁［J］．教育研究，2018（4）：16-22．

[30] 于建福. 教育均衡发展：一种有待普遍确立的教育理念 [J]. 教育研究，2002（2）：10-13.

[31] 袁利平，姜嘉伟. 关于教育服务乡村振兴战略的思考 [J]. 武汉大学学报（哲学社会科学版），2021（1）：159-169.

[32] 翟博. 教育均衡发展：现代教育发展的新境界 [J]. 教育研究，2002（2）：8-10.

[33] 张辉蓉，毋靖雨，宋宇轩. 教育赋能乡村振兴的逻辑框架与实践路向——基于晏阳初乡村改造理论的启示 [J]. 西南大学学报（社会科学版），2022（6）：165-175.

[34] 赵雪梅，钟绍春. 生态视域下"三个课堂"助力乡村教育振兴：价值意蕴、运行机理、发展路径 [J]. 电化教育研究，2022（7）：48-55.

[35] 周榕. 高校教师远程教学胜任力模型构建的实证研究 [J]. 电化教育研究，2012（11）：86-92.

[36] 朱德全，李鹏，宋乃庆. 中国义务教育均衡发展报告——基于《教育规划纲要》第三方评估的证据 [J]. 华东师范大学学报（教育科学版），2017（1）：63-77.

[37] 朱旭东，赵瞳瞳. 论促进儿童全面发展的乡村教育生态系统建构——基于"新"教育生态学的理论视角 [J]. 清华大学教育研究，2022（3）：42-50，60.

[38] 祝智庭，魏非. 教育信息化2.0：智能教育启程，智慧教育领航 [J]. 电化教育研究，2018（9）：5-16.

后记

从 2018 年到 2023 年,从广东湛江到浙江温州,从岭师到温大,不管时光如何流逝,无论世事如何变迁、容颜怎样改变,我依然坚守我的初心,依然坚守着我的乡村教育情怀。

开展课题研究的这五年时间里,我带着我的初心与乡村教育情怀调研过很多乡村学校,访谈过很多乡村学校校长、教师、学生乃至学生家长,也走访过很多教育管理部门,采访过很多教育管理部门负责人。在这五年时间里,我听到过很多与乡村学校和乡村教育相关的感人故事,深刻感受到乡村学校教师坚守乡村教育的不易、学生家长对教育选择的无奈以及乡村学生对改变命运的渴求;有幸见证了一些乡村学校能够从衰败中存活下来,并且发展越来越好,成为乡村教育发展的典范;目睹了一些乡村学校因为学生流失严重而被撤校,最后消失在历史长河中;当然,看到更多的是很多乡村学校在苦苦坚守着。在这五年时间里,我感受到党和国家对乡村教育发展的重视,看到很多乡村学校校长与教师、很多教育领域的研究者以及社会上的一些公益机构与爱心人士像我一样也在坚守着他们的乡村教育情怀。不可否认的是,在城镇化进程加速推进的时代背景下,在人们对教育的需求已经由"有学上"向"上好学"转变的当前,乡村学龄儿童不断流失、乡村学校规模持续缩减,似乎成为一种不可逆转的趋势,乡村学校的发展依然会很艰难。但我们也要知道,受教育权是人的基本权利,总会有一小部分儿童因为各种原因无法离开乡村。因此,为了保障乡村儿童平等的受教育权,不管多么偏僻的山村,只要有学龄儿童存在,乡村学校就有存在的必要性。如何发展好乡村教育,依然需要我们共同努力。

乡村教育所面临的发展困境,其实不仅仅是乡村教育自身的问题,而是与乡村社会整个生态都有着密切联系。尤其是在过去很长一段时间内,我国不断推进城乡二元经济结构,乡村社会经济、文化与设施等方面落后于城市,这也是致使乡村教育落后的最根本原因。因此,要想建设好乡村教育,优化乡村教育发展生态尤为重要。如何应用信息化手段来优化乡村教育发展生态,也是本课题研究的核心目标。围绕这一目标，我们进行了一系列探索与思考，也取得了一定研究成果，但还不足以改变整个乡村教育发展生态。

课题结题只能说是告一段落，但我的乡村教育情怀依然还在。在后续的职业生涯中我还会继续努力，坚持把论文写在祖国广袤乡村的中小学课堂上，坚持以教育信息化为手段，促进城乡义务教育优质均衡发展，努力让每个乡村儿童都能享有公平而有质量的教育，以阻断乡村贫困现象代际传播，实现城乡社会协调发展。

本课题研究得到了很多领导、专家、同事、同行以及乡村中小学校长、教师、学生和家长的大力支持与帮助，在此一并表示感谢！同时也要感谢我的家人对我的理解与支持！

让我们一起努力！让同一面国旗下的所有儿童都能够享受同等优质的教育！

祝愿祖国乡村教育越来越好！

作　者

2024 年 1 月 15 日

于温州大学茶山校区